U0622347

政协委员看中国

ZHENGXIEWEIYUAN
KAN ZHONGGUO

人民政协报新闻评论部 ◎ 编

人民出版社

目　录

经济建设

理顺政府和市场关系是深化经济体制改革的关键……………………宋晓梧 3

让房子还原本来属性………………………………………………钱学明 6

去杠杆向实体经济深化……………………………………………刘志彪 8

当务之急是保护企业家的"环境再造"……………………………刘志彪 11

产业结构变革中国经济"芯"动能…………………………………迟福林 14

强化实体经济吸引力和竞争力……………………………………刘志彪 16

建设现代化经济体系必须协同发力………………………………张占斌 19

经济转型拓展农民工就业新空间…………………………………杨志明 22

创造更大奇迹需中国特色经济理论的创新………………………刘尚希 24

向农民工致敬………………………………………………………杨志明 26

互联网思维＋监管：赋能共享经济………………………………张云勇 28

坚持农业农村优先发展……………………………………………李成贵 31

以科学思想引领创新驱动…………………………………………张改平 34

国家重任其命唯新…………………………………………………周汉民 36

把党领导经济工作的制度优势转化为治理效能…………………张占斌 39

决胜脱贫攻坚　须抓三个关键……………………………………钱学明 42

当下的问题要长远看………………………………………………刘志彪 45

有信心有能力如期打赢这场硬仗…………………………周汉民 48

政治建设

拓展民主监督的"新路"……………………………………张献生 53

法治政府要强化"可量化的正义"………………………王学成 56

加快社会领域改革　缓解结构调整阵痛…………………周汉民 59

习近平新时代中国特色社会主义思想的时代意义………龙新民 61

破除改革"中梗阻"顽症…………………………………叶小文 65

法律王国之外归属于道德的旷野…………………………刘红宇 68

让"政德"在市场经济中"众星拱之"…………………叶小文 70

正确引领人民大众的国家历史记忆………………………张星星 73

把中国的第二次革命进行到底……………………………周汉民 75

扩大对外开放必须加强知识产权保护……………………何志敏 78

深刻认识马克思主义的历史地位和当代意义……………邓纯东 80

坚持市场取向的改革方向…………………………………刘志彪 83

建言资政如何"绩效评价"………………………………张连起 86

社会信用要用"法"保障…………………………………曹义孙 89

完善"双向发力"的制度程序机制………………………张献生 91

读懂这封重要回信…………………………………………燕　瑛 93

司法体制改革就是要不断"自找麻烦"…………………刘红宇 95

"痕迹主义"当休矣！………………………………………刘晓庄 97

为基层减负从优化考评抓起………………………………雷鸣强 100

不要让"一刀切"伤了民心………………………………韦震玲 103

夯实乡村振兴的治理根基…………………………………雷鸣强 105

提高三个"自觉"全面深化改革…………………………王济光 108

从"四个自我"的高度自觉推进自我革命⋯⋯⋯⋯⋯⋯罗宗毅 111

为战胜疫情注入强大法治正能量⋯⋯⋯⋯⋯⋯⋯⋯沈德咏 114

克服形式主义要力戒"唱高调"⋯⋯⋯⋯⋯⋯⋯⋯⋯刘晓庄 117

大数据时代如何保护个人隐私⋯⋯⋯⋯⋯⋯⋯⋯⋯⋯朱　山 120

文化建设

传统文化与核心价值的辩证关系⋯⋯⋯⋯⋯⋯⋯⋯⋯韦建桦 125

弘扬传统文化　不妨多些"赋比兴"⋯⋯⋯⋯⋯⋯⋯⋯吴　江 128

用创新浸润整个文艺思想的基础和境界⋯⋯⋯⋯⋯⋯冯双白 130

全民阅读：从"新鲜提法"到蔚为风气⋯⋯⋯⋯⋯⋯⋯聂震宁 132

"文化自信"与"讲故事"的辩证观⋯⋯⋯⋯⋯⋯⋯⋯王东林 134

年味儿之变与时代进步⋯⋯⋯⋯⋯⋯⋯⋯⋯⋯⋯⋯⋯王东林 137

文艺登峰需要良好小环境⋯⋯⋯⋯⋯⋯⋯⋯⋯⋯⋯⋯叶小钢 139

也谈文化传承的价值取向⋯⋯⋯⋯⋯⋯⋯⋯⋯⋯⋯⋯朱晓进 141

唱出国之精气神⋯⋯⋯⋯⋯⋯⋯⋯⋯⋯⋯⋯⋯⋯⋯⋯于　海 144

"文化自信"缘何重要⋯⋯⋯⋯⋯⋯⋯⋯⋯⋯⋯⋯⋯⋯何星亮 146

避免少数民族戏剧同质化倾向⋯⋯⋯⋯⋯⋯⋯⋯⋯⋯田　青 149

建设有文化的新农村⋯⋯⋯⋯⋯⋯⋯⋯⋯⋯⋯⋯⋯⋯李成贵 151

以新乡贤文化推进乡村社会治理⋯⋯⋯⋯⋯⋯⋯⋯⋯连玉明 153

文化空间：历史文化名城保护的另一重视角⋯⋯⋯⋯王东林 155

过年道"福"⋯⋯⋯⋯⋯⋯⋯⋯⋯⋯⋯⋯⋯⋯⋯⋯⋯王东林 158

牢记"四个坚持"践行文艺使命⋯⋯⋯⋯⋯⋯⋯⋯⋯潘鲁生 161

新时代公务员需具备"四公"精神⋯⋯⋯⋯⋯⋯⋯⋯杨君武 164

社会建设

屠呦呦获奖的启示……………………………………………… 曹洪欣 169

赵忠贤获最高科技奖的启示…………………………………… 齐　让 171

智库的核心是"智"而非"库"………………………………… 韩方明 173

"天价彩礼"触碰了谁的底线…………………………………… 孙贵宝 176

让国产大飞机翱翔蓝天………………………………………… 吴仁彪 178

各尽其责　保卫个人信息的网上安全………………………… 施　杰 181

让英模之光在强军时代熠熠生辉……………………………… 刘　建 183

技术蓝领的春天将到来………………………………………… 李滨生 186

英雄流血不流泪………………………………………………… 张西南 188

"三老"人群急需关注…………………………………………… 郑秉文 191

乡村振兴关键要留得住人……………………………………… 朱永新 194

让军人真正成为全社会尊崇的职业…………………………… 岑　旭 196

什么是新时代的"工匠精神"………………………………… 郑大发 199

把握人口发展趋势　促进人口均衡发展……………………… 贺　丹 201

加强基础研究还需一份定力和恒心…………………………… 周忠和 204

互联网再大也大不过法网……………………………………… 刘俊海 207

社区治理：需要每一个人的热情……………………………… 丁元竹 210

户籍制度改革要"全国一盘棋"……………………………… 王济光 213

医学科普得抓紧了……………………………………………… 葛均波 216

疫情面前没有旁观者…………………………………………… 韩方明 218

众志成城共克时艰……………………………………………… 王济光 220

答好疫情防控和经济社会发展的考卷………………………… 张连起 223

生态文明建设

荡河湖之污　还清水于民…………………………………徐向东 229

人水争　人必殃………………………………………………李长安 232

坚守绿水青山　夯实生态文明基础…………………………霍学喜 235

长江经济带绿色发展唯有"协调发力"………………………王济光 238

生态补偿亟待强化硬约束……………………………………潘碧灵 241

生态文明建设必须具有底线思维……………………………陈利顶 243

国际关系与全球治理

从 G20 杭州峰会看国际关系走向……………………………史明德 249

为自由贸易注入中国信心……………………………………韩方明 252

入世 15 年　接续开放发展之路……………………………易小准 255

达沃斯上的"中国力量"………………………………………张连起 258

"一带一路"：经济全球化的新主角…………………………迟福林 261

开创金砖合作第二个"金色十年"……………………………张蕴岭 264

竞合：中美经济关系最恰当描述……………………………张连起 267

深化对外文化交流　促进文明互鉴互通……………………于洪君 269

对外讲好新时代中国故事……………………………………王茂虎 272

中国文化：从简单"走出去"到深入"走进去"………………刘月宁 274

人类命运共同体：全球治理的中国方案……………………冯　俊 276

深化中非经贸合作　彰显中国大国担当……………………顾学明 278

"走出去"更要"融进去"………………………………………魏明德 281

国际抗疫合作展现中国品格…………………………………于洪君 283

党的建设

莫让"朋友圈"异化为"腐败圈"……………………………………韩志鹏 289

就该让不干事的也"出事"…………………………………………韩志鹏 291

抓住"关键少数"和"重要少数"…………………………………郝明金 293

心中有理想脚下有力量……………………………………………冯　俊 295

经济发展越深入　从严治党越重要………………………………张连起 298

两个管党治党重要法规贯穿三大逻辑……………………………施芝鸿 302

从严治党是一场持久战……………………………………………王怀超 304

让"年味"多点"廉味"…………………………………………刘晓庄 307

领导干部要学点历史………………………………………………张西南 309

巡视与中国特色的治党之路………………………………………王长江 312

放下"官本位"　尽职"官本分"………………………………杨朝明 315

激励更多干部敢负责乐做事勤作为………………………………孙庆聚 317

相信　依靠　尊重　让干部敢作为………………………………王怀超 320

一种特殊的党性修养………………………………………………叶小文 323

经济建设

理顺政府和市场关系是
深化经济体制改革的关键

宋晓梧

当前的结构调整问题，深化改革是关键。我认为其中最关键的，是党的十八届三中全会《决定》提出的政府和市场的关系，这是经济体制改革的关键问题。

一是要处理好保增长与调结构的关系。目前，各级政府的一项重要任务是保增长。同时要看到市场结构是客观存在的，一、二、三产业的结构、外贸内贸的结构、投资消费的结构等等，都是市场本身的结构问题。如何更好地处理保增长和调结构的关系？从政府的角度来说，保增长不应是保短期的一年两年的增长，而是要保中长期经济的可持续增长。中国这些年改革的发展速度很快，但是积累的问题也很多。现在面临着各种矛盾，需要静下心好好地把扭曲的结构调一调。调整结构不是一味降速度，而是为了中长期更好地增长。因此，从中长期看，调结构和保增长是一致的。我认为，经过了30多年的经济高速发展之后，市场内在结构的调整需要空间和时间，应当把调结构放在重要的位置。

二是处理好产业规划和创新发展的关系。有人说政府搞产业规划基本没有成功的。那也不一定，现在看高铁就比较成功。同时应当看到，苹果、微软都不是产业政策规划出来的，中国的阿里巴巴也不是政府规划出来的。在经济赶超阶段，引进和模仿对增长很重要，这个时期政府对于中长期的产业发展，可以也应该借鉴国内外的经验，制定指导性的规划。日本和亚洲"四小龙"等新兴工业化国家和地区，也有这方面的阶段性成功经验。当然，政府产业规划失败的例子可能也很多，如一些学者指出的，钢铁、水泥等过剩产业。经济发展到跨越低劳动力成本竞争阶段，更重要的是市场的创新。到底什么产品能够畅销，哪些符合市场的需求，处在一线的企业最清楚。所以，市场的创新、整个产业结构、技术结构以及相应的劳动力结构调整，更多的是市场自主发展的过程。当然，在这一发展阶段，企业也脱离不了政府提供的宏观体制环境。需要强调的是，在新的发展阶段，产业规划应该更多地委托给行业协会、社会组织来做。国际经验证明，如钢铁协会、汽车协会、果农协会等各种产业协会，对于行业的发展比政府敏感得多。自己行业的产能是否过剩了？自己行业的技术路线怎样发展合理？自己行业在国际竞争中面临的压力何在？这些协会的成员企业最清楚，它们才是市场的主体。这就需要我们尽快落实政社分离，让目前仍然过度依附于政府的行业协会、商会，在调结构中发挥应有的作用。

三是处理好中央政府与地方政府的关系。政府不应在资源配置中发挥决定性作用，这不仅指中央政府，应当包括所有层级的政府机构。当前存在的主要问题是地方政府公司化。例如，市县到省都是以完成 GDP、投资指标为当年最主要的任务，这样就必然造成地方政府为了追求短期的 GDP 增长，搞投资、搞招商引资等种种行为。地方政府在配置资源方面实际起了决定性作用，并形成地方政府公司化倾向，这是我们前阶段经济发展方式中的非常重大的问题，在"十三五"时期应该下决心加以解决。当然，要解决这个问题，还要理顺中央政府和地方政府财权、事权关系。党的十八届三中全会提出，发挥市场配置资源的决定性作用，同时要更好地发挥政府的作用。这不是要地方政府冲到经济的一线，作为推动经济的主要组织者、指挥者甚至经营者。但我们长时间已经形成了这样的路径依赖。如果说地方政府的 GDP 竞争前一阶段对促进 GDP 的发展起到了很大的推动作用，现在这个问题到了必须转变的时候。此外我们还要看到，政府直接配置资源，必然给权钱交易造成极大的隐蔽空间，容易滋生大面积腐败。

四是处理好资本收益与劳动报酬的关系。在市场方面，企业是市场主体，同时劳动者也是市场主体。劳动力市场供求双方都是主体。这就要处理好资本收益与劳动报酬的关系。中国很长时间实行的是低劳动成本竞争战略，也取得了很大的成绩。但是，到了今天这个关节点，也需要改变了。有人提到，中国的资本会转移到劳动力成本更低的国家，越南、柬埔寨、老挝等国家。我认为，这是一个必然的趋势。中国经济总量已经到了世界第二，人均 GDP 也达到中高收入水平，怎么能依然坚持要求普通劳动力的价格压在柬埔寨、越南、老挝这样的国家水平之下呢。现在经济已经发展到中国资本输出的阶段了，如果我们还坚持把中国劳动力的价格压低在老挝、柬埔寨、越南这样的水平，请问国内的劳资矛盾得有多尖锐，收入差距得有多大？经济发展成果如何在国家、企业和职工之间合理分享？随着经济的发展，劳动力成本合理提高，这本来是很正常、很自然的事。最近这几年劳动力成本提高比较快，有劳动力供求总量的变化，也有对前些年过分压低劳动力的反弹。改革开放 37 年来，人均 GDP 增长了约 20 倍，城镇居民收入只增长了 13 倍、农村居民收入只增长了 14 倍。在这 37 年中，有 30 年城镇居民收入增长低于人均 GDP 增长，有 26 年农村居民收入增长低于人均 GDP 增长。看看这 30 多年的变化，现在工资占 GDP 的比重、劳动收入或居民收入占 GDP 的比重仍然在全世界是很低的，还没有恢复到上世纪 80 年代初的水平，这个欠账该还的时候还是要还。

总之，政府要创造一个公正、公平、公开的市场竞争环境，不要既做裁判员，又做市场竞争的运动员。对于企业这个主体来说，应该严格地遵纪守法，不要再靠"政策优惠洼地"和压低劳动力成本赚钱。对于政府和市场这两者的关系，需要认真深入研究，把中央政府和地方政府，把企业和职工等多项因素放进去分析，也许有助于我们把一些问题看得更清楚。

（作者系十一届全国政协委员、中国经济改革研究基金会理事长；《人民政协报》2016 年 11 月 17 日）

让房子还原本来属性

钱学明

2016 年中央经济工作会议首次权威提出了"房子是用来住的、不是用来炒的"的定位。3 月 5 日，李克强总理在十二届全国人大五次会议开幕式上作政府工作报告，再次强调，"坚持住房的居住属性。"

去年以来，在"去库存"的大背景下，全国多地房价居然出现逆势非理性上涨。与前几次相比，这次住房价格的突然性暴涨对我国经济社会发展的伤害更大。它不仅扭曲社会资源配置，直接影响实体经济发展，加剧已经非常严重的社会贫富差距，还可能引发政府信任危机。

住房的特殊属性，决定它对不同群体将产生迥然不同的影响。对于高收入群体而言，只要认为能够保值增值，房价便宜会买，房价贵也会买。而对于中低收入群体，一旦房价被炒高，就只有"望房兴叹"。"拥有一套住房"已经成为多数人生活的沉重压力，这不仅抵消了改革开放成果的"获得感"、破坏了小康生活的"幸福感"，甚至会对住房政策产生"绝望感"。

如何确保中央经济工作会议所提出的目标任务得到有效贯彻落实？

笔者认为，首先在认识上要明确，住房既是商品，又有准公共产品属性。住房不是一般性商品，而是人民群众居住权的体现，也是生存和发展的必需品。目前，许多国家都将住房视为准公共产品。因此，在强调住房的居住定位基础上，还应当认识其准公共产品属性，将住房市场治理作为保障和改善民生的一项重点工作来抓。

在目标上，实现"居者有其屋"，保持住房市场稳定。基于准公共产品的基本属性，我国住房市场治理必须立足于两大目标。一是适应人民群众住房需求，让大家都能合理拥有住房，实现"居者有其屋"。二是切实维护住房市场秩序，避免因非理性、投资性甚至投机性买房，破坏住房市场的正常供求关系。

在措施上，建立调控体系，形成"组合拳"。一是保基本。对于满足基本需求型的购房，给予金融、税收等优惠保障政策。二是控多占。对于超出基本需求的购房，采取提高首付比例、贷款利率、交易税率，开征房产税等手段予以抑制。三是减空置。对于闲置的住房，鼓励其面向社会出租；对于空置的住房，征收空置税，减少资源浪费。四是抑投资。对于投资型购房，通过收取交易税、所得税予以抑制。五是打投机。对于投机型购房，通过大幅度提高交易税率予以打击。

在保障上，完善法律制度，形成长效机制。鉴于住房的特殊性、市场的复杂性、利益的重要性，单靠"零打碎敲"的行政手段，是无法从根本上解决房价调控难题，迫切需要完善以下基础性法律制度。一是通过不动产登记改革，加快建立全国统一住房数据库，搞清楚"谁有多少房子""空置了多少房子"等问题。二是深化财税改革，重点完善住房持有环节的税收制度设计。三是加快建立公民个人收入账户制度，对包括房产在内的公民个人资产实现有效监管，为实现房产税征收奠定基础。四是修订和完善继承法等法律法规，开征赠与税、遗产税等，完善公民个人和家庭财产的管理制度，引导合理、有序的住房消费。

（作者系全国政协委员、民建广西壮族自治区委主委；
《人民政协报》2017年3月6日）

去杠杆向实体经济深化

刘志彪

第五次全国金融工作会议提出，要推动经济去杠杆，把国有企业降杠杆作为重中之重，抓好处置僵尸企业工作，不断增强金融服务实体经济的可持续性，着力强实抑虚。这至少表明了三点：一是不单金融要去杠杆，去杠杆正往实体经济深化。二是把国有企业降杠杆作为重中之重，并把它与抓好处置"僵尸企业"工作联系起来。三是金融服务实体经济的可持续性，重点任务是要纠偏"脱实向虚"，着力"强实抑虚"。

现阶段资金不肯流入实体经济，其原因是多方面的。直接原因在于，实体经济挣不到它应该得到的社会平均利润，导致资源源源不断地流入盈利率更高的虚拟经济部门，从而出现严重的、非常令人担忧的"脱实向虚"现象。

经济运行中出现"脱实向虚"不良现象的另外一个重要原因，是实体经济自身存在着较严重的产能过剩、高杠杆化和泡沫化现象。一方面，追求自身利益的商业金融机构出于资金投放的安全性、流动性、增值性，不愿意继续为实体经济企业发放更多的贷款，而宁愿在实体经济之外的渠道和领域自我循环；另一方面，出于"振兴实体经济"的政策要求，政府又把现有的投资资源大量地配置到产能严重过剩的一般性制造业。令人担忧的是，在现有的间接融资体制下，信贷资源配给给实体经济不是太少了，而是太多了，这就导致了实体经济企业债台都进一步高筑。这是第五次全国金融工作会议提出"要推动经济去杠杆"的基本背景，也是一个根本不同于过去一般认识、必须尽快付诸于实施的重要判断。

根据央行发布的数据研究，我国目前国民经济的总体负债率虽然在全球排名并不很高，但是负债结构上存在一些急需要解决的问题。主要表现为非金融企业的杠杆率已经达到了 156%，其中国有企业的负债占非金融企业总负债的 70%。按照国际清算银行的数据，2015 年底中国企业部门债务率170.8%，杠杆率居于国际首位，高出发达国家平均值 80 个百分点，高出新兴经济体国家平均值 66 个百分点。

对实体经济企业负债率过高的危害，中财办的杨伟民副主任曾经举过一个例子。他说，现在企业负债 100 多万亿元，按照 4% 的利率计算，一年支付的利息就是 4 万亿元，相当于 2015 年全年 GDP 增长总量。长期下去将会掏空实体经济，提早进入产业空心化的时代。显然，给实体企业减负，不仅仅是减税降费，很重要的是降低长期居高不下的负债率。降低它们的负债率就是振兴实体经济。这包括两个方面：一是期望通过银行进入竞争，如放松民营银行进入，降低贷款利率；二是千方百计地帮实体企业把过高的杠杆比率降下来。前者在短期内空间有限，后者是政府应该主要着力的领域。事实是，如果我们不能够把企业部门过高的杠杆降下来，金融部门为了自身的安全，那么"脱实向虚"还会持续下去，振兴实体经济就是一句空话。

根据第五次全国金融工作会议精神，笔者认为，降低实体企业部门杠杆的政策措施，主要应该在这几个方面着力：

大力实施供给侧的结构性改革，通过政策引导和市场机制的作用，把在低生产率和高风险部门滞存、占用的市场资源、物质资源和信贷资源，转移到生产率更高、市场需求更大的产业部门和企业。

把降低国企杠杆率作为重中之重，要以竞争政策和环保政策去产能，利用一切手段消灭僵尸企业。僵尸企业不生产产出但是却消耗资源，长期的信贷资金却在支持其苟且偷生，是实体经济负债率高的直接原因。但要注意的是，去产能、消灭僵尸企业，不能主要依靠行政手段。

分门别类处理企业的高债务问题。对那些一时处于市场底部的周期性企业，尤其是大型的国有企业，不能因为暂时困难就定性为"僵尸企业"。可以用市场化、法治化的办法实施债转股，提高这些企业资本金比例，让其渡过难关，这对于实现充分就业、稳定经济有重要的作用。

在加强投资者保护的前提下，要把发展直接融资放在重要位置。增强资本市场服务实体经济功能，积极有序发展股权融资，提高直接融资比重，是十八届三中全会以来金融改革的既定方针，是中国金融改革的基本方向。中国实体经济企业过于依赖间接融资，是其负债率长期高企的基本的制度原因。

既要为实体经济企业减税降负，又要硬化企业的预算约束。一方面，要促进金融机构降低经营成本，清理规范中间业务环节，避免变相抬高实体经济融资成本。另一方面，更要坚决硬化对企业尤其是国有企业的预算约束，加强对企业自身债务杠杆的约束和管理。软预算约束是中国企业尤其是国有经济负债率不断上升、信用恶化的主因。

加强对地方政府融资行为的管理。地方政府投融资行为是金融风险的重要触发点和来源。这次全国金融工作会议要求各级地方党委和政府要树立正确政绩观，严控地方政府债务增量，终身问责，倒查责任。地方政府不要再指望"大干快上"，中央已经明确要求"形成有风险没有及时发现就是失职、发现风险没有及时提示和处置就是渎职的严肃监管氛围"。在强化地方政府的属地的风险处置责任的前提下，这将极大地增强地方政府责任感。

（作者系全国政协委员、南京大学教授、江苏长江产业经济研究院院长；《人民政协报》2017 年 7 月 20 日）

当务之急是保护企业家的"环境再造"

刘志彪

近日，中共中央、国务院印发了《关于营造企业家健康成长环境弘扬优秀企业家精神更好发挥企业家作用的意见》（以下简称《意见》）。这是 60 多年来，中央首次以专门文件明确企业家精神的地位和价值，对于建设中国特色社会主义的市场经济体制有奠基性的制度创新意义，值得庆贺。

何为企业家精神？这既是一个古老的学术命题，也是一个内涵不断丰富的范畴。在经济理论界，主要有强调创新特征的德国学派，强调冒险特质的芝加哥学派，以及强调发现市场机会的奥地利学派。每一种学派后面都有一大批著名的学者代表。笔者认为，企业家精神既是一种无形的资源，也是一种决策和行动能力，是一个国家产业竞争优势的主要来源。

作为经济发展中的最重要的无形资源，企业家精神具有独特性。主要表现在企业家精神所内涵的四种独特能力。

一是企业家的认知能力。企业家在决策过程中使用的是基于直观推断的逻辑，而不是大企业经理阶层利用的程序化的计划决策。在不完全和不确定信息的复杂世界中进行战略决策，使用直观推断方法可以简化决策过程，使企业家的思考出现显著的跳跃，由此产生各种创新成果。

二是企业家的发现能力。这可以归结为当某种机会出现时，某个人具有抓住这种稍纵即逝的机会的洞察能力。这种能力主要取决于与市场贴近的程度、过去积累的经验和对学习机制的自我强化效应，甚至可能与某人的先天禀赋有极为密切的联系。

三是企业家的实现机遇能力。一般的技术知识专家不具备企业家所拥有的那种专业化的投资能力。企业家思想给予的方式是通过企业组织的方式来运作所发现的知识，或者是直接把所发现的知识在市场上出售。

四是企业家的协调知识能力。也就是熊彼特所说的"新的资源组合"的形式。生产新资源有这么几种情形：由企业家利用发明改革或革新生产模式，或运用一种未尝试过的技术生产新商品，或用一种新的方法生产老商品，通过开发一种新的原材料的来源，或新的产品渠道，或通过重组形成一个产业。

综上，企业家精神是市场经济中的一种独特的能力和行动。习近平总书记指出："我们全面深化改革，就要激发市场蕴藏的活力。市场活力来自于人，特别是来自于企业家，来自于企业家精神。"当前中央为什么要强调培育壮大企业家队伍、进一步激发和保护企业家精神？

笔者认为，从经济理论上讲，企业家的创业创新能力表明其是直接创造财富的主体，我们国家要摆脱中等收入陷阱，就需要创新和财富充分地涌流，这当然要大力培育、激发和保护企业家的创业创新精神；从中国特色社会主义建设事业上来看，要发挥"关键少数"的作用，这里的"关键少数"就是三支队伍的建设，即干部队伍、科技人员队伍、企业家队伍。从实践上看，仍然存在着一些不关心爱护企业家与侵犯企业家利益、财产甚至个人安全的不良现象，影响了企业家的预期和积极性。这些问题不克服、不解决，就会影响中国经济的健康发展。

企业家精神的培育是一项长期工程，非一朝一夕之功。我们的当务之急是保护企业家的"环境再造"。中央出台的《意见》已经从一个总体要求、三个营造、三个弘扬、三个加强，总共十个方面提出非常好的政策取向。好的政策取向要进一步在实践中落实、落地，要细化，有细则，有执行和责任主体。

中国改革开放近40年的历史，既是企业家精神的形成、释放和发挥作用的历史，也是法治化的营商环境不断改善和优化的进程。眼下，企业家精神的培育之所以不尽如人意，主要是营商环境出了问题。为此，必须在改善和优化法治化的市场营商环境上下功夫，笔者认为主要有三个方面的内容。

第一，实现产权保护制度的法治化。中共中央、国务院已经颁布了《关于完善产权保护制度依法保护产权的意见》，提出要抓紧编纂民法典，加强对各种所有制组织和自然人财产权的保护。现在讲保护和鼓励企业家精神，需要"两稳"，即稳法律法规、稳市场营商环境。在实践中，现在最迫切需要的是应该根据中央的部署，坚持有错必纠的原则，甄别纠正一批侵害民营企业产权的错案冤案，以提升企业家对中国发展的信心。

第二，要由产业政策管理转向竞争政策或反垄断法，并以此来规范市场秩序和行为。改革开放近 40 年来，我国面临的发展问题已不是没有市场竞争或市场自由，更不是没有发展竞争，而是缺少"平等竞争"，缺少自由竞争的公平环境和条件。因此，建设法治化的市场营商环境，首先必须推进经济从"发展竞争"转向"平等竞争"，确立横向的竞争政策在整个政策体系中的优先地位，明确竞争政策或反垄断法是市场经济的根本大法。这是我国在新常态下全面深化改革的重要内容和体现。

第三，宏观经济政策法治化。与市场会存在失误一样，宏观调控政策也可能产生失误。为防止宏观调控政策出现随意性、盲目性和不协调性等问题，需要把政府的宏观调控纳入法治化的轨道，主要包括：一是依法划清宏观调控的范围，防止随意扩大调控领域；二是要界定宏观调控职权，实行权力清单、责任清单、投资清单、财力清单管理，并把其逐步公开化；三是要规范宏观调控行为，明确宏观调控方法，防止随意性、盲目性；四是要强化宏观调控部门的协调性，明确宏观调控责任。如金融宏观调控，直接关系到国家金融安全，关系到避免出现大规模、系统性金融危机，需加强央行、证监会、银监会、保监会这"一行三会"之间的协调性和配合性。

（作者系全国政协委员、南京大学经济学教授、长江学者特聘教授；《人民政协报》2017 年 10 月 12 日）

产业结构变革中国经济"芯"动能

迟福林

　　中国特色社会主义进入新时代，我国社会主要矛盾已经转化为人民日益增长的美好生活需要和不平衡不充分的发展之间的矛盾。适应我国社会主要矛盾的历史性变化，建设现代化经济体系，是贯彻新发展理念的具体目标，是转变发展方式、优化经济结构、转换增长动力的迫切要求，也是实现"两个一百年"奋斗目标的战略选择。

　　目前我国进入工业化后期，产业结构变革呈现出比较明显的趋势性特征。一方面，经济转型为产业结构变革提供了新机遇；另一方面，产业结构变革也为经济转型升级提供了新动能，并由此推动中国经济走上高质量、可持续的新路子。目前我国产业结构正由工业主导向服务业主导转型。预计到2020年，中国服务业占比有可能接近60%左右，基本形成以服务业为主导的产业结构。从国际横向对比来看，我国服务业也有20个百分点左右的增长空间。因此，我国产业结构变革蕴藏着巨大潜力。有机构估计，我国生产性服务业占GDP的比重大概在15%左右，若提高至25%，将带来至少7万亿元的新市场。

　　除了把产业结构变革作为推动中国经济走上高质量、可持续的着力点，从我国经济转型升级和新经济发展要求来看，还要以创新发展为战略支撑，以创新发展实现高质量的发展。当前，全球范围的新一轮科技革命与我国经济转型相互交汇，由此形成了中长期经济增长的新动能。从发展趋势看，依托巨大的市场潜力，中国的科技革命还将加快推进；新技术的突破、新业态的创新，还将呈现蓬勃态势。到2025年左右，估计中国信息消费总额将接近2万亿美元，电子商务交易规模将达到10万亿美元左右，由此实现从以资源要素投入为主的增长方式向创新和科技驱动的转变，形成中国"中速 - 高质"的增长新格局。

此外，数字经济发展与创新型企业家将形成群体规模。最近几年，我国新型企业家群体的出现与发展壮大，大都与数字经济相关联。比如，微信改变了通讯模式，电子商务改变了销售模式，网络约车改变了出行模式。这些数字经济领域的创新型企业，在对传统经济带来严重冲击的同时，也在新经济领域创造了新的发展机会、新的就业岗位。

以深化供给侧结构性改革、完善社会主义市场经济体制与扩大开放也将成为未来中国经济发展的主要动力。在经济全球化背景下，深化供给侧结构性改革、完善社会主义市场经济体制都与开放结构升级直接联系。建设现代化经济体系，实现经济转型升级、优化经济结构、转换经济增长动力，需要改革在多方面有所突破，需要将深化改革与扩大开放相融合，在建立以服务贸易为重点的开放新格局等方面实现突破。

客观地看，新的供给可以释放新的需求，由于我国服务业市场开放度较低，消费"有需求、无供给"的矛盾比较突出，尤其是服务型消费难以得到满足。例如，我国老年人的潜在消费至少可以达到 1 万亿人民币，而实际的供给却不到 2000 万。未来几年，中国在信息消费、健康消费、旅游休闲消费、教育消费、文化消费、养老消费、体育消费、绿色消费等新型消费领域，都将产生数万亿级的市场规模，由此形成巨大的增长潜力。因此，建设现代化经济体系的首要任务就是适应我国新时代社会主要矛盾的变化，以供给侧结构性改革破解"有需求、缺供给"的突出矛盾，不断增强适应人民美好生活需要的产品与服务的供给水平，释放巨大的内需增长潜力。

（作者系全国政协委员、中国［海南］改革发展研究院院长；《人民政协报》2017 年 11 月 23 日）

强化实体经济吸引力和竞争力

刘志彪

党的十九大报告提出，要把建设现代化经济体系的着力点放在实体经济上。习近平总书记2017年底视察徐工机械时指出，"必须始终高度重视发展壮大实体经济，不能走单一发展、脱实向虚的路子。发展实体经济，就一定要把制造业搞好，当前特别要抓好创新驱动，掌握和运用好关键技术。"

发展壮大实体经济，首先要如2017年中央经济工作会议所说的那样，要运用结构性政策强化实体经济的吸引力和竞争力。原因很简单，如果以制造业为代表的实体经济长期处于微利甚至亏损状态，怎么可能会引起逐利资本的投资兴趣呢？

我们过去说到发展壮大实体经济，就会情不自禁想到要加大对制造业的投资。要多搞大工程、多上大项目。但进入经济发展新常态，我国制造业发展中存在的根本问题不是投资少了，而是存在着中央所说的那种重大结构性失衡。主要表现为以下两个关键性问题：一是实体经济与虚拟经济之间发展不均衡。虚拟经济严重挤压实体经济尤其是制造业的生存发展的空间，不仅吸纳了主要的社会资源，而且过度的挤压使其盈利甚微。二是实体经济内部存在严重的不均衡，传统产业部门产能严重过剩，现代高技术产业部门产能不足，有很多还要依赖进口。前一个问题使社会资金对投资制造业缺乏吸引力，后一个问题使投资制造业越多，产能过剩就越严重。

这两个问题，都不能简单地通过增加投资规模解决，而是需要扭转利益结构，给出正确的价格信号，引导资源配置的调整。前者需要平抑虚火上升的虚拟经济，以此优化实体经济的发展环境，提高实体经济投资的回报率，增加其投资吸引力；后者则需要运用结构性政策进行供给侧调整，促使资源通过竞争性市场机制更多地流向现代高技术产业中的创新企业，同时要掌握和运用好关键技术改造传统产业，千方百计地化解产能过剩问题。为此在经济发展进入新时代，宏观经济管理和政策的重心，也要做出根本性的转变：要从追求投资规模、GDP 增长速度，转向追求提高经济体系的质量，转向扭转重大经济结构失衡，转向追求经济系统的协同性。否则，不仅无法建成现代化经济体系，也无法做到实体经济与科技创新、现代金融、人力资源协同发展，还会进一步引发经济结构的重大失衡。

现在我国经济总量达到世界前茅，短缺经济的特征基本消失，变成了资本过剩和商品过剩，同时伴随着日益严重的资产短缺，即"资产荒"。以资产价格迅速高企为主要特征的"资产荒"，对实体经济发展的环境恶化，起到了巨大的推波助澜的作用：拉高了资产的价格，资金的机会成本随之提高，这使制造业出现融资难、融资贵的不良格局；高企的房地产价格，严重挤占了居民正常的消费需求，引诱一大批本分老实做实业的企业家转而投向开发房地产业，或从事资产经营，放弃实体经济。由此可见，缓解资产荒，就是缓解制造业的融资成本高，就是降低实体企业的成本，就是优化实体经济的经营环境，增加实体经济经营的吸引力。如果这种资产价格不断飙升的趋势不能得到有效的抑制，在高杠杆利用的态势下，经济金融风险发生的概率就会上升。

平抑资产价格、缓解资产荒，从根本上看，不是要用行政手段打压虚拟经济发展，而是要形成实体经济与金融之间的良性循环关系，通过鼓励技术创新，提供社会更多的可投资的实物资产，同时通过加快金融创新、完善资本市场，为社会提供更多的可投资的优质金融资产，以此供给增加来平抑社会对资产的需求和价格总水平。我国虚拟经济发展过火的原因，不是我国的金融业发展过度了，而是我国作为发展中国家，长期存在着所谓的金融抑制现象，即资本的实物产出能力强，但金融资产的创造能力严重不足。一方面表现为产能严重过剩，商品价格不断走低；另一方面，又表现为优质金融资产的供给长期短缺，即金融市场不够发达，金融工具和金融产品稀少，投资者投资渠道单一。结果有限的优质金融资产被过多的货币所追逐，形成资产泡沫。尤其是在股票市场长期低迷的态势下，居民普遍把房地产作为金融理财产品，直接导致房地产投资过多过大，价格飙升太猛。

在资产短缺的背景下发展强化实体经济的吸引力和竞争力，壮大实体经济，要遵循中央经济工作会议指示的精神，通过深化要素市场化配置改革，重点在"破"、"立"、"降"上下功夫。

由此，推动虚实经济之间的均衡，重点关注纠偏重大经济结构失衡问题的两个方面的工作：首先，调整优化实体经济内部结构，强化企业科技创新能力，加强实体经济、科技创新和现代金融的密切联系。一是大力破除实体经济内部的无效供给，把处置"僵尸企业"作为重要抓手，推动化解过剩产能；二是通过人力资源和科技投入大力发展战略性新兴产业、高新技术产业和先进制造业，增加高质量部门的供给；三是推动互联网、大数据、人工智能和实体经济深度融合，利用其改造传统部门；四是大力降低实体经济成本，降低制度性交易成本，清理涉企收费，大力整治乱收费，增加实体经济盈利能力。

其次，破除金融抑制，在虚拟经济内部强化制度创新能力，建设好现代资本市场服务于实体经济发展。一是推进金融市场制度改革，为社会提供更多便利的、安全的金融工具和金融产品，拓宽投资者的投资渠道。二是以优质的技术创新类资产为基础，通过金融部门的资产证券化，为社会提供更多的质量更高、收益更稳可投资资产；三是要处理好金融与房地产的关系，坚定"房子是用来住的不是用来炒的"的定位，降低其金融产品属性，回归普通大宗消费品功能。四是利用现代金融尤其是资本市场支持科技创新活动，让更多的科技型企业与资本市场一起成长。

这是一条走实体经济与科技创新、现代金融、人力资源协同发展建设现代产业体系的道路。这条道路还需要我们不断努力探索。

（作者系全国政协委员、南京大学教授；《人民政协报》
2018 年 1 月 11 日）

建设现代化经济体系必须协同发力

张占斌

"现代化经济体系"是党的十九大报告提出的一个新概念，它是按照新发展理念的要求，对经济发展作出的总体部署和科学安排，是习近平新时代中国特色社会主义经济思想的重要组成部分。中国特色社会主义进入了新时代，我国经济发展也进入了新时代，我国经济已由高速增长阶段转向高质量发展阶段。我们要推动高质量发展，就要进一步转变发展方式、优化经济结构、转换增长动力，必须要建设现代化经济体系，这是攻关期跨越关口的迫切要求，是适应引领把握中国经济发展方向的重要基础，是建设社会主义现代化强国、实现"两个一百年"奋斗目标、实现中华民族伟大复兴的中国梦的重要途径。

"现代化经济体系"这一概念是由现代化和经济体系两个部分构成。早在新中国成立之初，我国就提出了"四个现代化"的战略构想。2012年党的十八大报告提出新的战略目标，即坚持走中国特色新型工业化、信息化、城镇化、农业现代化道路。这说明，中国共产党不忘初心，一直坚守对现代化的追求。党的十九大报告对于实现现代化，提出了一个重大的战略目标，到本世纪中叶，把我国建成富强民主文明和谐美丽的社会主义现代化强国。因此，现代化经济体系是对即将实现的现代化提出的新要求，它源于我们对现代化的追求。

现代化经济体系由三大体系共同构成：发展动力体系、产业支撑体系和经济体制。现代化经济体系，是由社会经济活动各个环节、各个层面、各个领域的相互关系和内在联系构成的一个有机整体。构建现代化经济体系必须协同发力。

建设现代化经济体系要推动经济发展质量、效率、动力变革。要遵循经济规律的科学发展、遵循自然规律的可持续发展、遵循社会规律的包容性发展。我国经济进入高质量发展阶段后，传统的要素投入推动经济增长的模式已经难以奏效，必须更多依靠提高全要素生产率推动经济发展，在保持一定增长速度的同时，必须切实提高全要素生产率，以提高质量效益增强经济发展的稳定性和可持续性。

建设现代化经济体系要加快建设协同发展的产业体系。产业的发展是国民经济增长的原动力。协同发展的产业体系必须大力振兴实体经济。建设现代化经济体系，必须把发展经济的着力点放在实体经济上，把提高供给体系质量作为主攻方向，显著增强我国经济质量优势。协同发展的产业体系必须加快实施创新驱动发展战略。实施创新驱动发展战略增强自主创新能力，破除体制机制障碍，最大限度解放和激发科技作为第一生产力所蕴藏的巨大潜能。协同发展的产业体系必须大力发展现代金融。要深化金融体制改革，增强金融服务实体经济能力，健全金融监管体系，守住不发生系统性金融风险的底线。协同发展的产业体系还必须依靠人力资源开发，释放人力资本的红利。

建设现代经济体系要积极推动城乡区域协调发展。优化现代化经济体系的空间布局，实施好区域协调发展战略，建立更加有效的区域协调发展新机制，推动京津冀协同发展和长江经济带发展，同时协调推进粤港澳大湾区发展。实施乡村振兴战略，科学地制定乡村振兴战略规划，健全城乡融合发展体制机制，激活农村要素资源，促进乡村繁荣与发展。

建设现代化经济体系要发展开放型经济。全面推进双向开放，促进国内国际要素有序流动、资源高效配置，构建全方位对外开放格局，提高现代化经济体系的国际竞争力，更好利用全球资源和市场，继续积极推进"一带一路"框架下的国际交流合作。

建设现代化经济体系还需要构建起市场机制有效、微观主体有活力、宏观调控有力度的经济体制，这样才能不断增强我国经济创新力和竞争力。坚持使市场在资源配置中起决定性作用，更好发挥政府作用，坚决扫除经济发展的体制机制障碍，以完善产权制度和要素市场化配置为重点，推进基础性关键领域改革取得新的突破，激发全社会创新创业活力。

（作者系全国政协委员、国家行政学院经济学部主任；
《人民政协报》2018 年 3 月 7 日）

经济转型拓展农民工就业新空间

杨志明

在刚刚闭幕的全国人大十三届一次会议记者会上，笔者注意到李克强总理说了这样一句话，"为农民工创造稳定的就业机会，政府责无旁贷。"在中国全面进入建设中国特色社会主义的新时代，中国农民工发展也将翻开新的一页。

就业是农民工发展的立足之本。大规模的农民工就业人群需要有相应的产业吸纳。进入后工业化时期，以家庭服务业、城市生活配送服务业等为龙头的新服务业态，将成为未来农民工就业的主要领域。此外，随着先进制造业的升级，也将会吸纳一些掌握新技能的农民工群体加入其中。

近年来，我国家庭服务业快速发展，预计到 2020 年将有 3000 万人在这一新业态得到就业机会。从国际上看，家庭服务业也是提供就业机会的重要业态。不过国际上的家庭服务内容，比我国目前这一业态内容要广。国际上，家庭服务一般包含家庭护士、保健师、私人管家等 26 个中高端业态。立足我国当前发展阶段，发展家庭服务业重点推动的家政服务、养老服务、病患陪护服务、社区照料服务等四个基本业态势必也将得到新的发展。而随着中国城镇化的范围进一步扩大，诸多家庭生活服务需求也将释放出来，将助推中国家庭服务业从新业态向大产业发展。

一批有技能的农民工将成为新工匠，这对于以往主要劳务输出形式是体力型的贫困地区农民工输出大省，也将是技能脱贫的新路。近年来，每年都有 2000 万农民工接受政府补贴的技能培训，有百万农民工成为高技能人才。去年代表国家参加第 44 届世界技能大赛的获奖选手中，有 75% 是农民工。进入新时代，农民工将迎来技工时代，大批农民工由普工经过技能武装成为技工，进而会成长为优秀的技师。通过职业技术院校培养新工匠的增量发展和通过劳动技能竞赛挖掘出来农民工的技能人才，未来将形成中国工匠大军，为中国经济转型提供人力资源支撑。

"五有"农民工返乡创业将催生新"城归"。农民工在我国工业化、城镇化快速发展进程中，具有"劳动力、资金、技能双向流动"的特点，其与生俱来的市场经济特质和国家鼓励创业的政策取向形成契合。当年海外留学人员回国就业创业被称为"海归"，如今农民工返乡创业可称为"城归"。近年来，"城归"创业正在异军突起，一波波曾在沿海发达地区和大中城市务工经商的农民工，经过城市打工的历练和积累，带着技术、项目、资金和营销渠道，怀着乡土情感返乡创业，如同热带雨林般适其环境而快速生长，为县域经济注入生机和活力，尤其是在扶贫攻坚中发挥着吸纳就地就业、推进精准脱贫的开拓作用。

当前，新技术、新业态"无中生有、层出不穷"，与传统产业提升改造的"有中出新、焕发生机"共同撑起新旧动能转换。新一代和老一代劳动力也在发生更替，尤其新生代农民工文化素质在提高，中生代农民工掌握技能在提升，先行进入城市的农民工逐渐站稳脚跟，农民工勤劳和不停顿地努力给大城市、特大城市与日俱增的老龄化带来生机和活力。无论从已经扛起的并跟着技术进步走的制造业、建筑业等支柱产业，还是正在扛起的快递、外卖、家庭服务等新业态，经济转型开辟了农民工就业的新天地，那些在工业化进程中挑起产业工人大梁的农民工将在中国后工业化时代肩扛重任。

（作者系十二届全国政协委员、人力资源和社会保障部原副部长；《人民政协报》2018 年 4 月 5 日）

创造更大奇迹需中国特色经济理论的创新

刘尚希

我国在社会主义经济建设上，已经进入新时代。今天，站在新的历史起点，回望改革开放 40 年，目的在于将过去 40 年中国经济取得巨大成功的"秘诀"充分总结出来，如习近平总书记在庆祝改革开放 40 周年大会上所提的，以更大决心、更大勇气、更大力度把中国改革开放推向深入，在新时代创造中华民族新的更大奇迹。

总结中国经济过去 40 年的发展，需要从三个逻辑纬度来看：理论逻辑、历史逻辑和实践逻辑。中国的发展，完全是基于自己的逻辑，即我们的实践逻辑、历史逻辑跟其他市场经济的国家是完全不同的。改革开放 40 年，中国经济从计划经济渐进走向市场经济，世界上其他国家没有这样的历史，前苏东国家与我们也不同。中国经济发展的实践逻辑是在中国共产党的领导之下，坚持四项基本原则，也就是社会主义前提下搞市场经济。所以，对于过去 40 年，中国经济的理论研究只有回到这个基本命题，研究中国经济，必须从"社会主义市场经济"这个完整命题出发。

在一些经济学者眼中，社会主义是一个定语，他们更看重的是市场经济。但如果没有从社会主义市场经济这个完整的命题出发来研究中国经济，就可能会忽略中国经济发展的一些基本问题。如果说过去 40 年，对中国经济的发展研究，忽略定语，注重市场，也许问题不大，短缺时期做大蛋糕是首位的目标任务。但在中国进入中上等收入的发展中国家发展阶段，社会主义所要求的共同富裕就不容忽视了。一些中国才有的基本问题在市场经济的实际运行过程中有重要影响，如党领导下的政府如何有效发挥作用、大量土地等国有资源如何进入市场、不同所有制经济如何公平竞争、国有企业如何定位等等。这些问题都和我国社会主义建设实践历史地联系在一起，随着社会主义市场经济这个命题的确立，一同进入了中国市场经济之中，形成了另一种类型的市场经济。不管你喜欢不喜欢，这是历史条件和现实基础，是无法回避的。只研究市场经济的一般性，而不研究市场经济的特殊性，具有中国特色的社会主义市场经济学就会脱离中国实际；只研究资本主义私有制衍生的市场经济的一般性，而不研究社会主义公有制衍生的市场经济的一般性，那也就更谈不上基于中国的社会主义市场经济实践而形成社会主义市场经济学。这就是中国改革开放 40 年经济领域取得巨大成功的历史逻辑、实践逻辑和理论逻辑。

伴随国家发展进入新时代，如何让中国经济保持足够的韧性，发挥向好的潜能，笔者以为，还需要进一步发挥市场在资源配置中的决定性作用。这一点在刚闭幕的中央经济工作会议上也被提及。会议指出，"凡是市场能自主调节的就让市场调节，凡是企业能干的就让企业干。"

站在中国经济新的发展阶段，具有中国特色的社会主义市场经济所有制理论、产权理论、公与私理论都迫切需要创新，需要深入探讨。因为在知识、技术创新变得越来越重要的今天，传统的生产资料所有权已经不再具有决定经济社会性质的力量。只有进一步解放思想，抛弃历史包袱和西化羁绊，以创新思维与时俱进，我国发展的理论逻辑、实践逻辑、历史逻辑，这三个逻辑才能真正统一起来，才能真正推动改革全面深化，实现高质量的发展，朝着中华民族复兴和人民幸福的方向前进。

（作者系全国政协委员、中国财政科学研究院院长；《人民政协报》2018 年 12 月 27 日）

向农民工致敬

杨志明

习近平主席在 2019 新年贺词中，特别提出，1 亿多非户籍人口在城市落户的行动将继续。在纪念改革开放 40 周年大会上，习近平总书记也提到要向广大工人致敬，这其中也包含已成为现代产业工人主体的农民工群体。

我国波澜壮阔、气势恢宏的改革开放历史画卷中，确有农民工群体书写的浓墨重彩的一笔。

从放下镰刀、锄头到拿起瓦刀，从掌握现代生产流水线，到能组装宝马奔驰汽车，组装三星、苹果、华为智能手机的现代产业工人主体——2.87 亿人，相当于欧洲各国劳动力总和的中国农民工人口大军，规模之大、流动之大、贡献之大、潜力之大，在世界农业劳动力转移史上前所未有。他们为城市创造的财富、为改革增添的活力，为构建和谐劳动关系发挥的独特作用，为"一带一路"走出去提供的人力资源支撑，理应赢得我们的致敬。

从 2010 年美国《时代周刊》破例登载了中国广东东莞 4 名女农民工进城奋斗的故事，到党的十九大前，笔者接到美国著名作家库恩的采访邀约，请笔者介绍中国农民工的"十有"进展情况；近两年农民工代表接连被请进中南海参加政府工作报告征求意见座谈会，党的十八大、十九大出现了农民工代表的身影；再到国庆 60 周年阅兵仪式上，首次出现农民工方阵，农民工春晚在奥体中心鸟巢举办，刚刚举行的庆祝改革开放 40 周年大会上，主席台就座的百名改革开放先锋人物也有农民工代表。这些无不表明，改革开放 40 年来，中国农民工群体也获得了越来越多在国家舞台绽放和吸引世界目光的机会。

中国农民工群体，经历四次发展浪潮，每次浪潮后，都迈上一个发展的新台阶。从上世纪 80 年代乡镇企业异军突起，到上世纪 90 年代中国农民工离土又离乡进城进工厂，再到新世纪以后跨省大转移的就业，至党的十九大后，进入提升技能、融入城市的新时代。中国农民工发展历程，是具有中国特色的农民工发展道路，它有不同于国际农业劳动力转移的两个同步规律——工业化与城镇化、进城就业与进城落户，同时为这一群体保留了地权，使农民工进得了城也回得了乡。进退有据，是这一道路的制度创新亮点。

进入新时代，中国农民工发展翻开了新的一页，在产业转型的外在压力和机器替代人的内在压力下，先进制造业成为规模化吸纳农民工的主阵地，农民工不仅是第二产业主力军，也是第三产业的生力军，农民工在新型城镇化过程中从劳动技能的提升将走向文化素质的提升，走向融入城市整体素质提升。

根据国务院印发的《关于进一步做好为农民工服务工作的意见》和农民工市民化进程"两步走"计划，到 2020 年大部分中国农民工将拥有专业技能和居住证，中国也将随着这一群体整体素质的提升，而走向技工时代。到 2035 年，大部分中国农民工将成为职业技术院校的毕业生，经过知识型、技能型、创新型的劳动者。到 2050 年，中国农民工群体将全面实现"四融"：自己融入企业、家庭融入社区、子女融入学校、群体融入社会。他们将成为中国梦最大的奋斗群体和受益群体。

中国新型城镇化的新意，体现在"以人为核心"。当习近平总书记向奔波在城市夜幕和晨曦中的快递小哥、环卫工人问候辛苦时，我们也不由得对这一群体的主体力量——农民工，致敬！

（作者系十二届全国政协委员，人力资源和社会保障部原副部长；《人民政协报》2019 年 1 月 3 日）

互联网思维＋监管：赋能共享经济

张云勇

党的十九大报告提出，在共享经济等领域培育新增长点、形成新动能。伴随技术进步和模式创新，共享经济发展前景广阔，但是当前也存在诸多问题。一是现有监管模式难以适应新业态发展需要。随着共享经济逐步渗透到经济社会各个领域，相关法律法规和政策制度监管滞后问题凸显。二是数据流通共享仍存障碍。各领域、各行业信息孤岛现象依然存在，数据作为共享经济的核心资源若无法有效流通，产品和服务就难以实现价值。三是共享经济技术基础薄弱。新一代信息通信技术在共享经济中的应用不足，导致产品服务体验差，信息安全缺乏保障。共享经济企业多为初创企业，科技创新资源集聚能力总体薄弱，而我国国家（重点）实验室、国家科技创新基地、重大科研基础设施和大型科研仪器、科学数据等创新资源主要集中在高校、科研院所等，对企业的开放共享力度不足。因此，需要坚持包容审慎的发展思路，完善共享经济的相关政策法规建设；需要构建互联网监管思维，进一步规范共享经济的健康良性发展；需要建立大数据共享平台，完善数据流通的共享机制；还需要强化新一代信息技术应用，从而赋能共享经济发展。

按照分类施策的原则，对发展较为成熟的共享经济领域加强监管，界定从业资质和准入门槛，明确参与主体权利义务，同时制定服务质量及安全标准，规范交易行为，对已经暴露出的问题，要及时依法从严管理。针对发展初期的共享经济领域要为其创造相对宽松的发展环境，加强现有政策制度的适用性研究，对不适合新形势的政策制度，进行适当的调整，同时也要跟进监督，发现问题及时引导改进。

积极推进"互联网 + 监管"，一方面充分利用国家现有平台资源，依法依规接入相关领域平台企业数据，开展大数据监管。同时充分利用信息化手段密切关注共享经济发展的最新动态，强化事中事后监管。另一方面通过企业公示、年报等途径，使共享平台主动接受社会监督。充分发挥新闻媒体和第三方组织机构的力量，及时发现行业发展中出现的新情况新问题。通过政府监管、企业治理、行业自律、大众监督等多方协同治理机制促进行业健康发展。此外充分发挥龙头企业、行业协会和产业联盟作用，支持制定实施行业规范与自律公约，促进共享产品和服务标准的建立。

整合数据开放共享，从而助力初创企业研发创新。一方面建立国家级大数据流通共享平台，在确保国家安全和个人隐私的前提下，促进大数据在可控的基础上自由流通，同时在政策允许的前提下继续推进重点领域公共数据开放，加强数据开放标准体系建设，统一行业数据的开放格式标准，提高数据质量及可用性，重视开放数据的机器可读性、互操作性，降低企业数据查询成本。另一方面完善数据共享激励机制，在明确数据开放责任主体和开放原则的前提下，积极引导各行各业规范有序开放数据，逐步实现数据的跨地区、跨行业高效共享。

通过应用新技术为共享经济发展赋能，一方面夯实共享经济发展网络基础，加大农村网络建设力度，推进 5G 网络规模化商用，不断提高网络覆盖范围和服务水平。另一方面完善大数据平台等新技术应用基础设施。利用云计算、大数据、物联网和人工智能等新技术提升共享经济服务质量和用户体验。同时引导共享经济企业加快提升安全管理和风险防范的技术能力，不断优化安全防护技术，切实保障用户信息安全，促进行业健康可持续发展。

推动科研资源开放共享，强化研发创新。一方面在《国家重大科研基础设施和大型科研仪器开放共享管理办法》的指导下，进一步规范高校、科研机构等科研设施与仪器在线服务平台，统一数据格式和标准，加快推进科研设施与仪器向社会开放，提高科技资源利用效率，降低初创企业研发成本。另一方面搭建产学研协同创新平台。支持中央企业与高等院校、科研机构联合设立新型研发机构、技术创新联盟等各类创新协作平台，将既有的人才、科研设施与仪器、技术资源等通过共享模式，最大化发挥优势资源集聚效应，最终实现资源的优化配置。

（作者系全国政协委员、中国联通研究院院长；《人民政协报》2019 年 1 月 10 日）

坚持农业农村优先发展

李成贵

"农者，天下之大本也。"这是我们这个民族历史的记忆、文化的乡愁，也是政治的基因、治国的要义。

近代以来，伴随工业化、城镇化、信息化的浪潮，中国社会经济结构发生了显著变化，农业和乡村的相对地位发生了下降。必须承认，这是文明的正向演进，里面包含着丰裕的物质、上升的精神，联结着一个又一个人的美好向往。但是，无论时代多么的现代或者后现代，无论世界多么高妙炫目，都无法改变农业的基础地位，无法改变乡村作为文明腹地的地位，这是万世一系的本质规律性。这一规律普适于世界各地，但在我国表现得尤为复杂和富有特色。

我国的独特之处在于城乡二元经济社会结构。这一经济社会结构决定着中国社会的动力和功能，也影响着效率与公平。今天，中央明确提出坚持农村优先发展，实质上就是对新时代城乡二元结构的重新审视和直面回应，是要在体制深处进行结构调整，重塑工农及城乡的结构关系。

回望历史，新中国成立之初，面对特定的初始约束条件，为了解决国家工业化投资不足的难题，最现实的选择就是汲取和转移农业剩余，在体制和政策安排上向工业和城市偏斜，从而形成了城乡分割的二元经济社会结构。这种结构之下，农民像土地一样奉献，像老黄牛一样勤劳，默默地拉动着国家工业化的重轭。没有农民几千亿元的"剪刀差"贡献，国家工业化就很难取得成功。

改革开放以来，农民获得了自主经营土地的权利、进入市场的权利、自由流动和择业的权利，加之政府大幅度增加了投入，"三农"领域发生了历史性变化，取得了历史性成就。纵向比较，"三农"变化之快是几千年来所未曾有过的，文景之治、开元盛世皆不可比。但是，横向比较，城乡二元结构并没有得到实质性调整，农村发展滞后和不充分现象十分明显，"三农"已成为全面建成小康社会和实现现代化的最大短板。特别是，要看到近年来城乡居民收入相对差距没有继续扩大，但城乡财富积累却在急速拉大，一线城市一套房子比中西部地区一个村甚至一个乡的房子价值还要大，造成了新的严重不均衡。

苍茫大地，有鸿雁归去，有雨燕来兮，有树在等待岁月，有草在等待春风；农民等待的是更多善政之光，等待国家以更大的力度和更快的速度为他们做好事，做实事，把好事做实，把实事做好。

今天，中国特色社会主义进入了新时代，国家的实力有了空前的提升，有条件也有义务促进农业农村的发展，保障农民的权益，更多地赋予农民发展的权利和免受贫困的权利，让农民共享国家改革发展的成果。这不仅是国家的意图伦理，也是国家的责任伦理。

党的十九大提出"坚持农业农村优先发展"，日前召开的中央农村工作会议提出，要牢固树立农业农村优先发展的政策导向，切实稳住"三农"这个基本盘。坚持农业农村优先发展，目的是要打破长期存在的城乡二元结构，形成以工促农、以城带乡、工农互惠、城乡一体的新型工农、城乡关系。城与乡是共生的关系，著名的社会学家费孝通先生晚年在论民族问题时曾说过"各美其美，美美与共"，这句话用在城乡关系上也非常恰当，城与乡就应该是这样一种相映成趣的关系。

坚持农业农村优先发展，不仅是反哺农业，回馈农民，促进社会公平，同时也是面对复杂的内外环境和经济下行压力强基固本，培育动能，提高效率的全局性战略选择。

按照中央的部署要求，坚持农业农村优先发展，就要做到在干部配备上优先考虑、在要素配置上优先满足、在资金投入上优先保障、在公共服务上优先安排。相信，依靠独特的体制优势和强大的动员力量，一定会把农业农村发展推向一个新的高度。

花开无言，叶落无声，农民是一个低调的群体。共和国70年历史上，有农民的浓墨重笔，农民与共和国一起走过时光，走过风雨交织的岁月，演绎春天的故事。

新时代，古老的农村大地正孕育着蓬勃力量。农民，也可以有诗与远方。

（作者系全国政协委员、北京市农林科学院院长；
《人民政协报》2019 年 1 月 10 日）

以科学思想引领创新驱动

张改平

　　党的十八大提出，坚持走中国特色自主创新道路，实施创新驱动发展战略。党的十九大强调，创新是引领发展的第一动力，是建设现代化经济体系的战略支撑。新时代以来，创新驱动作为一项基本国策，成为推动发展全局的核心力量。创新不是盲目探索，不能一蹴而就，更不能急功近利、搞大跃进。实施创新驱动战略，必须充分认识科学思想对于创新驱动的引领作用，必须依靠科学思想持续校正创新方向、创新路径和创新方法。

　　首先，确立创新方向需要科学思想引领。科学思想先于能力和技术，这是科学工作者应当恪守的信条。习近平总书记指出，要"牢牢把握科技进步大方向。推进科技创新，首先要把方向搞清楚，否则花了很多钱、投入了很多资源，最后也难以取得好的成效"。作为一名科学工作者，在长期的创新实践中，应深刻领悟到在凝炼、确立创新方向时，必须以科学思想为引领，把握学科、学术的未来趋势，既要能够瞻望经济社会发展的长远前景，又要能够结合民生和行业的现实需求。瞄准国家和区域经济社会发展需求，深入思考重大问题，科学凝炼创新命题，努力破解制约关键，做大学问，谋大事业，争创一流。只有这样，才能在创新创造的过程中释放出闪光的、具有经济和社会价值的超强创意、超级构想，才能在干事创业的道路上走得更远，才能把科研以及各项事业做到极致、做到最好、做到最高境界。

　　其次，落实创新驱动战略必须牢牢坚持解放思想。创新是第一动力，人才是第一资源，创新驱动归根结底要依靠人才来落实，依靠解放思想、千方百计引进和培养一流人才。以河南农业大学为例，作为中西部内陆省份地方高校，长期以来受制于事业编制、薪酬待遇等方面的政策制约，在引进和培养高层次人才方面束手束脚。在高校人才竞争日趋白热化的今天，像这样本就处于人才低谷的地方高校，要想在人才竞争中不落人后，获得创新所需的人才资源，必须牢牢坚持解放思想，以凝聚高层次人才的特殊政策落实创新驱动战略。

2017 年以来，河南农业大学坚持解放思想，遵循"扩规模、上层次、调结构、补短板"的人才工作思路，每年投入上亿元经费招揽和培养高层次人才，部分人才类别待遇达到国内最高标准。与此同时，学校坚持引培并重，对本校自有人才执行同样的待遇标准。目前，学校高层次人才引进和培养的政策效果已经在科研立项、创新成果等方面初步显现。

不论是引进还是培养，高校应努力为高层次人才营造干事创业的氛围，使有头脑、有想法、有韧劲的科学家们能够有一个安静安心的科研环境，能够不被频繁的、形形色色的立项、考评、绩效等因素干扰，能够淡泊名利、潜心研究，坐得了冷板凳，出得了大成果，发挥出大作用。

再者，实事求是是解决一切问题的金钥匙。实事求是是我们必须具备的科学思想、态度和方法，是解决问题的不二法门。在现代革命实践中，实事求是发展成为中国共产党的思想路线，其核心理念就是一切从实际出发，理论联系实际。大到国家和民族描绘蓝图、谋求发展，小到每个科学命题的确立、每个创新路径的选择，都要尊重客观现实，遵循科学规律。作为国家和社会创新驱动主体的大学，履行人才培养、科技创新、社会服务等职能，也需要牢牢坚持实事求是。实事求是在大学办学治校过程中主要体现为四个方面：一是人才培养定位要实事求是，依据办学定位、资源禀赋、达成度等因素量力而行；二是科技创新方向要实事求是，做到既能顶天又能立地；三是社会服务面向要实事求是，主动融入并促进区域、行业和经济社会发展；四是改革发展规划和决策落实执行要实事求是，避免无处着力、无处聚力、无处发力。

（作者系全国政协委员，中国工程院院士、河南农业大学校长；《人民政协报》2019 年 5 月 7 日）

国家重任其命唯新

周汉民

8月6日，国家发布《中国（上海）自由贸易试验区临港新片区总体方案》（以下简称《方案》）。这是对2018年11月5日习近平主席在上海举行的首届进博会开幕式上赋予上海三项新的重大任务之一，即设立上海自贸区新片区，具体落实的重要举措。《方案》一经公布，群情振奋。新片区将成为中国在更高层次、更宽领域，以更大力度推进全方位、高水平开放，深度融入经济全球化的重要载体。

回想6年前，美国推动的TPP（《跨太平洋伙伴关系协定》）谈判、TTIP（《跨大西洋贸易与投资伙伴协定》）谈判，特别是世界贸易组织的TISA（《服务贸易协定》）谈判，俨然形成对我国经济和社会发展的遏制势力。以习近平同志为核心的党中央，毅然决定在上海率先设立自由贸易试验区，仅以28.78平方公里的土地，形成国家新一轮改革开放的支点，以制度创新为核心，以对标国际最高标准、最好水平为己任，以进一步融入经济全球化为目标，带领中国自贸区"雁阵"飞翔。从2015年新设广东、天津、福建自贸区，到2017年辽宁、浙江、河南、湖北、重庆、四川、陕西自贸区诞生，再到2018年海南全省设立自贸区并探索建设自贸港，中国自由贸易试验区的探索，走过了6年的历史进程。今天，上海自贸区再次领受国家重任，为国家更大规模、更宽领域的改革开放探路。尤其是在当下，中国经济和社会发展面临百年未有之大变局，我们该如何应对？上海自贸区新片区将率先作出自己的努力。从这一意义上来说，上海自贸区新片区使命特别重大，任务特别艰巨，其价值就更为显要。

自贸区新片区的定位是特殊经济功能区，因而它要打造产城融合、开放创新、智慧生态、宜业宜居的现代化新城。这在中国 41 年改革开放的历程中，是前所未有的一个发展目标。它所承载的是国家战略需要，它所瞩目的是国际市场需求，它所坚守的是自由和开放。由此，这一次，新片区之"新"，可以用八大关键词来概括：实行投资自由；实行贸易自由；实行资金自由；实行国际运输自由；实行人员从业的自由；提升网络信息的服务能力；创新税制安排；建立风险安全监管体系。

这八大新举措，形成了中国前所未有的改革试点，即要为制度变革寻找新的突破，以此实现习近平总书记在 2016 年就明确提出的"自由贸易试验区建设的核心任务是制度创新"和他所要求的"率先形成法治化、国际化、便利化的营商环境，加快形成公平、统一、高效的市场环境"。由此可见，上海自贸区新片区，其命唯新，而新就是新在制度的不断创新。

上海自贸区运行近 6 年，取得的重要成果，概出于法治的保驾护航作用。尤其要提到，2014 年 8 月 1 日生效的《上海自贸区条例》作用巨大。它的几大亮点，今天仍值得我们深入研究，并应成为推动上海自贸区新片区立法的重要参照。

纵观《上海自贸区条例》，有几个特征十分显著：率先实行外商投资企业管理的特别措施，即负面清单；率先实施入驻外资企业的准入前国民待遇；带动一大批国家审批制度的废改留立；最核心的，就是《条例》本身的颁布与实施。

我们冀望：上海自贸区新片区能够得到国家的特别授权，由上海市人大作为立法机构，基于《上海自贸区条例》又优于《上海自贸区条例》，制定相关法律。上海自贸区新片区所做的一系列改革突破都需要以法制的方式，予以固化，并在此基础上，建议国家考虑尽快制定全国通行的国家自贸区法，给予上海自贸区新片区特别授权。从上海自贸区新片区特殊经济功能区的定位出发，基于我国改革开放以来的 5 大经济特区立法、又优于 5 大经济特区立法，制定专门的法律。作为中国高举经济全球化旗帜的行动之一，基于我国正在参加的一系列重大国际条约谈判，参照这些国际条约，制定相应配套法规。当前需要高度关注的重大国际条约谈判包括 RCEP（区域全面经济伙伴关系协定）谈判、中日韩自贸协定谈判、WTO 组织制度改革等。

上海自贸区新片区的建设，应与长三角一体化的国家战略高度融合，绝不是只有上海自己作为，应在长三角一体化的基础上融合来做。充分发挥自贸区新片区开放高地的示范引领作用，不仅要可复制、可推广，可辐射更为关键，从而更好地服务于长三角一体化发展，更好地服务于国家发展大局。

推动新一轮自贸区改革试验在长三角的辐射效应，关键还在于改革创新。

首先，模式要新，应当成为立足大国竞争面向海外资源的"经济特区"：一是"战略产业核心区"，集聚全球高端资源发展关系国家经济长期安全和竞争力的战略产业；二是"离岸金融先行区"，成为关乎国家金融安全和金融长期竞争力的离岸金融中心；三是"全球科技创新协同区"，形成为大国角力和未来实现超越发展储力的全球研发高地。

其次，制度要新，应当成为国际最高标准和最好水平的"制度特区"。实行真正的"境内关外"政策，做到"一线完全放开、二线高效管住"。利用物联网、云计算、大数据、人工智能和区块链技术，实现最智慧、最高效的管理。

最后，工作与生活融合发展方式要新，应当成为"生活特区"。打造高质量生活的示范区、引领区和探索区。

建设自由贸易试验区是中共中央在新时代推进改革开放的一项战略举措，在我国改革开放进程中具有里程碑意义。上海自贸区新片区有无限可能，只要我们大胆试，大胆闯，自主改，充满激情、勇于担当、富于创造，新片区完全可以创造出新的奇迹。

（作者系全国政协常委、民盟中央副主席、上海市社会主义学院院长；《人民政协报》2019 年 8 月 13 日）

把党领导经济工作的制度
优势转化为治理效能

张占斌

落实党的十九届四中全会和中央经济工作会议精神，就是要牢牢把握中国共产党领导是中国特色社会主义最本质的特征，是中国特色社会主义制度的最大优势，党是最高政治力量；就是要坚决维护党中央权威，健全总揽全局、协调各方的党的领导制度体系，把党的领导落实到国家治理各领域各方面各环节。其中的关键工作之一，就是要把坚持党领导经济工作的制度优势转化为治理效能，决胜全面建成小康社会，开启建设社会主义现代化国家的新征程。

把党领导经济工作的制度优势转化为治理效能，是新中国成立 70 年来宝贵经验的总结。新中国成立 70 年来，特别是改革开放 40 多年来，我们党领导人民创造了世所罕见的经济快速发展奇迹和社会长期稳定奇迹，中华民族迎来了从站起来、富起来到强起来的伟大飞跃。党的十八大以来，面对着国内外风险挑战明显上升的复杂局面，在以习近平同志为核心的党中央领导下，坚持稳中求进的工作总基调，坚持贯彻新发展理念，坚持以供给侧结构改革为主线，坚持以改革开放为动力，三大攻坚战取得关键进展，经济转向高质量发展，科技创新取得新突破，人民获得感、幸福感、安全感提升，全面建成小康社会取得重大进展。这一系列成就，都离不开党对经济工作的集中统一领导，都离不开党领导经济工作的制度优势。特别是我们把坚持公有制为主体、多种所有制经济共同发展和按劳分配为主体、多种分配方式并存以及社会主义市场经济体制共同作为基本经济制度，这是党和人民的伟大创造，对经济制度属性和经济发展质量有着决定性影响意义。

　　把党领导经济工作的制度优势转化为治理效能，是克服当前困难和问题继续推动经济高质量发展的时代需要。中国特色社会主义进入新时代，需要开启"中国之治"的新境界，需要克服当前的困难和问题继续推动经济高质量发展。当前我国正处在转变发展方式、优化经济结构、转换增长动力的攻关期，结构性、体制性、周期性问题相互交织，"三期叠加"影响持续深化，经济下行压力加大。当前世界经济增长持续放缓，仍处于国际金融危机后的深度调整期，世界大变局加速演变的特征更趋明显，金融动荡源和风险点显著增多。加之中美贸易摩擦，还存在着很多变量因素和不确定性。我们对这些困难和挑战要有充分的估计，要有应对准备，需要保持战略定力和底线思维，落实好、履行好党领导经济工作的职能和各项制度，议大事、抓大事、把方向、管大局、促落实，把党领导经济工作的制度优势转化为治理效能。

　　把党领导经济工作的制度优势转化为治理效能，是推动新发展理念引领经济发展落实落地的重点体现。今年是全面建成小康社会的决胜之年，也是"十三五"规划的收官之年，要实现第一个百年奋斗目标，为"十四五"发展和实现第二个百年奋斗目标打好基础，做好经济工作十分重要。我们贯彻落实创新、协调、绿色、开放、共享的新发展理念，贯彻落实中央经济工作会议精神，贯彻落实党的十九届四中全会精神，就要在推进国家治理体系和治理能力现代化上多下功夫，把党领导经济工作的制度优势更加充分地发挥出来。我们必须要紧扣全面建成小康社会的目标任务，坚决打赢三大攻坚战，全面做好"六稳"工作，统筹推进稳增长、促改革、调结构、惠民生、防风险、保稳定，保持经济运行在合理区间，确保全面建成小康社会和"十三五"规划圆满收官，得到人民认可，经得起历史检验。

　　把党的领导经济工作的制度优势转化为治理效能，是提高党领导经济工作能力和水平的重要标志。首先，要精心搞好顶层设计，把大的顶层设计和规划搞好。比如，集中全党全国人民的智慧，搞好"十四五"规划，充分发挥社会主义制度能够集中力量办大事和全国一盘棋的优势，明确工作重点和主攻方向，沿着我们"两个一百年"的奋斗目标而持续发力。其次，要建立一整套的、能够体现治理效能的党领导经济工作的制度体系和体制机制。

第三，需要不断改进党领导经济工作的方式方法。要遵循经济社会发展的规律，加强对经济社会发展重大问题的研究，重大政策出台和调整要进行综合影响评估，不搞"头痛医头、脚痛医脚"的急就章、一刀切，要从系统论出发优化经济治理方式，协调不同部门不同政策在国家治理体系中的定位和功能，在多重目标中寻求动态平衡，在高质量发展中实现系统优化。提高宏观调控的前瞻性、针对性、有效性，科学稳健把握宏观政策逆周期调节力度，善于把外部压力转化为深化改革、扩大开放的强大动力，集中精力办好自己的事情。最后，要强调提高全党干部建设经济工作的真本事。要巩固好用好"不忘初心、牢记使命"主题教育成果，激励广大党员干部通过向实践学习、向理论学习、向经验学习、向先锋学习，牢牢把握马克思主义的立场、观点、方法，牢牢把握习近平新时代中国特色社会主义思想，不断增强自身的"真功夫"，坚定信心，勇于担当，把以经济建设为中心的声音喊得更洪亮些，把创造性的经济工作干得再漂亮些。

（作者系全国政协委员，中央党校（国家行政学院）马克思主义学院院长、教授；《人民政协报》2020 年 1 月 9 日）

决胜脱贫攻坚　须抓三个关键

钱学明

我们在从脱贫攻坚到乡村振兴、从解决"绝对贫困"到解决"相对贫困"的承上启下阶段，迫切需要聚焦教育、医疗、养老等突出问题

习近平主席在新年贺词中明确指出，2020 年是脱贫攻坚决战决胜之年，将如期实现农村贫困人口全部脱贫、贫困县全部摘帽。决胜脱贫攻坚指日可待、就在今朝。

脱贫攻坚进入收官阶段，最要紧的是防止松懈、防止滑坡，最关键是聚焦突出问题、提升脱贫质量。各地贫困地区基础设施、基本公共服务体系和乡村基层政权建设已经得到进一步巩固和提升，为下一步乡村振兴战略的实施奠定了坚实基础。但贫困群众能否通过产业持续增收、易地搬迁贫困家庭能否实现后续发展，贫困地区教育、医疗、养老等突出问题能否得到有效改善，值得特别关注，不容忽视。

总的来看，贫困地区自然条件千差万别、经济基础参差不齐、贫困程度深浅不一，许多贫困群众致贫成因复杂多样且会发生变化。从实践效果来看，贫困家庭只要家里有人能够外出打工，脱贫基本没有问题。随之就会带来"留守儿童"的教育问题、"留守老人"的赡养问题。由于缺乏有效政策设计和制度安排，外出务工人员随迁子女入学教育问题还没有得到完全解决。加上贫困地区农村教育普遍办不好，"留守儿童"的成人成才受限制，"穷根"还没有完全斩断。国家虽然明确提出"县乡村医疗卫生服务一体化改革"，但此举不仅会"拿走"县级卫健部门的人、财、物审批权力，还强化其事中、事后监管职责。因此，由卫健部门推进此项改革，难免出现变形、走样。贫困地区农村"缺医少药"难题仍然没能得到根本性破解，不少

贫困群众看病难、用药不精准。贫困家庭一旦有需要照料的老人，其子女往往就不能外出打工。打工夫妻常常因此被迫分居，家庭代价很大。

为此，我们在从脱贫攻坚到乡村振兴、从解决"绝对贫困"到解决"相对贫困"的承上启下阶段，迫切需要聚焦教育、医疗、养老等突出问题。通过发挥中国特色社会主义制度优势，不断保障和改善社会民生，集中力量攻克深度贫困堡垒，把短板补得再扎实一些、把基础打得再牢靠一些，进一步提升脱贫攻坚质量。

教育确保。让贫困地区孩子们接受良好教育，是扶贫开发的重要任务，也是阻断贫困代际传递的重要途径，更是"办好人民满意的教育"的必然要求。如能在推动城乡义务教育一体化发展中，率先把建设"农村留守儿童寄宿制学校"改为"进城务工子女寄宿制学校"，并提供每周7天全寄宿服务，就能方便贫困家庭孩子们随父母在务工地就近入学。这让孩子们既得到父母照顾、满足亲情关怀，解决"成人"的问题，又享受到城市优质教育资源，解决"成才"的问题，还彻底消灭"留守儿童"现象。同时，坚持实事求是原则，以办好初中阶段为出发点和落脚点，进一步提升贫困地区义务教育质量。对于有能力办好初中的乡镇，应当加强寄宿制学校建设，提升其教学管理质量。对于暂不具备条件的乡镇，建议尽量义务教育初中阶段集中到县城来办，并给予一定的交通费、生活费补助，以减轻贫困家庭负担。这不仅符合广大农村教师对美好工作生活的向往，也是许多农村贫困家庭的盼望所在。

医疗到位。推进健康扶贫，既要看医疗费用报销比例是否合理、贫困群众负担是否减轻，更要看是否实现医疗卫生资源下沉，健全农村基本医疗卫生服务体系，让广大农村群众就近、便宜看病用药。要认真按照《中共中央国务院关于打赢脱贫攻坚战三年行动的指导意见》的具体要求，全面实施县乡村医疗卫生机构一体化管理，破解体制机制、待遇编制上的制约。明确由县级党委、政府直接推动此项改革，加快转变县级卫健部门职能，从直接开办公立医院转变为行业管理，强化政策法规、行业规划、标准规范的制定和监督指导。在县域之内实现体系一体，做到双向转诊、分级诊疗，让改革红利惠及广大贫困群众。同时，组织专家医生和移动诊疗车，下乡进山为贫困群众开展精准诊疗，做好疾病预防与控制工作，进一步保障贫困群众身心健康。

养老完善。贫困农村老年人是脱贫攻坚中的特殊群体。在家庭易地搬迁、儿孙进城之后，难以走出大山、融入城镇的他们，是脱贫子女及后代的牵挂和忧虑所在，亟待统筹解决好其养老问题。建议在"县乡村医疗卫生服务一体化改革"基础上，加快推进乡村农村医养融合步伐，由乡镇卫生院院长兼任养老院院长，缓解"医院不能养、养老院不能医"的现实难题。通过推进集中居住、分户生活，实现家庭自理、机构服务与社会救助相结合，满足广大农村老年群体对生活照料、医疗服务和亲情关怀等不同层次养老需求。这不仅能够有效提升农村老年人的获得感和幸福感，解决好子女及后代的后顾之忧，助力贫困家庭尽快实现脱贫、增收和致富。

（作者系全国政协委员、广西壮族自治区政协副主席；《人民政协报》2020 年 1 月 23 日）

当下的问题要长远看

刘志彪

习近平总书记说，"加强疫情防控这根弦不能松，经济社会发展各项工作要抓紧。"近段时间，各地出台了一系列鼓励制造业尤其是中小企业尽快复工复产的优惠政策。风物长宜放眼量，新冠肺炎疫情对我国产业经济运行态势、产业组织方式和产业结构都带来一定的影响，此次疫情防控过程中影响我国产业和经济运行的某些实际问题，还应当做些长远的思考。

以此次疫情防控为起点，以人民幸福为中心，大力发展现代公共服务业尤其是卫生医疗服务业，着手规划建设重大医疗卫生基础设施。目前，我国应对突发事件中的安全生产、自然灾害等已建立了较为完备的应急救援基地，但应对公共卫生事件的应急储备基地供给短缺。应以此次疫情为起点，着手规划在全国建立若干个重特大突发公共卫生事件应急储备基地，一旦出现类似事件，便于使所有的病人能得到最快的隔离治疗，医护人员和志愿者的生活能得到较好的保障，舆情疫情在短期内得到有效控制。

调整新型基建、大项目建设的结构和方向，以稳增长、调结构为指向，重点推动整个社会的信息化系统的发展水平，进一步发展线上交易和机器换人产业。SARS 之后，中国互联网企业迎来了重要的发展机遇和阶段。在当前的 5G 阶段，新冠肺炎危机也是新的机会。此次疫情客观上可能大大地加快了经济从物理世界转向数字世界的进程，使数字办公、数字医疗、数字教学、数字娱乐、机器换人、无人机应用等产业活动突飞猛进，催生我国企业信息化、互联网化、自动化和智能化的新一轮发展，从而出现新型的产业门类、服务模式和新经济增长点。在此过程中，凡是加速向数字世界迁徙的个体、企业、单位、机构等都将走上全新的发展台阶。对此建议政府对5G、机器人等产业的相关投资可以加快和提前，以对冲经济下行压力，为信息化、自动化创造基础设施条件；提倡互联网巨头运用云计算等信息技术，为中小企业免费或低价提供在线办公、在线学习等工具，提高中小企业在疫情阶段灵活工作的效率。

进一步解决我国超大规模市场建设中地方经济碎片化的问题。随着以成本为核心的比较优势的逐步消失，超大规模市场将成为中国未来经济发展的比较优势甚至是绝对优势。超大规模市场是吸引全球先进要素的磁场，是支持中国企业走出去的内在力量。毫无疑问的是，形成超大规模市场的前提是市场的统一、竞争、开放和有序。这次疫情防控是对倡导的一体化高质量发展的一个压力测试。在疫情防控过程中，一些地方基层部门各自为政、擅自封锁交通道路、阻断物流人流等一系列令行禁不止、反市场一体化的行为，极大地影响了全国的物流通畅性，以及后续的复工复产进程和经济复苏。少数地方政府机构缺少应有的担当和作为，为企业复工复产设置了许多互为矛盾的、繁琐复杂的前置性审批条件，甚至有些趁着疫情防控扩张手中的权力，大小事一概要求企业审批盖章。这些都在某种程度上损害了原先健康的政企关系。疫情过后，要以建设和完善区域经济一体化为题，深刻反思和改进地方政府职能和行为。

要预防疫情过后可能出现的逆全球化趋势，再次重塑中国全球价值链和国内价值链。这次疫情的全球化扩散，充分暴露了当前经济全球化中的产品内分工体系的脆弱性。中国应该以构建全球人类命运共同体为理念，为其他国家提供抗疫经验、必要的医疗服务和物资援助，以加强和巩固与"一带一路"各经济体的密切联系。从长远看，中国在疫情防控中展现的负责任态度、取得的防控经验，以及现今在5G和医疗健康基础设施建设等方面的新的技术与应用，将使"一带一路"建设形成新的投资机会、新的合作领域和新的商业模式。争取中日韩自由贸易协定尽早签署，也是一个有效的对冲逆全球化的措施。此外，进一步加强我国沿海地区与东北经济圈、中西部地区的国内价值链的建设，以超大规模市场中的国内经济循环和联系适度替代全球价值链的作用，也是防止全球经济风险传递并影响我国经济发展的重大战略决策。

（作者系十二届全国政协委员、南京大学长江产业经济研究院院长；《人民政协报》2020 年 3 月 19 日）

有信心有能力如期打赢这场硬仗

周汉民

  告别绝对贫困，全体人民共同迈向全面小康社会是中华民族的千年梦想。脱贫攻坚收官之年虽然遭遇新冠肺炎疫情影响，但只要全国上下心往一处想，劲往一处使，实现梦想的力量就无比强大。在以习近平同志为核心的党中央领导下，中国人民将以更大决心、更强力度推进各项工作，如期打赢这场硬仗，不获全胜，绝不收兵。

  经过全国上下的艰苦努力，我国疫情防控已出现积极向好的态势，取得阶段性重要成果。习近平总书记最近考察湖北武汉，更是激荡起亿万人民的必胜信念。在困难的时候，要看到成绩，要看到光明，要提高我们的勇气，战"疫"战"贫"两手抓，两手都不误。

  制度自信彰显优势。中国共产党领导和社会主义制度是我国在脱贫攻坚领域取得举世瞩目成就的政治优势，正是在这一制度的坚强保障下，我们有能力、有信心夺取最后的全面胜利。3月6日的决战决胜脱贫攻坚座谈会更是吹响了集结号。最后的胜利往往在于再坚持一下的努力之中，在最吃劲的时候，我们需要咬紧牙关前行，再坚持一下、再努力一下、再奋斗一下，不辱使命，不负重托，顺利实现"两个一百年"的第一个百年奋斗目标。

  经济发展铸就后盾。当前，要全面分析研判疫情之后中国的经济恢复和高质量发展之路，变压力为动力，有序恢复生产生活秩序，把我国发展的巨大潜力和强大动能充分释放出来。

  调研显示，企业普遍认为受到了疫情影响，大部分企业降低了对上半年收入和利润的预期。这一困境，引起各方关注，从中央到地方陆续出台了为企业减负的措施，审时度势、反应迅速，覆盖广、措施实、力度大，极大鼓舞了企业家的信心，为企业恢复生产注入"强心剂"。我近期调研了近三十家企业，有国企也有民企和外企，有央企大型企业更有中小微企业。所到之处，无不为企业领导和员工的工作热情和干劲所感动，为他们同甘共苦、共克时艰的决心和行动而深受鼓舞。目前，企业复工复产已有一定规模，复市也已有相当程度，但同时也存在激励政策效果仍需进一步显现、信息公开问题仍需进一步解决、企业获得感仍需进一步提升等问题。从近期来看，要完善配套细则、加快政策落地，特别是针对人力成本、物业成本等影响企业生存发展的重要因素，探索更加灵活的支持和纾困方式，及时了解企业在恢复生产过程中的困难与需要，补充与完善相关扶持政策，并兼顾各项政策的长期性和有效性。从中长期来看，要持续优化营商环境，深入推进简政放权，建立评估考核机制，营造公平正义的市场环境，最大程度激发企业主体的活力。把众志成城抗疫情的努力作为千方百计促经济的新动力。

精准施策巩固成果。我们要以更扎实的举措为完成扶贫攻坚任务打下坚实的基础。扶贫成不成，关键是扶志和扶智。第一要素就是扶志。授人以鱼不如授人以渔，要激发贫困群众萌生出摆脱贫困、劳动致富的内在动力。第二要素便是教育。从脱贫的示例来看，脱贫与良好的教育尤其是职业教育密切相关。因此，要通盘考虑贫困地区群众的教育需求，健全完善教育体系，义务教育和职业教育、职业培训、实用技术培训并重，提升贫困地区人口素质和专业技能水平，并通过相应的政策来进一步打通职业教育与普通教育、继续教育的衔接通道。这次疫情期间网上教育的蓬勃兴起就是巨大的新动能，要认真发展下去。第三要素就是信心。完成精准脱贫任务要有持之以恒的耐心与毅力。要利用编制"十四五"规划的契机，将贫困地区在全面脱贫之后的可持续发展纳入其所在的更广泛的区域整体发展规划之中，用长远的眼光、发展的思路，理性而充分地考虑地域、人口、经济、教育等实际情况，因地制宜、因时制宜地制定相关发展规划，集中力量解决贫困地区经济社会长远发展面临的突出问题，提升地区发展的可预见性和可持续性，按照"六个精准"基本方略，组织实施本区域内的具体扶贫项目，做到一切资源"不求所有，但求所用"。

脱贫摘帽不是终点，而是新奋斗的起点。实现脱贫后可以设定一段时间的缓冲期，在缓冲期内，相关帮扶政策不变、力度不减，坚持脱贫以后再送一程。建立动态更新机制，充分运用信息化、大数据等技术手段，健全扶贫基础信息，根据已脱贫地区经济社会发展的现实情况适时调整帮扶政策的形式和内容。此外，加强对贫困地区和贫困人口的动态监测，引入第三方参与评估，发挥包括民主党派在内的社会方方面面的积极作用，加强对脱贫攻坚工作的民主监督力度。

（作者系全国政协常委、民建中央副主席、上海市政协副主席；《人民政协报》2020 年 3 月 26 日）

政治建设

拓展民主监督的"新路"

张献生

从 1945 年毛泽东同志与黄炎培先生进行"窑洞对",找到跳出"其兴也勃、其亡也忽"的历史周期率的"新路"之后,民主监督就成为中国共产党实行民主政治、坚持执政为民的重要内涵,也成为各民主党派、无党派人士等党外人士的重要职能。中国共产党十八届六中全会全面推进从严治党、营造风清气正的政治生态,使民主监督的重要作用在新形势下进一步凸显出来。六中全会指出,增强党在长期执政条件下自我净化、自我完善、自我革新、自我提高能力,必须坚持党内监督和外部监督相结合,强调"支持民主党派履行监督职能"。《中国共产党党内监督条例》指出,要"重视民主党派和无党派人士提出的意见、批评、建议"。因此,充分履行民主监督职能,在营造风清气正的政治生态中发挥应有作用,就成为新形势下民主党派、无党派人士等党外人士的重要使命。

聚焦执政党和党的领导干部"两个关键"。新形势下营造风清气正的政治生态,更好进行具有许多新的历史特点的伟大斗争,把中国特色社会主义事业不断推向前进,关键是执政的中国共产党;加强和规范党内政治生活,净化党内政治生态,营造风清气正的政治生态,重点是党的领导干部这个关键少数。习近平同志指出,"这部分人抓好了,能够在全党作表率"。因此,民主党派和无党派人士等党外人士进行民主监督,必须聚焦执政党和领导干部这"两个关键",着眼中国共产党提高创造力凝聚力战斗力,更好执政兴国、执政为民,着眼党的领导干部遵守准则、贯彻落实条例,联系群众、廉洁从政,及时提出意见、批评和建议,为确保中国共产党团结带领人民不断开创中国特色社会主义新局面,党的领导干部在营造风清气正的政治生态中率先垂范，发挥积极的作用。

着力促进执政党执政权的正确行使。中国共产党作为长期执政的党，最大的挑战就是对权力的有效监督。要营造风清气正的政治生态，最根本的就是把权力关在制度的笼子里，让权力在阳光下运行。监督是权力正确行使的根本保证。六中全会提出，"要完善权力运行制约和监督机制，形成有权必有责、用权必担责、滥权必追责的制度安排"。中国共产党正确行使执政权，涉及与各民主党派、无党派人士共同奋斗目标的实现，关系以人民利益为根本的共同利益的维护，是执政党和参政党的共同责任和担当。民主党派和无党派人士等党外人士的对执政党的民主监督，其根本性质和目的就是促进执政权的正确行使。历史和现实证明，只有制度规范和要求，缺乏及时有力的监督，权力很容易使制度笼子形同虚设，在众目睽睽下横行无忌。没有强有力的外部监督，党内的自我监督和约束也会虚化和弱化。因此，民主党派和无党派人士等党外人士的民主监督，必须着眼执政党执政权的正确行使，协同人大、政府、监察和司法机关的监督，在防止权力的滥用、消除和防止各种腐败上积极发挥制约作用，使人民赋予的权力更好为国家谋富强、为人民谋幸福、为民族谋振兴。

以批评实现完善、纠偏和防错功能。监督的本意就是监察和督责。中国共产党之所以与民主党派实行互相监督，就是要听到不同声音，保持清醒头脑；就是要互相规过，让民主党派协助共产党消除毛病、改进作风。而无论是净化政治生态，还是营造风清气正的政治生态，要解决存在的突出矛盾和问题，要强身治病、保持肌体健康，都需要批评这一锐利武器。民主党派和无党派人士进行民主监督，可以提出意见和建议，但其核心要旨是批评。必须把批评作为监督的主要方式，激浊扬清、除弊兴利。把民主监督与协商议政相区别，防止以协商、议政代替监督。注重发挥各种特邀人员的作用，在参与执法检查中搞好督责。把建设性和尖锐性结合起来，既要苟利国家、有益人民，又敢直面问题、不避祸福。在促进执政党民主执政、依法执政和科学执政中，在重大决策、重要政策制定和实施过程中，在把民主监督的完善、纠偏和防错功能充分发挥出来。

从健全工作机制和增强影响力上提高效能。民主党派和无党派人士等党外人士的民主监督是非权力性监督，没有强制性；是外部同质性监督，具有建设性。这既是我国民主监督的特点和优势，但又容易出现随意性、缺乏约束力。在营造风清气正的政治生态中切实发挥民主监督的作用，切实做到有益有效有用，需要执政党和参政党共同努力。执政党要真诚和善于接受监督，并在扩大知情内容、畅通沟通渠道、及时反馈结果、切实改进落实上完善工作机制。各民主党派和无党派人士等党外人士要着力提高监督的质量，珍惜和用好话语权，使所提意见和批评具有针对性、科学性和可行性，不断增强民主监督的影响力。在中国共产党和各民主党派、无党派人士等党外人士共同努力下，使民主监督在营造风清气正的政治生态中真正起到保驾护航的作用。

在营造风清气正的政治生态中发挥民主监督的重要作用，是民主党派和无党派人士等党外人士作为合作者的重要责任和担当，也是中国共产党长期执政中跳出历史周期率"新路"的重要实践。只要不忘初心、携手共进，执政党自我监督与党外人士民主监督相辅相成、相得益彰，这条"新路"就会越走越宽，不断谱写中国共产党执政兴国、执政为民的新篇章。

（作者系全国政协委员、中央统战部原副秘书长；《人民政协报》2016 年 12 月 1 日）

法治政府要强化"可量化的正义"

王学成

　　法治评价被视为可量化的正义，是推动法治建设的重要抓手。党的十八届三中全会提出了"建立科学的法治建设指标体系和考核标准"的总要求，中央《法治政府建设实施纲要（2015—2020 年)》（以下简称《纲要》）进一步提出："各级党委要把法治建设成效作为衡量各级领导班子和领导干部工作实绩的重要内容，纳入政绩考核指标体系，充分发挥考核评价对法治政府建设的重要推动作用。"贯彻落实中央法治政府建设决策部署，必须用好考核评价的指挥棒。

　　一是完善法治政府考核的顶层设计，尽快建立"新国标"。我国是法制统一国家，但目前尚未建立国家层面的法治政府建设指标体系。从法理上说，在法制统一的国家中，法治政府建设需要统一的指标体系；部分省（区、市）制定法治政府建设指标体系，只能是在地方权限范围内的一种探索和尝试。党的十八大和十八届三中、四中全会对法治政府建设进行了全面部署，中央《纲要》对"什么是法治政府"明确了衡量标准，对"如何建设法治政府"设置了大量的可量化易评估的具体措施，这些都要求尽快制定具有普适性和横向比较性的法治政府建设"新国标"。国家层面的法治政府建设指标体系具有统一性与权威性，有利于引导各地、各部门向法治政府建设目标努力，有利于以全国统一的指标体系衡量各地、各部门依法行政工作状况，形成一种良性、科学的竞争机制。目前，北京、天津等近 20 个地方已经制定了依法行政考核办法，其中不少地方的考核办法同时规定了依法行政指标内容，浙江、广东等地还通过政府文件或者规章专门规定了比较系统的法治政府建设指标体系和依法行政考评办法，各地法治政府建设指标体系在总体格局上趋于一致。地方的探索和尝试，为中央层面制定法治政府建设指标体系积累了经验，制定"国家标准"是可行的。

二是优化法治政府考核机制，实行"强考评"。目前，地方开展的依法行政考评大多属于行政内部考评，即政府自己考评自己，其考评力度远远不够，社会公众对其客观公正性也提出了一些质疑。要加强考评的公众参与，积极引入第三方力量参与考评工作，推动考评从官方评价转向社会民意测量，从内部考评转向社会效果评价。另外，要特别强化地方人大的监督作用。按照宪法以及《地方各级人民代表大会和地方各级人民政府组织法》的规定，地方各级人民政府是地方各级人民代表大会的执行机关；县级以上地方各级人民代表大会常务委员会监督本级人民政府的工作，行使"在本行政区域内，保证宪法、法律、行政法规和上级人民代表大会及其常务委员会决议的遵守和执行"等职权。据此，由县级以上地方各级人大常委会考评同级政府的依法行政工作，既是地方人大行使对同级政府的监督权的体现，也是其行使法定职权的要求。为了强化人大对同级政府依法行政工作的监督，广东省政府组织实施依法行政考评时，广泛听取了人大代表的评价意见，广州市人大常委会还委托第三方社会调查机构对同级政府依法行政的状况进行评价，均收到比较好的效果。实践证明，由县级以上地方各级人大常委会考评同级政府的依法行政工作，形成强有力的考评工作机制，既是必须的，也是可行的。

三是强化法治政府建设考核结果应用，形成"硬约束"。按照党的十八届四中全会的部署和中央《纲要》的要求，法治建设成效将作为衡量各级领导班子和领导干部工作实绩重要内容，纳入政绩考核指标体系。分析以往各类考评，凡是真正能够发挥指挥棒作用、有效引导和推动各地各部门做好相应工作的，都是"硬约束"性质的考评，其考评结果直接影响被考评单位领导的职务任免、职级升降、奖励惩处，甚至"一票否决"。依法行政考评要真正发挥其引导和推动作用，也必须形成"硬约束"；如果考评结果好坏对被考评单位领导的仕途影响不大，各单位对考评的重视程度就会大打折扣，对依法行政的推进力度就会减弱。因此，要严格落实考核结果，切实做到考核结果与行政问责及干部奖惩制度、干部任免相挂钩，形成以权责相统一为导向的管理体制。

（作者系全国政协委员、广东省人民政府法制办公室
主任；《人民政协报》2017 年 3 月 6 日）

加快社会领域改革　缓解结构调整阵痛

周汉民

2015 年以来，以习近平同志为核心的中共中央，为应对经济新常态，及时作出供给侧结构性改革的重大决定，以"三去一降一补"为重点，为我国经济"强身健体"、稳步发展提供了新动力。两年多来，供给侧结构性改革取得了重大成就，但越往后，任务越艰巨，其中守住底线、突出重点、完善制度、引导舆论，深入细致地做好社会托底工作，增强人民群众获得感，维护社会和谐稳定，已是工作的重中之重。

守住底线。总的来说，继续全面推进供给侧结构性改革，有诸多有利条件。其核心是，我国的综合国力已今非昔比，我们的家底比上世纪末的经济结构大调整时期，厚了许多。上世纪末，我国的 GDP 约 1 万亿美元，2016 年已超过 11 万亿美元；1999 年，我国人均 GDP 为 865 美元，2016 年超过 8000 美元；1999 年，我国城乡居民储蓄余额约 6 万亿元，2016 年增长到近 60 万亿元。

但与此同时，我们的挑战也前所未有：一是世界经济增长仍然乏力，我国经济"L"形走势仍在深度筑底的区间；二是随着世界工业革命和科技革命的发展，我国经济面临高端制造业回流和中低端制造业分流的状况，加之世界贸易保护主义甚嚣尘上，我们深化改革的压力是全方位的。由此，供给侧结构性改革最大的底线就是，随着改革的深化，随着"三去一降一补"力度的加强，需要分流、转岗的群体，能得到较为及时和充分的就业，这就是最大的刚需。

突出重点。"三去一降一补"主要涉及产能严重过剩的产业，既有传统的钢铁、煤炭、电解铝、水泥、船舶、玻璃等行业，也有新兴的光伏、风能设备等产业。因此，必须突出重点，精准施策。首先，一定要进一步激发"大众创业、万众创新"的激情。各级政府要想方设法广开就业门路，而转型企业要把下岗、分流人员如何转岗和再就业，作为大事来抓，国企要担当，民企要积极。对国企而言，宁可少一些大项目上马，也要把就业和再就业作为社会托底的重点，而民企应当在习近平总书记所倡导的"权利平等、机会平等、规则平等"的基础上，发展得更迅猛一点，更多样化一点，以解社会托底的燃眉之急。

完善制度。加强社会托底的力度，一靠立法，尤其是地方立法，相关的法制要侧重鼓励创业、安排就业、税收倾斜、手续简便。二靠社会保障体系的升级。社保制度，一是应实现全国统筹，二是以保基本为底线，三是要充分激发供给侧结构性改革五大财富源泉的充分涌流。第一个财富源泉就是人口和劳动力，既要适当调整人口政策，又要健全全国范围的社会保障体制；第二个财富源泉就是土地及附着在土地上的资源，要深化农村供给侧结构性改革，以土地确权和适度流转为手段，以提高农业生产效率为目的；第三个财富源泉就是资本和金融，要促使金融更好地服务于保障社会托底的产业、事业和企业，以此作为硬任务；第四个财富源泉就是技术和创新，要鼓励更多的大学生走入经济发展的第一线，鼓励他们在经济转型的产业和企业中成为引领创新的一代；第五个财富源泉就是制度和管理，供给侧结构性改革的核心，就是制度供给本身。因而，推进简政放权、优化行政效率，只有进行时，没有完成时。

引导舆论。民生就是人民的生活及生计，民心是最大的政治，人民是最大的靠山，而最坚实的社会托底工作，则是就业和再就业，它不仅关乎人民的生计，更关乎人民的尊严。因此，新闻媒体责无旁贷，要走入第一线，发现和总结相关的典型事例，调动社会方方面面的力量，因地制宜地推动就业和再就业工程。

总之，加快社会领域改革，缓解结构调整阵痛，政府有责，企业有责，社会有责，百姓有责，当不拘一格，全力为之。

（作者系全国政协常委、民建中央副主席；《人民政协报》

2017 年 7 月 6 日）

习近平新时代中国特色社会
主义思想的时代意义

龙新民

习近平总书记在党的十九大报告中，全面阐述了新时代中国特色社会主义思想。着眼中国特色社会主义事业的长远发展，顺应全党和全国各族人民的共同心愿，十九大把习近平新时代中国特色社会主义思想，同马克思列宁主义、毛泽东思想、邓小平理论、"三个代表"重要思想、科学发展观一道确立为党的行动指南，并写入党章，这是十九大的伟大思想理论成果，是十九大具有划时代意义的历史贡献。

习近平新时代中国特色社会主义思想，植根于新时代中国特色社会主义新的伟大实践，立足于新时代中国发展的新的历史方位，指引着新时代的前进方向，具有重大而深远的时代意义。

习近平新时代中国特色社会主义思想，开辟了中国特色社会主义的最新境界。

党的十八大以来，以习近平同志为核心的党中央以非凡的政治智慧和强烈的历史担当，统筹推进"五位一体"总体布局、协调推进"四个全面"战略布局，党和国家各项事业全面开创新局面，改革开放和社会主义现代化建设取得历史性成就。在人民群众丰富而伟大的实践中，习近平总书记带领全党进行艰辛理论探索，提出了一系列新理念新思想新战略，推出了一系列新变革新政策新举措，拓展了一系列新视野新领域新布局，形成了习近平新时代中国特色社会主义思想。

习近平新时代中国特色社会主义思想，适应时代要求，顺应党心民心，从理论和实践的紧密结合上系统回答了新时代坚持和发展什么样的中国特色社会主义、怎样坚持和发展中国特色社会主义等一系列重大的根本性的问题，取得了重大的创造性的理论创新成果，极大地丰富和发展了中国特色社会主义理论，开辟了中国特色社会主义理论的最新境界。

习近平新时代中国特色社会主义思想，指引着新时代中国特色社会主义的前进道路。

习近平总书记在中共十九大报告中指出：经过长期努力，中国特色社会主义进入了新时代。他指出了这个新时代的五个内涵和标志："这个新时代，是承前启后、继往开来、在新的历史条件下继续夺取中国特色社会主义伟大胜利的时代，是决胜全面建成小康社会、进而全面建设社会主义现代化强国的时代，是全国各族人民团结奋斗、不断创造美好生活、逐步实现全体人民共同富裕的时代，是全体中华儿女勠力同心、奋力实现中华民族伟大复兴中国梦的时代，是我国日益走近世界舞台中央、不断为人类作出更大贡献的时代。"站在这个新的历史方位，实现这个新时代的奋斗目标和战略任务，必须高举习近平新时代中国特色社会主义思想伟大旗帜，用习近平新时代中国特色社会主义思想统一全党和全国各族人民的思想和行动，汇聚起气壮山河、战无不胜的磅礴力量。

习近平新时代中国特色社会主义思想根据十八大以来新的实践，提出了 14 个"坚持"的基本方略，内涵丰富、思想深邃、博大精深，是一个完整的科学理论体系。在全面建设社会主义现代化强国新征程上，我们肩负的任务十分艰巨繁重，还会遇到各种各样的困难，还会面临各种可以预见和难以预见的风险与挑战。只要我们坚持以习近平新时代中国特色社会主义思想为行动指南，切实用习近平新时代中国特色社会主义思想武装头脑、指导实践、推动工作，中国特色社会主义道路就会越走越宽广。

习近平新时代中国特色社会主义思想，彰显出新时代科学社会主义理论的蓬勃生机。

19 世纪 40 年代末，马克思和恩格斯共同创立了科学社会主义理论。100 多年来，国际共产主义运动取得了巨大的成绩和胜利，也经历了严重的挫折和失败。不管国际风云如何变幻，中国共产党人始终以大无畏的英雄气概，独立自主，走自己的道路，推动马克思主义中国化时代化大众化，科学社会主义的旗帜在世界的东方大国始终高高飘扬。

在世界处于大发展大变革大调整的时期，习近平新时代中国特色社会主义思想不仅为中国人民谋幸福，为中华民族谋复兴，也密切关注世界的和平与发展，关注人类的命运和前途。他强调，"中国人民愿同各国人民一道，推动人类命运共同体建设，共同创造人类的美好未来。"在当今世界上，有哪一个国家、哪一个政党、哪一位领导人、哪一种理论，能如此关注人类的共同命运，心系人类的美好未来？正因为如此，现在世界上越来越多的国家、政党、组织和人士，高度评价习近平带领中国共产党和中国人民取得的巨大成就，密切关注习近平治国理政的做法和经验，《习近平谈治国理政》一书已翻译成 23 个语种、在全球 160 多个国家发行 650 多万册，充分反映出国际社会对习近平新时代中国特色社会主义思想的肯定和赞誉。习近平新时代中国特色社会主义思想在中国取得的巨大成功和在世界的影响，意味着科学社会主义在 21 世纪的中国焕发出了强大生机活力，这也使国际社会更多的政党、组织和人士在重新审视和学习研究马克思主义、科学社会主义，科学社会主义在当今时代放射出新的理论光芒。

习近平新时代中国特色社会主义思想，为全球治理体系改革和建设贡献出中国智慧和力量。

时代是思想之母，实践是理论之源。习近平新时代中国特色社会主义思想源于实践又指导实践，始终以党和人民正在做的事情为中心，始终着眼于国家的富强、人民的幸福、民族的振兴。进入新时代，习近平总书记强调，"我国社会主要矛盾已经转化为人民日益增长的美好生活需要和不平衡不充分的发展之间的矛盾"，要求党和国家工作在继续推动发展的基础上，着力解决好发展不平衡不充分问题，更好满足人民在经济、政治、文化、社会、生态等方面日益增长的需要。习近平新时代中国特色社会主义思想蕴含的重大理论和实践成果，在国际上产生着广泛的影响。

毫无疑问，当今世界，无论是发达国家还是发展中国家以及最不发达国家，都面临着发展经济、提高人民生活水平的任务。特别是广大发展中国家，既希望加快发展，又希望保持自身独立性；既希望出台改革举措，又希望社会稳定国家安定，中国的做法和经验实实在在地为这些国家和民族提供了全新选择和路径启示。习近平新时代中国特色社会主义思想集中体现了中国为解决人类问题贡献的智慧和方案，已经并必将继续受到国际社会的广泛赞誉，已经也必将为世界人民带来更多的实实在在的利益。

伟大的时代、伟大的实践，孕育和形成了习近平新时代中国特色社会主义思想。在新时代的新实践中，习近平新时代中国特色社会主义思想，必定是引领这个新时代胜利前进的伟大旗帜。

（作者系全国政协常委、全国政协文史和学习委员会副主任；《人民政协报》2017 年 10 月 26 日）

破除改革"中梗阻"顽症

叶小文

2018 年，我们将迎来改革开放 40 周年。坚持全面深化改革，我们的决心无比坚定，目标非常明确。

党的十九大报告指出："必须坚持和完善中国特色社会主义制度，不断推进国家治理体系和治理能力现代化，坚决破除一切不合时宜的思想观念和体制机制弊端，突破利益固化的藩篱，吸收人类文明有益成果，构建系统完备、科学规范、运行有效的制度体系，充分发挥我国社会主义制度优越性。"

改革决心大，思想上就要同心同德。改革方向明，目标上就要同心同向。改革要抓实，行动上就要同心同行。坚持全面深化改革，要害在能否破除"中梗阻"。

习近平总书记主持召开中央深改领导小组第一次会议就指出，全面深化改革是一场持续的攻坚战，需要有勇气、有胆识，敢于涉险滩，敢于破藩篱，敢于担责任。凡是议定的事要分头落实，不折不扣抓出成效。之后又强调，对已出台的具有重大结构支撑作用的改革，要抓紧出台细化实施方案，坚决消除"中梗阻""肠梗阻"。对已经出台的重大方案要排队督察，及时跟踪、及时检查、及时评估、及时整改，重在发现问题。可谓抓住要害，一针见血，警钟长鸣！

"中梗阻"之为顽症，"顽"在屡发屡犯。尽管习近平总书记已经多次警示，竟有人还在"言之谆谆，闻之藐藐"。一些干部对全面深化改革存在观望心态，甚至出现"为官不为"情况；一些部门和地方在落实中央有关改革的决策部署中，囿于部门利益和局部利益，不顾大局，向内部"利益捍卫者"妥协，搞选择性落实、象征性执行；有的对落实中央部署要求缺乏深入系统研究，制定实施细则脱离实际和群众需求，发份文件了之，使基层找不到改革的抓手和方法；有的改革压力向下传导不畅，存在"两头热中间冷"、决策部门紧执行部门松、牵头部门急配合部门拖的现象。还有一种当前形势下出现的新的庸政与懒政，即抱着"只要不出事、宁愿不做事"，甚至"不求过得硬、只求过得去"的态度，敷衍了事。有人号称"不拿也不干"——不能吃请了、不敢收礼了，什么"好处"也没有了，于是有些官员"精神状态"就不好了，情绪低迷，心态暗淡，甚至满腹牢骚，更遑论"热情"与"干劲"。这种"中梗阻"，与其说是官僚主义的沉渣泛起，不如说是反"四风"斗争中显现的新动向、新反弹。

"中梗阻"之为顽症，"顽"在由来已久。历史上，就有人依据黄宗羲的观点而总结出所谓"黄宗羲定律"，内容就是关于"帝国千年以来"通过"并税式改革"解决"农民负担问题"而陷入"中梗阻"的怪圈。改革者的初衷是要通过"并税"的方式减轻农民负担。但一次又一次的改革，农民的负担非但没有减轻，反倒愈益加重，黄宗羲称为"积累莫返之害"。"上面的经是真经，都是下面这些歪嘴和尚把经念歪了。"歪嘴和尚何以要把经念歪？皆因为中间的官员们认为改革不利于他们的自我保护。改革是给老百姓的切身利益"做加法"，但那些在改革中被"做减法"的既得利益者，很容易成为改革掣肘因素。说到底，藩篱在利益阻隔，梗阻因有人作祟，改革是人的改革。

"中梗阻"之为顽症，"顽"在量大面广。但无论其面有多宽，根有多深，涉及的人是谁，都必须解决破除。共产党员必须守纪律，讲规矩。在推进改革的问题上，"中梗阻"就是不守纪律不讲规矩。我们要与以习近平同志为核心的党中央保持高度一致，各地各部门对任何不利于增进百姓"获得感"的"中梗阻"，都要以壮士断腕的决心猛药去疴。

"道虽迩，不行不至"。改革大政方针已经确定，改革的路线图和时间表已经明确，要以巨大的改革锐气勇敢地实施起来，以时不我待的精神跑出改革的"最先一公里"。而各项改革政策落地的最后一步，就是改革者历尽千难万苦、经过长途跋涉需要跑完的"最后一公里"。这个阶段往往也是改革阻力最大的地方，是实现改革目标的最后瓶颈，是实现量变到质变的最后一环。如果不集中力量加以突破，如果不持之以恒攻坚克难，改革方案和政策意图的实现就有可能前功尽弃，最终让老百姓望洋兴叹，对政府改革的决心、诚意和执政公信力丧失信心。改革的"最后一公里"，是对承担改革任务的各级政府执政能力、改革决心、为民情怀、责任担当的最大考验，也是对改革者改革韧劲的最后检验。

（作者系全国政协文史和学习委员会副主任；《人民政协报》2017 年 11 月 30 日）

法律王国之外归属于道德的旷野

刘红宇

最近，赴日留学生江歌在寓所门外遇袭惨死，而犯罪嫌疑人是江歌的同住好友刘鑫的前男友一案，引发舆论广泛讨论。据报道，事发当时刘鑫就在江歌家里，但在案发时一直未出门查看，未及时实施救助。这是一起发生在他国的刑事案件，因为被害人是中国人而令全国人民揪心和舆论关注，而其后案件相关当事人的表现更是引在全国范围内起了巨大争议。

至今江歌被害已经近一年，涉案犯罪嫌疑人陈世峰也即将被开庭审判，然而网络舆论对于刘鑫的关注之声远大于对陈世峰的关注，网民朴素的"法律无罪，道义有罪"的想法，引起法律和道德边界在哪里的讨论。在江歌案中，让众人愤怒的，并不只是刘鑫及其家人的行为或者态度，更多的是人们知道刘鑫及其家人不会因此其行为和态度而承担法律责任，在法律责任之外，道德的惩戒在哪里？

"法律王国之外，归属于道德的旷野"，于是"江歌案是一起法律事件，江歌刘鑫事件是一起道德事件"在网络上已经形成共识。将事件一分为二，归结为道德事件与法律事件，固然清晰易读，便于唤起受众的共鸣，但如果就此将法律和道德的问题简单停留在口号的层面，不仅无法更好地让大众理解和解决现实的问题，还会让人们对法律存有不合理的期望，从而把大部分道德问题留给法律。一篇朋友圈爆红文章《法律可以制裁凶手，但谁来制裁人性》便是这种期望的集中体现。

对于这样的期望，美国法理学家富勒曾经在其经典著作《法律的道德性》一书中，作出过一个经典论述。他将整个道德问题设想为一把标尺，标尺的底端是社会最低限度的要求——"义务道德"，标尺的顶端是人类愿望的最高点——"愿望道德"，而在这把标尺中也有一只看不见的刻度条，它标出了二者的分界线，只有"义务道德"才是法律规制的对象，法律的内容往往是"义务道德"对人的要求的具体化。"愿望道德"是高层次的、值得鼓励和称赞的道德要求，它以人类成就的顶峰为起点，是在道德方面对人提出的更高的要求。

　　显然在江歌案及之后的一系列事件中，法律规定的是"义务的道德"，而围观群众对刘鑫及其家人的谴责，属于"愿望的道德"，是出于一种朴素的直观的正义感，也是对人心世道做出自己的判断。但是当真正的采取行动以求达到正义的目标时，我们不应简单地将道德的逻辑代替法律的逻辑，用道德的标准代替法律的标准。部分围观群众发出诸如"支持网络暴力"等出位的言论更是已经超越了道德谴责的范畴，江歌母亲公布刘鑫及其家人信息的做法还原到一位失独的悲痛母亲身上可以理解，但在法律的准绳下有欠妥当。我们不能为了达到心中的公平正义，而简单地将高层次的道德要求上升到法律义务乃至通过违法的方式去实现正义。而与此同时我们亦不能在强调法律相对于道德、正义的独立性时放弃了对法律自身道德目标的追求。所谓礼者，法之大分，类之纲纪，真正的法律必须体现一定的道德精神，在江歌案及其后续事件中，法律虽然不可能给刘鑫及其家人定罪，不可能强制刘鑫及其家人对江歌母亲致歉默哀，但法律依然支持受害人江歌的母亲向受益人刘鑫索取补偿，依然要求刘鑫出庭作证如实陈述，依然保留在中国追诉陈世峰的权力，"推仁义而寓之于法"，依然在守护着公平和正义的道德底线。

　　对于陈世峰的审判即将开始，整个事件中的谜团也将逐步揭晓，我们期待法律公正的判决，还人们以事实真相，让江歌家人得到应有的慰藉，让逝者安息，给生者以正义。

（作者系全国政协委员、北京金诚同达律师事务所高级合伙人；《人民政协报》2017 年 11 月 23 日）

让"政德"在市场经济中"众星拱之"

叶小文

3月10日，习近平总书记参加人大重庆代表团审议时强调，"领导干部要讲政德。政德是整个社会道德建设的风向标"，"为政以德，譬如北辰，居其所而众星拱之"。我们需要从深刻认识党面临的市场经济考验的长期性和复杂性，以及消极腐败危险的尖锐性和严峻性，来深刻理解习近平总书记对领导干部强调讲政德、立政德的针对性和重要性。

我们党从夺取政权到长期执政，是一场历史考验。从领导和驾驭计划经济到领导和驾驭市场经济，也是一场历史考验。各级领导干部从以清贫为本色与人民群众同患难，到以致富为追求带领人民群众奔小康，更是一场历史考验。党要领导和驾驭市场经济，这比当年党从农村接管城市、从打仗接管工商业要复杂得多。党的工作要以经济建设为中心，无论从宏观调控到各项经济活动的组织、推进和监督，党的各级领导干部大都要参与市场经济，而又必须防止市场经济负面的诱惑和腐蚀。如何在以经济建设为中心的同时，又不被金钱所诱惑，做到"理财而不贪财""赚钱而不要钱"，在大力推进市场经济的同时又不被市场经济的负面效应所腐蚀？我们今天决战全面建成小康社会，从一点意义上说，是大家都要富起来、都要"发财"。今天为"官"，也不可能空谈"义"而一点都不取"利"，是要带领大家一起"发财"、共同富裕。但领导干部自己又必须经得住"利"的考验和诱惑，既要有"功成不必在我"的境界，更要有众人皆富我仍守住清贫、安于清贫的定力。市场经济条件下诱惑太多，大量现象是：受利益驱动的影响，公与私的考验非常直接、经常和严峻。在商品交换原则不断侵蚀、利益诱惑大量涌现面前，一些党员干部公与私的天平倾斜，官德与私德分裂，甚至连人格都扭曲了，人前做冠冕堂皇好人，人后是贪得无厌的恶鬼，成了"台上大讲马列主义、台下大搞拜金主义"的"两面人"。这些腐败分子，无一不是在市场的诱惑下，从修身利己不严、私欲膨胀开始，终至不可收拾、滑向罪恶深渊。

所以，习近平同志早在《干在实处　走在前列》一书中就告诫大家，"马克思曾经说过，'不可收买是最崇高的政治道德'。其实这也是最基本的为官之德。"市场经济中，许多东西都可以收买，唯有政治道德绝对不可收买！毋庸讳言，市场经济中货币成了一般等价物，价值规律驱使人们不断追求和积累商品价值。市场经济当然要讲效率，每一"经济人"都要去追求利润的最大化，由此导致激烈竞争、优胜劣汰，效率大增。但搞"市场经济"，绝对不是要搞"市场社会"。使市场在资源配置中起决定性作用，也绝对不是要使市场在社会生活中起决定性作用，在党内生活中则更不允许其起作用！我们共产党员特别是党员领导干部身处市场经济大海中，尤其要自觉抵制商品交换原则对党内生活的侵蚀，牢记"不可收买是最崇高的政治道德"，是最重要最基本的"政德"。如果丢掉这个底线，就会接着把精神、信仰一概物化，把诚信、道德统统抛弃。在市场经济中，手持利益这把"双刃剑"，身处社会这个共同体，各级领导干部尤其要加强思想道德修养，坚守底线、明晰边界，心中高悬法纪明镜，手中紧握党规戒尺，知晓为官做事尺度，有所为，有所不为。

那么，在市场经济考验面前讲政德、立政德的核心要义是什么？习近平总书记指出，就是要明大德、守公德、严私德。

明大德，铸牢理想信念、锤炼坚强党性，在大是大非面前旗帜鲜明，在风浪考验面前无所畏惧，在各种诱惑面前立场坚定，这是领导干部首先要修好的"大德"。

守公德，强化宗旨意识，全心全意为人民服务，恪守立党为公、执政为民理念，自觉践行人民对美好生活的向往就是我们的奋斗目标的承诺，做到心底无私天地宽。

严私德，严格约束自己的操守和行为。所有党员、干部都要戒贪止欲、克己奉公，切实把人民赋予的权力用来造福于人民。要把家风建设摆在重要位置，廉洁修身，廉洁齐家，防止"枕边风"成为贪腐的导火索，防止子女打着自己的旗号非法牟利，防止身边人把自己"拉下水"。

在推进市场经济中，必须确保坚守共产党人的道德高地。当市场在资源配置中起决定性作用时，执政党在领导和调配全国资源中起什么作用？不能不正视，腐败之风一度严重侵蚀我们的党政干部队伍。在依法严厉惩治腐败、坚持打虎拍蝇的同时，必须首先在领导干部中形成不想腐、不能腐、不敢腐的机制。我们中国向来有推崇君子人格的传统。诸如"君子喻于义，小人喻于利"的谆谆告诫，修齐治平、治国安民的政治理想，"载舟""覆舟"、居安思危的忧患意识，"国而忘家，公而忘私"的精神境界，"安得广厦千万间，大庇天下寒士俱欢颜……吾庐独破受冻死亦足"的民本情怀等，这些中国传统文化的"君子之德"，与共产党人为实现共产主义前仆后继的远大理想，全心全意为人民服务的基本宗旨相契相合，不能因为要搞市场经济了就弃之不顾。党的各级干部不妨从传统的君子之德中，念好权力约束的"紧箍咒"，获得精神鼓舞的正能量，培养一股拒腐蚀、永不沾的浩然正气。习近平总书记强调："要牢记'堤溃蚁孔，气泄针芒'的古训，坚持从小事小节上加强修养，从一点一滴中完善自己，严以修身，正心明道，防微杜渐，时刻保持人民公仆本色。要慎独慎初慎微慎欲，培养和强化自我约束、自我控制的意识和能力，做到'心不动于微利之诱，目不眩于五色之惑'。要管好自己的生活圈、交往圈、娱乐圈，在私底下、无人时、细微处更要如履薄冰、如临深渊，始终不放纵、不越轨、不逾矩，增强拒腐防变的免疫力。"

让道德成为市场经济的正能量！让政德定好整个社会道德建设的风向标！让领导干部在市场经济中"譬如北辰，居其所而众星拱之"！

（作者系全国政协委员、全国政协文化文史和学习委员会副主任；《人民政协报》2018 年 3 月 19 日）

正确引领人民大众的国家历史记忆

张星星

习近平总书记多次指出，要认真学习党史、国史，知史爱党，知史爱国，他说，"一个民族的历史是一个民族安身立命的基础。"国家历史不仅留存在各种形式的文本、实物、影像等记录上，更深深镌刻在人民大众的国家历史记忆中。对于国家历史的研究、宣传和教育，必须坚持以人民为中心的工作导向，把服务群众和引导群众结合起来，以人民大众喜闻乐见的形式和语言宣传国家历史，密切关注人民大众对国家历史的关切和疑惑，积极塑造科学的历史观、民族观、国家观、文化观，正确引领反映历史主流和本质的国家历史记忆。

从当前的社会舆情看，正确塑造和引领人民群众的国家历史记忆面临着许多严峻挑战。国家历史的宣传、教育和传播，在内容和形式上与人民群众的认知需求存在较大差距；互联网、微博、微信等新兴媒体中涉及国家历史的信息鱼龙混杂，干扰着部分群众对国家历史的正确认知；歪曲历史、抹黑国家、丑化领袖、诋毁英雄等历史虚无主义思潮在相当程度上泛滥，未得到及时和有力的批驳。面对各种挑战和考验，必须大力加强和改进国家历史的宣传、教育和传播，科学揭示当代中国历史的主题与主线、主流与本质，深刻阐明中国道路、中国经验、中国制度的鲜明特色和成功经验，积极构建国家历史的主流话语权，科学营造国家的历史形象，正确引领大众的国家历史记忆。

正确塑造和引领人民群众的国家历史记忆，要坚持以马克思主义唯物史观为指导，结合国家历史认知的特点和规律，引导人民群众树立科学的历史观。任何个体的历史体验和历史认知，都不可避免地带有个人的局限性或片面性，以至影响着人们形成客观的全面的正确的国家历史记忆。

正确塑造和引领人民群众的国家历史记忆，要加强宣传与传播方式的改革创新，积极适应新时代的传播特点和规律。要认真研究新形势下国史传播受众在需求、选择、认知、接纳等方面的新特点，更新传播理念，转变学风文风，掌握以信息化传播为主要特征的新媒体传播技术的制高点，有效利用影视、多媒体、互联网、微博、微信等新兴传播方式，推动传统媒体和新兴媒体的综合运用与融合发展，提高国家历史宣传教育的传播效益。

国家历史的宣传教育，应当着力于全方位、体系化、科学化的正面宣传，形成反映国史主流、本质和规律的强大正能量。同时，在事关政治原则和大是大非的问题上，要以高度的政治敏锐性和政治鉴别力，深刻认识历史虚无主义的本质和危害，有针对性地抵制和批驳历史虚无主义，以严谨的学术批评和辨析，划清历史是非，澄清模糊认识。

国家历史记忆的正确塑造和引领，在增强历史认同、凝聚历史共识、坚定"四个自信"等方面，发挥着重要作用。按照立足中国、借鉴国外，挖掘历史、把握当代，关怀人类、面向未来的思路，让科学的历史观、民族观、国家观、文化观，在引领反映历史主流和人民大众的国家历史记忆中作出积极的贡献。

（作者系全国政协委员、中国社会科学院当代中国研究所
副所长；《人民政协报》2018 年 4 月 5 日）

把中国的第二次革命进行到底

周汉民

在博鳌亚洲论坛 2018 年年会开幕式主旨演讲中，习近平主席说：改革开放这场中国的第二次革命，不仅深刻改变了中国，也深刻影响了世界。

40 年间，中国人民勇于自我革命、自我革新，敢闯敢试、敢为人先。从安徽凤阳家庭联产承包责任制的推进，到深圳、珠海、汕头、厦门、海南五个经济特区的创设，再到 14 个沿海开放城市的相继设立，中国的改革开放由点到面、从面成片，形成改革开放燎原之势；从 1990 年 4 月浦东新区成立，到 2017 年 4 月雄安新区横空出世，全国 19 个新区的设立，渐次展开改革开放后浪推前浪的态势；从 2013 年 9 月上海自由贸易试验区正式挂牌成立，到 2017 年 4 月，遍布全国东西南北中 11 个自贸区的相继运行，无不是以更大的开放倒逼更深入的改革。4 月 13 日，党中央又宣布支持海南全岛建设自由贸易试验区。在中共十九大报告中，习近平总书记明确提出探索建设自由贸易港。要瞄准国际最高标准、最好水平，凸显法治化、国际化、便利化的自由贸易港特征，形成公平、统一、高效的营商环境。所有这一切都是全体中国人民在中国共产党的坚强领导下，在历史前进的逻辑中前进、在时代发展的潮流中发展。

中国改革开放的进程也是不断融入世界的进程。其中尤以从 1986 年提出"复关"申请，到 2001 年 12 月正式成为世界贸易组织成员，这 15 年零 5 个月的艰辛努力为集中体现。在此期间，我们不断以国际规则为参照，以国际经济贸易发展的全球化潮流为目标，通过全方位的努力，尤其是在相关法的废、改、留、立的努力中，形成与国际规则对接，顺应国际潮流的崭新格局。入世元年，中国的经济总量不到 11 万亿元人民币，到 2017 年增加到

82.7 万亿元人民币；入世元年，中国的对外贸易进出口总额只有约 5000 亿美元，到 2017 年超过 41000 亿美元；入世元年，中国的外汇储备只有 2000 亿美元，到今天高达 31100 亿美元；入世元年，世界上还很难看到"中国造"，而今天世界 500 种主要工业品中有 220 种产品中国产量位居全球第一；入世元年，中国进入世界 500 强的企业寥寥无几，到 2017 年已有 115 家之巨；入世元年，中国品牌在世界品牌 500 强中寥若晨星，而今天已超过 1/10；入世元年，中国绝大多数的科技发明创造和工业制造基本处在跟跑阶段，到今天，世界 50 大最聪明企业的榜单上，9 家中国企业成绩夺目。所有这一切，都是中国遵循国际规则，融入世界的生动写照。

更为重要的是，2013 年 9 月和 10 月，习近平主席相继提出共建"丝绸之路经济带"和"21 世纪海上丝绸之路"的重大倡议。不到 5 年，该倡议已经成为国际共识和行动。我国已与 86 个国家和国际组织签署了 101 份"一带一路"合作文件；我国与"一带一路"相关国家的相关贸易增长 14.8%；我们对"一带一路"沿线国家的投资超过 600 亿美元，为相关国家带来几十亿美元税收和几十万个就业岗位。我们所倡导的共商、共建、共享的原则已经为联合国大会、安理会和专门会议的决议所采纳，成为国际法造法性原则。所有这一切无不说明，改革开放不仅深刻改变了中国，也深刻影响了世界。

我们要把改革开放这场中国的第二次革命进行到底，是基于对历史规律的把握，对世界大势的明断。当今世界，和平合作、开放融通、变革创新这三大潮流滚滚向前。为构建人类命运共同体，各国要相互尊重、平等相待；对话协商、共担责任；同舟共济、合作共赢；兼容并蓄、和而不同；敬畏自然、珍爱地球。中国人民敢于向顽瘴痼疾开刀，勇于突破利益固化藩篱，将改革进行到底。由此，习近平主席在演讲中提出的扩大开放四大新举措，顺应全球化发展潮流，勇于承担更大的国际责任，进一步推动国家的改革和开放。

第一，大幅度放宽市场准入。放宽银行、证券、保险业外资股比限制措施要确保落地；尽快放宽汽车行业外资股比限制。这是在中国入世第 17 个年头，进一步推进世界贸易组织市场准入原则的实际举措，必将对世界贸易组织成员积极完成世界贸易组织多哈回合谈判起关键推动作用。

第二，进一步优化投资环境。这更是抓住了世界融入中国，中国融入世界的关键。如同习近平主席所言："投资环境就像空气"。我们要营造稳定而清明的政治环境、活跃而有序的经济环境、融合而个性鲜明的文化环境、公平和正义的社会环境、健全而与时俱进的法治环境。

第三，加强知识产权保护。重组国家知识产权局，把违法成本显著提上去，更是彰显知识产权保护的极端重要性，"给天才之火添加利益之油"。

第四，主动扩大进口。降低汽车等产品的进口税，增加进口百姓需要的特色优势产品，加快加入世界贸易组织《政府采购协定》进程，办好永久性的中国国际进口博览会。这同样是解决我们国家人民日益增长的美好生活需要和不平衡不充分的发展之间矛盾的关键一招。如同世界今天已经广泛用上"中国造"一样，让国人有更多的机会用上"世界造"，这对中国人民国际观的提高同样有益。

改革开放是中国的第二次革命。习近平主席博鳌演讲是进一步推动这一革命的进军号角。把这一场革命进行到底是我们责无旁贷的历史使命。

（作者系全国政协常委、民建中央副主席、上海市政协副主席；《人民政协报》2018 年 4 月 19 日）

扩大对外开放必须加强知识产权保护

何志敏

在博鳌亚洲论坛 2018 年年会上，习近平主席宣布了新时代扩大开放的一系列重大举措。其中，专门将加强知识产权保护作为扩大开放的四个重大举措之一，再一次向世界传递了中国依法严格保护知识产权的坚定立场和鲜明态度。

习近平主席关于"加强知识产权保护，是完善产权保护制度最重要的内容，也是提高中国经济竞争力最大的激励"的重要论述，第一次从理论和实践层面深刻阐述了知识产权保护在完善产权保护制度，提高中国经济竞争力方面的重大意义，将知识产权保护的重要性提高到了前所未有的高度，这也是我们改革开放 40 年取得的宝贵经验之一，将进一步促使我们从更高层面、更深层次认识知识产权、重视知识产权、保护知识产权。

中国的知识产权保护制度，是伴随着改革开放建立和不断发展起来的。目前我们已经建起了一个符合国际通行规则、门类较为齐全的知识产权制度，加入了世界几乎所有主要的知识产权国际公约，成为了一个名副其实的知识产权大国，是知识产权国际规则的维护者、参与者、建设者。

这些年随着创新驱动发展战略的深入实施，知识产权保护的重要性日益突显，不仅外资企业有要求，中国企业更有要求。2017 年，中国发明专利申请达到 138.2 万件，其中国内申请超过了 90%；商标申请量达到 574.8 万件，其中国内申请占到 96%，这些都彰显了国内市场主体和创新主体对保护知识产权的强烈需求，也彰显了中国蓬勃的创新创业活力。

针对保护知识产权，党中央、国务院始终高度重视，作出了实行严格保护知识产权制度的重大决策部署，从行政、司法等多个方面着手，加大知识产权保护力度。从行政执法上，过去五年，共查处专利侵权假冒案件 19.2

万件，商标侵权假冒案件 17.3 万件。在司法保护上，成立了专门的知识产权法院和一批知识产权法庭。知识产权保护社会满意度由 2012 年的 63 分，提高到 2017 年的 76 分，提高了整整 13 分，整体步入良好阶段。

按照中央部署，重组后的国家知识产权局，主要负责保护知识产权工作，推动知识产权保护体系建设，做好专利、商标、原产地地理标志的注册登记和行政裁决，指导商标、专利执法工作，以及统筹协调涉外知识产权事宜等。

下一步将着力从四个方面进一步加大知识产权保护力度：一是坚定不移实行严格的知识产权保护制度，加快推动专利法的修改，引入惩罚性赔偿措施，加大对侵权行为的惩治力度，真正把违法成本显著提上去，把法律威慑作用发挥出来，让侵权者付出沉重代价。专利法修改草案已经列入国务院今年立法工作计划，将提请全国人大常委会进行审议。二是积极构建知识产权大保护的工作格局，和有关部门一起，综合运用审查授权、行政执法、司法保护、仲裁调解等多种渠道，形成知识产权保护的合力。三是积极推进知识产权快保护，就是要通过知识产权保护中心的建设，实现快速审查、快速确权、快速维权的协调联动，提高保护的效果。目前我们已经在全国建设了19 个这样的中心，下一步还要进一步扩大规模、优化布局。四是坚持做到知识产权同保护，就是要对国内企业和国外企业的知识产权一视同仁、同等保护，对国有企业和民营企业的知识产权一视同仁、同等保护，对大企业和小微企业的知识产权一视同仁、同等保护，对单位和个人的知识产权一视同仁、同等保护，营造更好的创新环境和营商环境。

在依法严格保护在华外资企业合法知识产权的同时，我们也希望外国政府加强对中国知识产权的保护。越来越多的中国企业正在走出国门，参与国际竞争合作，我们同样需要外国政府加强对中国知识产权的保护，保障中国企业的合法利益。我们反对知识产权规则的滥用，也反对以保护知识产权之名行贸易保护之实，致力于同世界各国一道构建一个普惠包容、平衡有效的知识产权国际规则，促进合作共赢，实现共同发展。

（作者系全国政协常委、国家知识产权局副局长；《人民政协报》2018 年 4 月 26 日）

深刻认识马克思主义的历史地位和当代意义

邓纯东

一个半多的世纪以来，马克思主义风雨兼程，以前所未有的伟大力量改变着世界的面貌和人类历史的进程，充分展现着它巨大真理威力和强大生命力。在马克思 200 周年诞辰、《共产党宣言》发表 170 周年的今天，在新时代的历史方位上，需要我们充分认识马克思主义的历史地位和当代意义，深刻感悟和把握马克思主义真理力量。

马克思主义是人类优秀文化遗产的产物。它以德国古典哲学、英国古典经济学和欧洲空想社会主义为主要理论来源，包括马克思主义哲学、政治经济学和科学社会主义三个组成部分。马克思主义不仅是关于自然、社会和思维发展的普遍规律的学说，更是无产阶级的科学世界观和方法论。马克思主义一经创立，就成为无产阶级解放的思想武器，它为全世界无产阶级争取自身解放和整个人类解放指明了正确的道路，是无产阶级政党和社会主义事业的指导思想。

马克思主义产生以来的国际共产主义运动史证明，无产阶级政党和社会主义国家的兴衰，是与马克思主义直接关联的。俄国取得十月革命胜利和后来的苏东剧变表明，是否坚持马克思主义指导地位，是关系无产阶级政党和社会主义国家能否取得革命胜利和发展富强的思想保证；动摇、取消马克思主义指导地位，必然使无产阶级政党和社会主义国家遭受惨痛失败。同样，1840 年以来的中国历史证明，在民族灾难深重、人民水深火热的旧中国，无数仁人志士奋斗牺牲救中国都以失败而告终，只有在马克思主义传入中国以后，中国革命的面貌才焕然一新，只有马克思主义才能救中国。中国共产党正是以马克思主义为自己的思想武器，把马克思主义与中国具体实际相结合，才夺取了中国革命的胜利。

新中国成立以后，中国共产党团结带领人民进行社会主义建设，建立了人民民主专政的国体、人民代表大会的政体，使被奴役的广大中国人民成为国家的主人，在政治上确保了中国社会长治久安、人民安居乐业。同时废除封建土地制度，没收官僚资本，进行社会主义改造，形成了中国社会主义基本经济制度的主要内容。在带领人民进行建设社会主义的探索中，取得了很多的理论成果和实践经验。1978年底，党的十一届三中全会重新确立了马克思主义的实事求是思想路线，确立了改革开放的基本国策，开始探索中国特色社会主义道路、理论、制度。同时，不断排除对改革开放的干扰，坚持改革的社会主义方向，确保了中国道路的成功。中华人民共和国之所以能够完成中华民族有史以来最为广泛而深刻的社会变革，实现中华民族由近代不断衰落到根本扭转命运、持续走向繁荣富强的伟大飞跃，根本原因就在于中国共产党一以贯之地坚持以马克思主义为指导思想，以马克思主义为推动党和国家事业前进的行动指南。历史证明，只有马克思主义才能发展中国，马克思主义及中国化成果是改革开放以来中国所取得的一系列历史性成就的思想保证。

党的十八大以来，以习近平同志为核心的党中央面对错综复杂的国际环境和艰巨繁重的国内改革发展稳定任务，科学把握当今世界和当代中国的发展大势，顺应实践要求和人民愿望，总揽全局、开拓创新，推出一系列重大战略举措，出台一系列重大方针政策，推进一系列重大工作，解决了许多长期想解决而没有解决的难题，办成了许多过去想办而没有办成的大事。今天的中国成为世界第二大经济体、世界第一贸易大国和制造大国，我们越来越走近世界舞台的中央，越来越接近100多年来仁人志士梦寐以求的实现中华民族伟大复兴的梦想。靠的是什么？靠的就是中国共产党坚强正确的领导。中国共产党之所以能排除万难，制定出正确的路线、方针和政策，实现正确的领导，就是因为她坚持以马克思主义作为行动的指南，并且坚持把马克思主义与中国社会实际紧密结合，在推动发展的实践中进行理论创新，推进马克思主义中国化、时代化，发展中国化的马克思主义。

马克思主义是中国100多年历史发生根本改变的思想根源，是中国共产党取得辉煌成就的根本原因，是中华民族由水深火热到振兴奋起走向富强的灵魂，是中华民族实现伟大复兴、中国人民走向美好未来的思想保证。

习近平新时代中国特色社会主义思想，是马克思主义中国化最新成果，是当代中国的马克思主义，它全面回答了我们坚持和发展什么样的中国特色社会主义以及怎样坚持和发展中国特色社会主义的一系列问题。它阐述的关于新时代中国特色社会基本矛盾的思想，关于以人民为中心的发展思想，关于全面深化改革、全面依法治国、全面从严治党思想，新时代强军思想，构建人类命运共同体思想等等，都发展了马克思主义关于科学社会主义的学说。这是我们建设富强民主文明和谐美丽的社会主义现代化强国，实现中华民族伟大复兴中国梦的思想武器和运动指南。用习近平新时代中国特色主义思想武装全党、教育人民是今天我们坚持马克思主义指导地位的根本性任务。纪念马克思，坚持马克思主义，我们必须认真学习、正确理解、牢牢掌握、坚决贯彻习近平新时代中国特色社会主义思想。

（作者系全国政协委员、中国社会科学院马克思主义研究院院长、党委书记、研究员；《人民政协报》2018 年 5 月 3 日）

坚持市场取向的改革方向

刘志彪

在过去的四十年中，中国经济发展取得了世界瞩目的成就。由此产生了"中国经济增长之谜"，它是一个亟待破解的有着重要经济学意义和现实政策价值的问题。中国经济增长的世界奇迹，是市场取向改革的胜利。改革中遇到的一系列问题和困难，是市场取向改革推进不足或市场取向的改革推进过度的综合产物。新时代推进改革开放的新思路、新局面和新思考，仍然要在市场取向改革的大背景下进一步解放思想，塑造政府和市场在各自领域中"双强"的经济体制。

中国经济改革的核心逻辑是正确处理政府和市场的关系。在十八届三中全会以前，社会主义市场经济强调坚持市场要在资源配置中起基础性作用，其实就是坚持市场取向的改革，这是当时经济体制改革的核心。十九大之后，中国经济体制改革的方向仍然是市场取向，而且是非常彻底的，既要纠正市场取向改革过度的地方，又要推进市场取向改革不足的地方。过去两年，中共中央下发过两个文件，分别是《关于完善产权保护制度依法保护产权的意见》和《中共中央国务院关于营造企业家健康成长环境弘扬优秀企业家精神更好发挥企业家作用的意见》。这都是市场经济运行的核心和灵魂。对于财产权的保护，例如甄别和纠正一些冤假错案，给予人发展的信念。同时，今年在宪法修正案中提出了给地方政府赋予一定的立法权。笔者认为，十九大之后，我国市场改革取向的方向仍然是坚定不移的，而且比过去更加强调竞争对资源配置的效率，这就是高质量竞争。

对于中国改革开放精神的提炼，可以归纳的方向和途径很多，笔者简要概括说三点。

　　走群众路线，充分发挥民间、市场、企业家、个人的积极性和主动性，调动全体中国人民投身发展的积极性和创新创业的热情。实际上就是把计划经济下，由少数人推动的发展积极性，变成整个社会的自觉的积极性。从而使全社会的生产性努力不断增加，分配性努力不断降低，把发展与民众个人的努力结合起来，大家都来投身发展，从而使得中国经济的效率不断上升。

　　实事求是，一切从实际出发，解决发展当中遇到的困难和问题。改革显然是艰难的、有波折的，但是在改革过程中遇到了困难，全中国人民在中国共产党的领导下，始终坚持实事求是，从实际出发的精神和态度。正是因为有了这样一种精神和态度，才有了前面所讲的市场经济体制改革的不断前进。

　　勇于批评和自我批评，勇于否定自己，纠正改革开放的偏差，不断地给自己加压。这实际上就是在不断地否定自己的过程中前进，在给自己不断加压的过程中前进。在广东、江苏、浙江这些中国经济改革开放的前沿阵地，这种精神尤为可贵。

　　未来的改革，坚持的仍然是市场取向的改革。未来最根本、最核心的问题在于，过去我们一直侧重于纵向治理体系改革，现在需要高度重视横向治理体系改革。

　　横向的协调体系，在中国仍没有真正形成。过去改革的放权让利，都是沿着中央给下属部门放权，沿着中央部门给地方部门放权，一个是条条放权，一个是块块放权。条条放权就是表现在中央各个部门向底下放权，一直放权到基层政府。块块放权就是中央给地方放权，一直延伸到基层政权。这些改革都是必须的，但是下一步的关键是如何真正延伸到社会主体和民间，如何彻底激活民间市场和个人。

　　下一步进行的改革，仍然要坚持过去的一些正确做法，这就是在坚持这两种改革的同时，要增加横向放权。所谓增加横向放权，就是横向治理体系的构建和完善，就是把大量的社会权利分散到市场、企业、企业家、家庭、个人这些主体上去。比如说企业行业协会功能要增加，企业家功能要增加，个人决策功能要增加，从而给企业真正的放权，增加个人的权责利对等性。因此未来改革的方向，其实就是要坚持以横向放权为主的市场改革方向。与此同时，政府应该从过去的盈利性部门中退出，专司社会发展、民生发展，尤其是民生发展应成为政府的主要责任。

十九大报告提出，我国的社会主要矛盾已经转化为人民日益增长的美好生活需要和不平衡不充分的发展之间的矛盾。人民对美好生活的需求，不光是对物质的需求，还有对社会就业、医疗教育、安全、环境等一系列方面的需求。这些方面其实绝大部分都是社会发展和民生发展问题。这就意味着市场作为资源配置的决定性机制，应主要在经济领域当中发生作用，而政府应该在人民对美好生活的追求当中发挥更好的作用，包括创造更多的就业机会、更高的收入水平、更好的教育、更安全的社会、更美好的环境等。只有在这一系列领域当中变成强政府，跟经济领域当中的强市场结合起来，才能形成所谓市场、政府双强的格局，这应该成为中国未来改革的取向。

（作者系十二届全国政协委员、南京大学教授、长江产业经济研究院院长；《人民政协报》2018 年 5 月 24 日）

建言资政如何"绩效评价"

张连起

全国政协主席汪洋在全国政协十三届常委会第二次会议闭幕会上指出：新时代对人民政协工作提出了新的更高要求，要认真贯彻落实习近平总书记关于加强和改进人民政协工作的重要思想，以党的建设和思想政治建设为引领，以制度建设为保障，在继承中发展、在发展中创新，推动人民政协展现新气象、实现新作为。广大政协委员在参政议政中要找准位置、加强学习，深入了解情况，先当学生、后当先生。要把参政议政作为自我教育、自我提高的重要途径，增强履职尽责的责任感，提高建言资政的能力水平，共同开创新一届政协工作新局面。

建言资政要先当学生、后当先生。建言资政是一门学问，也是一门艺术。为什么说建言资政是一门综合性学问？因为政协委员可能是某一领域的专家，但不可能一开始就是议政领域的"全能专家"。把握好"学生"与"先生"的辩证关系不仅是工作方法问题，更重要的是对协商民主的态度问题。我国的基本政治制度赋予了政协委员建言资政的权利，同时也蕴含了政协委员建言资政的义务。政协委员在自己不熟悉的领域行使"话语权"，一方面要向实践学习，要想知道梨子的滋味首先要品尝梨子。另一方面要向群众学习，因为来自基层的"原生态感受"，始终是调研成果的最佳养分。为什么说建言资政是一门艺术？因为"说什么、如何说、怎样说才能让人听得进去"是沟通的核心要义。即使你掌握了真理，若以"师"自居、表达僵硬，或大而化之、言不及义，也很难收到符合客观实际、符合群众意愿、符合决策参考的效果。

建言体现专业性，资政体现人民性。建言资政的重心在于资政，不在于"我说你听，说完就完"。建言资政的"绩效"取决于"五性"。一是参政理性：要树立战略思维、系统思维、逻辑思维、辩证思维、底线思维。不偏激、不臆断、不敷衍。做到言之有据、言之有物、言之有理、言之有度。二是问政韧性：不能期待一次提案、一个建议就能实现政策落地。我们老说"建净言"，一句古诗是最好的诠释：子规夜半犹啼血，不信东风唤不回！三是议政创新性：要使政策落实达到"够得着、接得住、用得好"，离不开创新视角和专业立场。见人之所未见，发人之所未发。不精准、不切实、不管用的"自说自话"实际上是议政资源的浪费。四是言政建设性：发现问题开展调查研究，带着问题制定解决方案。坚持问题导向，但不能问题堆砌。提案建议要沾满调研泥土，履职尽责要写在大地上。多些协商口吻，少些指责语气；多些循循善诱，少些居高临下；多些微笑表情，少些呆板面孔。五是资政人民性：牢固树立以人民为中心的发展思想，围绕中央关心、社会关切、百姓关注、个人研究关联的选题，注重把经济与民生深度融合议题列入建言方向。多讲老百姓喜闻乐见的话，避免不假思索的"雷语"。形成热烈而不对立的讨论，开展真诚而不敷衍的交流，进行深刻而不极端的批评。

建言资政不求说了算，但求说得对。习近平总书记关于"懂政协、会协商、善议政"的重要论述，是新时代人民政协和政协委员履职尽责的根本遵循。要把"懂政协"的前提和基础、"会协商"的理念和本领，体现在"善议政"的实践和绩效中。以言建功，专业报国。"为一身谋则愚，而为天下谋则智。"政协委员作为建言资政的生力军，要努力站得高一些、看得远一些、想得深一些、谋得实一些，建言建在需要时、议政议在点子上、监督监在关键处。人们注意到，全国政协发布文件要求全国政协委员和常务委员报告年度建言资政工作，这对于全国政协委员和常务委员的自我教育、自我提高、自我评价具有重要的制度意义。

以新作为展现新形象，以最大公约数画出最大同心圆。习近平总书记指出："人心向背、力量对比决定事业成败。我们提出坚持正确处理一致性和多样性关系的方针，就是着眼于形成最大公约数，画出最大的同心圆。"这一重要论述为新时代"人心"的凝聚和"力量"的汇聚提供了强大的思想指南。笔者身为无党派人士和新的社会阶层人士，感知改革步调、聚焦发展大局、秉承专业精神、把握务实宗旨，展现一个中国知识分子家国情怀的理想所在是：让建言更精准，让资政更有效！

（作者系全国政协常委、财政部会计标准战略委员会委员、瑞华会计师事务所管理合伙人；《人民政协报》2018 年 7 月 19 日）

社会信用要用"法"保障

曹义孙

日前据媒体报道，社会信用立法已被纳入全国人大立法规划，如果进展顺利，两到三年内，我国社会信用基础性法律法规有望颁布实施。

古人言，人无信不立，业无信不兴。然而在我国，因为信息孤岛而导致的失信成本过低，客观上纵容和助长了失信行为和失信风气，长期得不到根本性的治理。数据显示，截至今年9月30日，全国累计发布失信被执行人名单1211万例，其中只有254万失信被执行人慑于信用惩戒，主动履行义务，约占全部名单比例20%。以信用卡来说，2018年信用卡逾期半年未偿信贷总额756亿元，与2014年的357亿元相比，信用卡逾期额度几乎翻番。还有一组数据也显示了在我国加快社会信用立法已迫在眉睫。数据显示，2017年我国签订合同40多亿份，但履约率仅50%左右，因诚信缺失而造成的经济损失超过6000亿元。

我国正在经历的社会转型和经济升级，基础在于制度，在于诚信，而社会诚信就是我国在推进法治化国家过程中必须要完成的一项重要的社会治理任务。只有诚信问题解决好了，我国经济转型中面临各种问题，才能降低交易成本，提高经济效率。

构建失信者"黑名单制度"，是我国构建社会诚信体系的一项重要举措。失信者"黑名单制度"是利用信用信息的传散性，发挥对失信主体的社会排斥力，是现代社会信用体系的重要发力点，也是世界上通行的行之有效的遏制失信泛滥的重要举措。

"黑名单制度"的前提条件，是信用信息的真实可靠。要实现既惩治失信者又不侵犯相关主体权益的目的，需要建立信用信息生成与核查的责任制度，以减少或避免信用信息本身的虚假性以及形成对失职人员责任追究的机制。建好这一制度的底座，首先需要改变目前政府部门各个系统虽都有较为先进和完备的信息平台，但多是系统内部共享，不同系统之间还没有完全实现实时对接与信息共享的局面，需要打破目前信息主体信用信息分散和征信系统条块分割所导致的信息"壁垒"和"孤岛"问题，需要强化政府信用信息公开的必行责任。

同时，建议在社会信用立法中，区别规定不同性质的失信行为以及对不良信用信息的保存期限做出区别规定。

目前，国务院颁布的《征信业管理条例》对于个人不良信息的保存期限统一规定为5年，笔者看来，这种不分失信性质与程度的同一标准时限的规定有失公正，不利于严惩重大失信者、警示一般失信者。事实上，违法失信行为有性质恶劣轻重程度的区别，而且国外对于不良信用信息的保存期限也多是根据其社会危害轻重做出不同规定。建议国家应根据我国国情对不良信用信息的保存期限做出区别规定。这种区别规定可以分为两类：一类是根据失信性质及其危害性，把失信行为划分为特别严重失信行为、严重失信行为、一般失信行为和轻微失信行为等类别，与此对应规定不同的信息保存时限，突显区别对待的公平原则。另一类是根据社会成员类别进行分别规定，对担任社会要职或高收入者，失信保留的期限要长于一般社会成员。如美国的《公平信用报告法》对于拟担任年薪7.5万美元以上者，其信用信息保存的期限可以不受一般失信信息保存7年的限制，即可以长期保存。

一部良法胜过1000次的说教。希望我国首部有关社会信用的基础性法律尽快出台，因为诚信问题解决不好，危及的是社会肌体。让诚信回归，重塑社会诚信，我们别无选择。

（作者系全国政协委员、中国政法大学教授；《人民政协报》2018年10月18日）

完善"双向发力"的制度程序机制

张献生

统一战线团结联合建立在共同的政治基础之上，凝聚共识是巩固政治基础的内在要求；统一战线凝心聚力是为了致力共同事业，建言资政是促进共同事业发展的重要动力。凝聚共识和建言资政作为统一战线的政治属性和重要功能，有机统一于统一战线服务党的总目标总任务的全部实践之中。汪洋主席强调，"完善建言资政和凝聚共识'双向发力'的制度、程序和机制，把思想政治工作引领落实到履职工作各方面和全过程"。这是对统一战线政治属性和功能作用的深刻揭示，是贯彻落实习近平总书记关于加强和改进人民政协工作重要思想的重要举措，也是人民政协在新时代履职尽责的使命担当。

要在坚持一致性和多样性统一中"双向发力"。统一战线是一致性和多样性的共同体，多样性作为统一战线建立和发展的客观基础，是实现共同目标的动力，一致性作为统一战线团结联合的内在要求，是共同团结奋斗的保障，两者相互作用、相辅相成，铸就统一战线凝心聚力的根本功能。人民政协是统一战线组织，政协工作说到底就是在多样性基础上增强一致性，在一致性引领下发挥多样性。增强一致性，就是要在坚持中国共产党领导、坚持和发展中国特色社会主义上坚定求同，在全面贯彻中共中央的基本路线、方针政策和决策部署上增进共识，把海内外中华儿女实现中华民族伟大复兴的智慧和力量凝聚起来；发挥多样性，就是要畅通渠道、完善机制、创新形式、提高质量，引导各族各界委员有序表达意见，积极建言资政，为改革发展稳定贡献聪明才智。只有这样"双向发力"，人民政协工作才能守住底线、巩固基础，扩大半径、增强活力，找到最大公约数，画出最大同心圆，真正做到同心协力、凝心聚力。

要在坚持团结和民主两大主题中"双向发力"。团结和民主是人民政协的两大主题，在服务和致力党的目标任务中，广泛团结才有力量，发扬民主更具活力。广泛团结的灵魂是凝聚共识，没有共识就是一盘散沙。这就要求政协协商议政必须注重凝聚共识，主动协助党和政府多做宣传政策、释疑解惑的工作，多做理顺情绪、化解矛盾的工作，多做协调关系、促进和谐的工作，使团结建立在增进共识的牢固基础上；发扬民主的真谛是求同存异，有利于优化政策、完善决策、纠偏防错的异，无疑是有价值的。这就要求政协建言资政必须充分发扬民主，激发创造活力，鼓励支持委员敞开思想、直面现实，勇于和善于提出不同意见建议，使民主成为促进科学决策、优化政策，更好服务大局、促进发展的强大动能。只有这样"双向发力"，才是正确把握和坚持了人民政协的性质定位，才能提高建言资政的质量，增强履职尽责的实效。

要在坚持和改善党的领导中"双向发力"。新时代加强党对人民政协的领导，既要毫不动摇，使之成为人民政协保持正确政治方向的根本保证；又要努力改善，不断提高党的领导能力和水平，使党的领导更加坚强有力。社会主义协商民主是实现党的领导的重要方式。人民政协作为社会主义协商民主的重要渠道和专门协商机构，既要在政协协商中凝聚共识，增强对党的理论、方针政策和决策的政治认同，把中共中央对人民政协工作的各项要求落实下去，实现党对政协的领导；又要在政协协商中高度负责地建言资政，充分激发和广泛吸纳各族各界委员的智慧，提高党的领导能力和科学决策水平。只有这样"双向发力"，党的领导才能始终坚持、全面落实、卓有成效。

新时代人民政协担负着新使命，政协工作也面临新挑战。只有坚持以习近平总书记关于加强和改进人民政协工作的重要思想为指导，把"双向发力"摆到突出位置，不断完善制度、程序和机制，贯穿于政协履行职能全过程，才能切实做到懂政协、会协商、善议政，谱写新时代人民政协工作的新篇章。

（作者系十二届全国政协委员、中央统战部原副秘书长；

《人民政协报》2018 年 12 月 6 日）

读懂这封重要回信

燕　瑛

　　近日，习近平总书记给"万企帮万村"行动中受表彰的民营企业家的回信，对民营企业踊跃投身脱贫攻坚予以肯定，勉励广大民营企业家坚定发展信心，踏踏实实办好企业。习近平总书记在回信中再次强调了民营企业的重要作用，重申了党中央支持民营企业发展的一贯方针，批驳了否定、弱化民营经济的错误言论和错误做法。习近平总书记的回信，在广大民营企业家中引起极大反响，大家倍感亲切、深受鼓舞。这是党中央对民营企业主动承担社会责任、积极投身脱贫攻坚的高度肯定，也是对民营企业主动参与国家战略、自觉提高政治责任意识的高度肯定，是对"民企离场论"的有力驳斥，对一些关于民营经济发展模糊认识敲了"定音鼓"，也让民营企业家有了"定心丸"。笔者体会有三：

　　进一步发展民营经济是历史和现实的正确选择。进一步发展民营经济，是由我国基本经济制度决定的，是历史和现实做出的正确选择。民营经济是社会主义市场经济的重要组成部分，党中央一贯关心支持着民营经济发展。改革开放40年，是党和国家促进民营经济发展政策体系不断完善的40年，特别是党的十八大以来，习近平总书记站在全局的战略高度，持续关心、关注非公有制经济健康发展和民营企业健康成长，多次重申"两个毫不动摇"，鲜明强调"三个没有变"，从强调公有制和非公有制经济财产权"两个不可侵犯"、健全以公平为核心原则的产权保护制度，到出台激发企业家精神、鼓励支持民营经济的各类政策举措，非公有制经济发展的方向更加明确，路径更加清晰，活力和创造力被不断激发，全社会对发展民营经济重要性的认识不断深化。改革开放的40年，也是民营企业从小到大、由弱变强、蓬勃发展的40年，民营经济在稳定增长、促进创新、增加就业、改善民生等方面发挥了重要作用，成为推动经济社会发展的重要力量。民营经济的历史贡献不可磨灭，民营经济的地位作用不容置疑。

"万企帮万村"是民营企业参与精准脱贫的重要形式。习近平总书记关于脱贫攻坚的重要论述，科学回答了脱贫攻坚的一系列重大理论和实践问题，为全力打赢打好精准脱贫攻坚战提供了根本遵循。全国工商联、国务院扶贫办联合开展的"万企帮万村"精准扶贫行动自 2015 年实施以来，取得了明显成效，已经发展成为民营企业参与扶贫协作的重要形式。"万企帮万村"精准扶贫行动突显了民营企业家感党恩、听党话、跟党走的高度政治觉悟和行动自觉，民营企业精准扶贫的模式创新为民营企业参与精准脱贫攻坚战并成为一支重要力量打下了坚实的基础。北京市工商联充分发挥"联"的优势，整合全市扶贫协作 46 家成员单位，以受援地建档立卡贫困村为帮扶对象，组织民营企业开展产业、就业、商贸、教育等多种形式和路径的"万企帮万村"精准扶贫行动，在刚刚发布的 2018 北京民营企业社会责任百强榜单中，上榜企业对"万企帮万村"行动的参与度达 91%。

实现经济高质量发展是打赢精准脱贫攻坚战的坚强依靠。高质量发展中的重点之一是帮助贫困人口摆脱贫困、缩小收入差距、实现共同富裕。精准脱贫要靠提质增效"填洼地"，靠高质量的经济发展"补短板"。从全国范围看，截至 2017 年底全国农村贫困人口还有 3046 万人，其中相当一部分居住在艰苦边远地区，处于深度贫困状态。清除贫困"死角"，既要瞄准特殊群体聚焦发力，又要把扶贫和扶志、扶智结合起来，高质量的民营经济大有可为。民营企业具有市场机制灵活、吸纳就业方式多元等优势，民营经济的高质量发展必将有利于激发贫困群众内生动力，阻断贫困代际传递，构建脱贫长效机制，实现可持续的稳定脱贫。

我们要深刻领会、认真落实习近平总书记对"万企帮万村"、精准脱贫等工作的重要指示精神，坚决拥护党中央鼓励引导民营经济高质量发展政策，贯彻落实好中央扶持民营经济发展的一系列举措，提振民营企业发展信心，鼓励引导民营企业在打好三大攻坚战方面做出更大的贡献。

（作者系全国政协委员，北京市政协副主席、市工商联主席；《人民政协报》2018 年 11 月 1 日）

司法体制改革就是要不断"自找麻烦"

刘红宇

日前，中国社会科学院法学研究所在京发布《全国法院司法公开第三方评估报告》，该第三方评估报告对 160 多家法院的司法公开情况进行了分析，显示最高人民法院通过建设司法信息公开平台，切实方便了公众和当事人及时获取司法公开信息，提升了审判流程的透明度，消除了当事人对司法审判工作的误解和猜疑，从而起到倒逼法院规范审判权力运行的作用。

"法不可知，则威不可测。"早在春秋时期，古人意识到司法过程越不公开，威力就越大，就越是便于管治。因此从某种意义上说，司法公开就是给自己"找麻烦"，但找来的是小麻烦，省去的是大麻烦。如果整个司法裁判过程犹如"暗箱操作"一般在秘密和制度黑暗的状态下进行，就会引起社会公众和社会舆论对司法权力的怀疑与不信任。尤其在当下网络时代，处于社会转型期，任何一个案件，都有可能成为那一只蝴蝶的翅膀，在全社会上掀起一场席卷司法公信的龙卷风。

但是，哪些司法信息需要公开，公开到什么程度，具体效果如何，有没有改进的空间等等，一直以来都是由人民法院系统自身内部进行统计、评估。"不识庐山真面目，只缘身在此山中"，难免会有局限。他山之石，可以攻玉。此次最高人民法院引入第三方中国社会科学院法学研究所，创下了中国法治史上的"第一次"。这次评估从 4 个公开平台、168 家法院、92 万余件案件入手，历时数月，同时通过多种客观评估方法从多个维度评估司法公开的成效，如此大费周章，充分体现了最高人民法院大力推进司法体制改革的决心，展示了最高人民法院勇于创新、敢于担当的勇气。我们欣喜地看到人民法院正在不断以新的形式和载体，维护司法公正、提升司法公信。

　　通过这一次第三方评估，也发现了一系列审判流程信息公开和裁判文书公开方面存在的问题，如部分法院对在集中统一平台发布审判流程信息重视不够，大量信息未发布在平台上；部分法院录入信息不准确，信息质量不高；部分法院裁判文书不上网、审批管理仍需进一步规范，部分法院不上网裁判文书信息项的公开工作有待加强，部分裁判文书公开及时性有待提升等等。相关评估专家也针对评估过程中所发现的问题，提出了一系列有针对性的意见和建议。尽管需要解决的问题千头万绪，但是正是通过这一系列大大小小的"麻烦"的发现和解决，将为进一步深化司法公开找准方向，为人民法院进一步推进司法体制改革提供有力的支持。

　　当前改革已经进入深水区，包括司法体制改革在内的各项改革都面临着更多挑战：群众的诉求越来越丰富、决策的程序越来越严格、舆论的格局越来越多元、社会各界的监督越来越细密……在这样的背景下，更需要不怕麻烦、不畏辛劳的毅力和精耕细作的耐心。最高人民法院此次引入第三方对司法改革进程进行评估的先河，"自找麻烦"，从一个个小的领域着手，让具体问题充分暴露，把"麻烦"晒在阳光下，在我看来就是一个非常有益的尝试和一个良好的开端。

　　大石拦路，勇者视为前进的阶梯，弱者视为前进的障碍。换个角度来看，"麻烦"并非坏事。有些麻烦，是对权力行使的督促；有些麻烦，是改进工作的契机；有些麻烦，是构筑信任的材料。"大名垂于万世者，必先行之于纤微之事"，任何事情都必须从小处做起、从细微之处着手，不怕麻烦、不怕辛苦。而司法体制改革，正是需要这种"给自己找麻烦"的精神，直面问题，不怕、不躲、不逃，同时主动求变，将责任放在心中、扛在肩上，真正实现让人民群众在每一个案件中感受到公平和正义。

　　　　　　　　　（作者系全国政协委员，北京市金诚同达律师事务所创始合伙人；《人民政协报》2019 年 1 月 3 日）

"痕迹主义"当休矣！

刘晓庄

在中共中央政治局第十次集体学习会议上，习近平总书记一针见血地指出：现在，"痕迹管理"方式比较普遍，存在很多问题，这种状况必须改变。干工作不能蜻蜓点水、浅尝辄止，不能"雨过地皮湿"，更不能"光打雷不下雨"，务必动真格、出实招，见功夫、求实效。但近年来在不少地方的"痕迹管理"中，片面地把以具体文字表格和图片资料等作为展现工作绩效的唯一考核手段，重"痕"不重"绩"、留"迹"不留"心"，由此衍化为形式主义、官僚主义的一个新变种：痕迹主义。

在"痕迹管理"过程中，会议记录、图片题照、签字盖章、指纹刷脸、手机定位等等，古今十八般武艺皆派上用场。更有大摞写不完的各种材料、填不完的各种表格，使得一些基层书记成了"速记、熟记"，专职干部成了"表哥、表姐"。基层同志反映，他们工作累、任务重自不必说，最怕的是名目繁多的检查督察，不同部门的材料核实，动辄打板子追责。为了应付来自上面的各种检查，一些基层干部五加二、白加黑，成天忙于刷标语、树板墙、修景观，"加班加点写材料、没日没夜整数据、一心一意填表格、辛辛苦苦编简报"，尽做一些无厘头的事情。因为忙于留下"痕迹"，以致腾不出身子搞调研、办实事，不仅占用了干部大量时间、耗费大量精力，有时还要增加基层负担，引起群众的不满。

"痕迹管理"中表现出来的"痕迹主义"新动向，如果任其滋生蔓延，既迷失了干部工作方向，又贻误事业向前发展，与造就一支忠诚干净担当的高素质干部队伍要求格格不入，危害不容小觑。

"痕迹主义"有悖于忠诚品格的培育。忠诚者，表里如一、言行一致、知行合一、绝不做假。搞"痕迹主义"，做功不如唱功，干的不如看的，只要"痕迹"光鲜，检查便可过关，久而久之，容易催生人格的变态，助长政治上的"两面人"行为。如果把"痕迹管理"一味地视为"实绩印证"和考核依据，难免出现"重痕迹、轻落实"的倾向，排比句、豪华版、政治抒情诗"满天飞"，说的与做的里外"两层皮"，甚至表现为对上卑躬屈膝、阿谀奉承、溜须拍马，对下趾高气扬、盛气凌人、不可一世等官僚做派。

"痕迹主义"不利于干净行为的养成。在私欲杂念的支配下，有的人每每处心积虑用"痕迹"制约下级，或千方百计留"痕迹"取悦上级，时时投机取巧，不惜增加工作成本。在利益面前，极尽花哨的理由、华丽的借口以致劳民伤财；在困难面前，缺乏为民情怀，患得患失，表现出内心世界的猥琐。"痕迹主义"不但严重浪费了工作精力，而且玷污了人的心灵。

"痕迹主义"有害于责任使命的担当。毛泽东同志曾将形式主义批判为"一种幼稚的、低级的、庸俗的、不用脑子的东西，它唯一的目标是获得上级的注意和认可"。"痕迹主义"惯于用形式主义、官僚主义应对工作，对落实党中央部署不用心、不抓紧、不务实、不尽力，只把工作当成留下"痕迹"而不是创造业绩，宁肯躲进小楼填充文字，也决不愿跨越雷池破解难题，一味地将"瓜瓢留给自己，瓜皮抛给他人"，由此造成督查考核靶心"偏向"，务实担当路线"偏道"，也导致干部素质单一、能力不足，更何谈责任担当。

显而易见，"痕迹主义"不能任其滋生蔓延，必须拿出有效管用的整治措施，及时予以制止和改正。

坚持以上率下。"痕迹主义"出现在基层，但根源在上面。因此要以上示下，从上面开始，上下联动抓作风、文风、会风，各司其职，守土有责、守土负责、守土尽责，不能空喊口号、空耗资源，搞空心架子。人民群众评价干部很简单，就看你实干不实干，如果谁玩"猫腻"，老百姓就不喜欢。

强化行动自觉。对党对人民的忠诚，要落实到具体行动，抓工作不能只追求留"痕迹"，沉湎于图表之中，不能以文件贯彻文件、以会议落实会议，高调表态装样子。要更加自觉地将责任扛在肩上，把人民放在心中，不做华而不实、劳而无功、人民不满意的事情。加强干部管理不是颐指气使、哗众取宠，也不是纸上谈兵、附和迎合，重在忠于职守、诚实干事，把好的理念变成行动，脚踏实地完成好每一件工作任务。

敢于动真碰硬。着力解决为政不勤、为政不公、为政不义、为政不廉等问题，让"占着位子、顶着帽子、混着日子、摆着样子"的人"得瑟"不起来。把那些睁眼环视材料、张嘴训人斥责，专会干核查活儿的官员请下台，让基层干部从"千剑底下一颗头"的过度紧张中解脱出来。

激励担当实干。优化考核方式，不以材料"痕迹"评短长，而以工作实绩论英雄，把严格的干部考核机制变成促进工作的科学手段。整合督察力量，检查不能多头化、频繁化、简单化、随意化，必须精准追责问责，令人口服心服。"洗碗越多摔破碗的几率也越大"，切实建立容错纠错机制，为担当者担当、为负责者负责，不让吃苦者吃亏、流汗者流泪。撑腰鼓劲，关爱信任，才能使广大干部在责任和使命面前心无旁骛挺身而出。

幸福都是奋斗出来的，业绩都是拼搏出来的，民族复兴的伟大事业，绝不是轻轻松松、敲锣打鼓就能实现的。古今大事以实则治，真抓实干才是砥砺奋进的正道。

（作者系全国政协常委、江西省政协副主席；
《人民政协报》2019 年 2 月 14 日）

为基层减负从优化考评抓起

雷鸣强

近日，中共中央印发《关于解决形式主义突出问题为基层减负的通知》，确定 2019 年为"基层减负年"，从以党的政治建设为统领加强思想教育、整治文山会海、改变督查检查考核过多过频过度留痕现象、完善问责制度和激励关怀机制等四个方面，提出了为基层减负的务实管用的举措。其中，就着力解决督查检查考核过多过频、过度留痕的问题，提出严格控制总量、强化结果导向、坚决纠正机械式做法等具体要求。

落实为基层减负，很有必要从改革优化考核评价这个指挥棒入手。

落实为基层减负，要解决"部门条条考评"过频的问题。上面千条线，下面一根针。上级职能部门各管一条线，都有职权对基层单位进行指导检查考评。一些地方各类创建评比检查活动满天飞，一些基层单位的墙上也挂满了众多的荣誉奖牌。为了应对诸多考评、获得这满墙的奖牌，基层同志往往忙于应付、疲于奔命、苦不堪言。这就要求我们更加注重运用综合考评和吸纳群众参与考评，尽量减少不重要的专项考评，整合运用综合考评；把上级部门考评与基层群众考评结合起来，既注重"领导怎么说""部门怎么评"，更注重"群众怎么评""基层怎么看"。只有这样，基层的同志才会集中精力聚焦解决群众关心的实际问题。

落实为基层减负，要解决"痕迹主义考评"过重的问题。有些部门对基层的考核检查，不是深入实际、深入群众，去查实情、问实效、看实绩，而是待在会议室、档案室，看台账、查记录、对数字。这表面上"认真负责"追求"精准科学"，实际上"走马观花"得到的是"碎片资料"。这种重"痕迹"、轻"实绩"的检查考评，使得一些基层同志把主要精力放到建台账、补记录、凑数据上，甚至拼凑痕迹、弄虚作假，而没有把更多的时间精力花在解决问题、促进发展、改善民生上。中央通知明确指出，不得随意要求基层填表报数、层层报材料，检查考评要强化结果导向，关键看有没有解决实际问题。这就要求我们的考评工作要更加注重结果考评，把对工作的过程考评与对工作的结果考评结合起来，从注重看"做了什么""做了多少"向更加注重看"解决了什么""有什么样的成效"转变。这样做了，才会解放基层同志的思想和手脚，让他们把有限的时间精力用到真正地发现问题、扎实地解决问题上。

落实为基层减负，要解决"一刀切式考评"过度的问题。地域内发展不平衡是我国现阶段发展的常态，自上而下的检查考评一般应该使用"规范＋特色"的科学标准。但现实中的检查考评，往往更多关注共性的规范标准，关注个性的特色标准不够。常常还会抬高共性的规范标准水平，使得一些发展水平较低的地方基层单位，被迫"跳一跳摘桃子""有条件坚决要上，没有条件拼凑条件也要上"。要减轻基层负担，就要更加注重特色考评，把考评是否完成规定动作与考评是否形成自身特色结合起来，既要注重"一把尺子量到底"，看"达标与否"，更要注重"一把钥匙开一把锁"，看"有无特色"。这样的话，基层就有了更自由更广阔的发展空间。

落实为基层减负，还要解决"一阵风式考评"过多的问题。一个地方、一个单位的发展变化一般都是循序渐进的累积式发展和突飞猛进的跨越式发展相结合的结果，而前者是平常状态，后者是特殊状态。我们的工作既要集中突破，更要久久为功。这些年，一些地方、一些部门习惯了运用"一阵风式考评"来推动"一阵风式发展"，特别注重"集中突破""跨越发展"。上级部门对基层单位的"一阵风式考评"看重表面的、显性的、当前的、外延式的发展，忽视深层的、隐性的、未来的、内涵式的发展。这样的考评对"政绩工程""形象工程""锦上添花"情有独钟，对"材料扎实""模式新颖""宣传到位"偏爱有加。这样的考评指挥棒助推了急功近利的粗放发展，助长了形式主义的工作作风，给基层单位带来了"暴风骤雨般"的应对应付压力。为减轻基层负担，应更加注重潜绩考核，把看工作的"显绩"和"潜绩"结合起来，从注重"看得见的效果""当前的效果"向更加注重"看不见的效果""影响长远的效果"转变。

　　为基层减负，从以上四个方面优化考评十分重要，但最根本的是要以党的政治建设为统领加强思想教育，着力解决党性不纯、政绩观错位的问题；最关键的是要把党实事求是的思想路线和联系群众的优良作风贯彻落实到对基层的考核评比工作中去。

　　　　　　　　（作者系全国政协委员，民进湖南省委会副主委，湖南省
　　　　　　　社会主义学院院长；《人民政协报》2019 年 4 月 4 日）

不要让"一刀切"伤了民心

韦震玲

以封山禁牧为由对养羊户下达禁养令，一纸简单粗暴的禁令，一张快速全面清理的时间表，弄得养殖户欲哭无泪，血本无归，伤了农民的心；以美化城市景观为由，强制统一更换所有商铺招牌，伤了商户的心……

近些年来，一些地方在公共政策执行中采取"一刀切""一锅煮"的工作方式，导致产生负面影响的新闻不少。在老百姓中产生不好的印象，必须引起高度重视。

去年，《人民日报》针对某地推广清洁能源取暖，结果严重影响群众温暖过冬的典型案例撰文，一针见血地指出，"一刀切现象，看似不折不扣坚决落实，实则是不愿作为、不会作为、不敢作为的懒政"。现实中，这种懒政思想确实是滋生"一刀切现象"的温床，但从深层次看，还是施政中不能实事求是，不会为、不善为甚至不敢为造成的，其中不排除急功近利的因素，也不排除怕担责而罔顾客观实际、生搬硬套上级精神的情况。种种因素的叠加，造成"一刀切现象"在执行政策中层出不穷，难以根除，民怨很大。为此，结合基层实际提出几点建议，希望能从根源上解决好"一刀切"问题。

我国地大物博，各地自然环境、风俗习惯、人文环境差异性大。中央和有关部门在颁布实施政令时要加强基础调研工作，充分考虑地方工作的差异性，制定相关法规和政令的时候要更加强调和注重发挥文件的纲领性和原则性作用，不宜抓得过细，规定得太过具体，要给地方在执行政令的过程中留有一定的执行空间和余地，便于地方结合实际开展好工作，也有利于法规政令的稳定持久。

在当前积极推进依法治国、依法行政和强化追责问责的大环境背景下，基层一些干部出现不敢担当、不愿作为的情况，一些地方甚至出现干部撂挑子辞职的情况。面对这种情形，在问责的同时要进一步加强对问责机制的调查研究，既要看到问题的现象，也要看到问题的本质，查找出错的根源所在才是关键。要进一步加大研究容错机制，确保在一定范围内和一定程度上容错机制的落实，鼓励基层干部勇于担当、敢于作为，治土有方、守土有责，在落实和执行上级法律法规和政令过程中敢于因势施策，不搞"一刀切"。

要进一步加强干部队伍建设，严把选人用人关，把那些能够坚持以人民为中心关心百姓冷暖、正视群众利益的干部用起来。只有时刻把人民放在心中最高的位置，才能避免出现只顾数据好看、只管政绩漂亮，却忽视老百姓真实需求的现象。同时还要注意加强对干部的教育培养，切实提高干部执政执法的工作能力和水平，确保政令在地方得到科学有效的实施。

在国家治理层面上，"一刀切"做法有深刻的制度原因。在实践中，政策制定和执行时常面临着中央统一性和地方灵活性的矛盾，中央的统一性旨在维护政策实施，在全国实现同样事情同样对待，而地方的灵活性是为了政策实施能够符合现实情况，实现政策的有效性。如果赋予地方政策执行的裁量权或灵活性过大，也会导致中央的政策目标在各级政府的治理中被层层消解，每个地方都会强调自己的特殊情况，最终使得中央决策无法落实。解决这一矛盾的方法，还是在于思想上，就是执政者能否站在人民的立场和利益上考虑问题。好政策的落地，不仅要有严和实的执行，还要符合民意，以人为本，这样才会让政策具有生命力。"以人为本"不是一句空话，有关部门在制定和执行政策的时候应多多融入"人情味"，切莫再让"一刀切"这样简单粗暴的方式伤了民心。

（作者系全国政协委员，广西壮族自治区柳州市人民
检察院副检察长；《人民政协报》2019 年 4 月 11 日）

夯实乡村振兴的治理根基

雷鸣强

中共十九大将"治理有效"作为实施乡村振兴战略的总要求之一写进了报告。习近平总书记就此强调,"乡村振兴要夯实乡村治理这个根基"。深入学习领悟习近平总书记重要讲话的内容和精神,笔者认为,加快推进乡村治理体系和治理能力的现代化,夯实乡村治理根基,其核心任务是加紧建设好"党建引领、三治融合"为特征的乡村治理体系。

加强基层组织建设,让党建引领强起来。农村富不富,关键在支部;农村强不强,还要看"领头羊"。这就要求在工作中要选好配强农村党组织书记,大力选拔党性强、致富水平高、服务意识优、作风好的党员干部担任村党组织书记。进一步加大对农村党组织书记的教育培训力度,健全激励机制和管理机制,促进他们履职尽责、干事创业,当好乡村治理、乡村振兴的"领头羊"。应整顿软弱涣散村党组织,将那些软弱涣散党组织的书记全部改选配齐配强,注重把农村致富能人、优秀青年选配到村级后备干部队伍中。在政策、人才、资金、项目等方面向农村基层倾斜。鼓励和支持农村基层党组织利用自身优势发展壮大村级集体经济,让村党组织说话办事更有底气和分量,真正成为带领群众脱贫致富、振兴乡村的主心骨。

深化村民自治实践,让自治基础厚起来。习近平总书记在讲话中强调:"深化村民自治实践,加强村级权力有效监督。"这就要求我们要深化推进村民自治实践。"事情办不办,让村民说了算"。要坚持自治为基,加强农村群众性自治组织建设,推动乡村治理重心下移,尽可能把资源、服务、管理下放到基层。制定完善并充分发挥自治章程、村规民约在农村基层治理中的独特功能，注重汲取村民和农村社会乡贤人士的智慧和力量。依托村民会议、村民议事会、村民理事会、村民监事会等，形成民事民议、民事民办、民事民管的多层次农村基层自治格局。此外，还要加强村级权力有效监督。全面建立健全村务监督委员会，进一步推进村务公开建设，组织并引导村民参与到乡村治理中来，在完善民主选举的基础上，规范民主决策机制，主动接受民主监督，通畅村民与农村基层党组织和政府的沟通渠道。创新村民议事形式，完善议事决策主体和程序，落实群众知情权和决策权。

健全制度政策体系，让法治保障硬起来。习近平总书记在讲话中强调，乡村振兴，制度保障是建立健全城乡融合发展体制机制和政策体系。在社会保障制度方面提出："完善城乡居民基本养老保险制度和基本医疗保险、大病保险制度，完善最低生活保障制度，完善农村留守儿童、妇女、老年人关爱服务体系。"落实这一任务，需要按照兜底线、织密网、建机制的要求，全面建成覆盖全民、城乡统筹、权责清晰、保障适度、可持续的多层次社会保障体系，全面解决"看病难""上学难""养老难""因病返贫"等乡村治理问题，为实现乡村振兴保驾护航。在社会安全制度方面，习总书记提出"健全矛盾纠纷多元化解机制，深入开展扫黑除恶专项斗争"的要求。进一步完善调处工作机制，优化人民调解、行政调解、司法调解有机结合的大调解工作格局，依法妥善解决社会矛盾纠纷。要严厉打击农村黑恶势力、宗族恶势力，严厉打击黄赌毒盗拐骗等违法犯罪行为，让农村群众获得坚强的法治保护和持续的安全感。

聚发乡村文化力量，让德治水平高起来。习近平总书记在讲话中提出："推进移风易俗，培育文明乡风、良好家风、淳朴民风"。为此，要深入挖掘乡村社会蕴含的道德规范，继承和弘扬传统优秀文化、红色革命文化的有益养分，结合社会主义核心价值观的时代要求，将移风易俗的"力"与为民服务的"美"结合起来，积极培育文明乡风、良好家风、淳朴民风，努力构建一个家庭和顺、邻里和睦、村庄和美、社会和谐的乡村社会。要积极繁荣乡村群众精神文化生活，通过开展"四德模范""最美村民""文明家庭""优秀乡贤"等评选活动，并大力表扬、宣传先进和榜样，用身边人身边事教育感化身边人，以人化人、以事激人，成风化俗、化人，不断提升乡村治理的德治水平，加快提高乡村振兴的文化品质内涵。

（作者系全国政协委员，湖南省社会主义学院院长；
《人民政协报》2019 年 1 月 3 日）

提高三个"自觉"全面深化改革

王济光

2019 年 7 月 24 日，习近平总书记在中央全面深化改革委员会第九次会议上发表重要讲话，特别强调要紧密结合"不忘初心、牢记使命"主题教育，提高改革的思想自觉、政治自觉、行动自觉，迎难而上、攻坚克难。当前，我国改革已经进入关键时期、触及敏感关系、步入深水区域，尤其需要全党上下提高改革的"三个自觉"，坚定不移破除利益固化的藩篱、破除妨碍发展的体制机制弊端，在着力补短板、强弱项、激活力、抓落实上，理性分析，科学决策，以不破楼兰终不还的精神气概，锚定目标，勇往直前。

坚持准确把握世情、国情、党情的科学理性，提高全面深化改革的思想自觉。当今世界，逆全球化思潮甚嚣尘上，国内经济发展下行压力仍然较大，社会利益关系和矛盾问题交织复杂。因此，在全面深化改革的前进道路上，我们必须坚持以习近平新时代中国特色社会主义思想为指导，坚持解放思想和实事求是有机统一，通过弘扬改革创新精神，推动形成思想再解放、改革再深入、工作再抓实的思想自觉，从而凝聚起全面深化改革的强大力量，在新起点上实现新突破。提高改革的思想自觉，就是要坚持马克思主义的发展观点，坚持实践是检验真理的唯一标准，只有发挥历史的主动性和创造性，锐意进取、大胆探索，才能清醒认识世情、国情、党情的变和不变，才能树立逢山开路、遇河架桥的精神意识，才能具备不断推进理论创新、实践创新、制度创新的能力和水平。

锤炼立党为公、执政为民的坚强党性，提高全面深化改革的政治自觉。在全面深化改革的进程中进一步锤炼坚强党性，就必须坚持人民观点，树立以人民为中心的思想理念，从中央到地方、从部门到企事业单位，在改革发展决策和公共事项政策的出台过程中，都必须充分考虑到人民群众对与自己权利直接关联的重大举措越来越关注、对与自身利益密切相关的重大事项越来越关心的现实，能否真正凝聚起社会各个阶层的改革共识，能否全面调动起社会全体成员参与改革的积极性，直接决定着我国深化改革的目标、方向、路线、过程和效果。凝聚社会全体成员的改革共识，必须坚持眼睛向下、脚步向下，鼓励引导支持基层探索更多原创性、差异化改革，及时总结和推广基层探索创新的好经验好做法。提高改革的政治自觉，就是要坚持正确的政治方向，既不走封闭僵化的老路、也不走改旗易帜的邪路，确保改革在保持经济持续健康发展和社会大局稳定的前提下，把思想和行动统一到党中央对形势的判断和决策部署上来，坚定不移把自己的事情办好。这是在全面深化改革中不断提高政治自觉的需要，也是在新时代锤炼坚强党性的题中应有之义。

培养智勇兼备、善做善成的工作韧性，提高全面深化改革的行动自觉。改革开放是当代中国发展进步的必由之路，也是实现中国梦的必由之路。但是，在我国经济高速发展、社会财富急剧增长的过程中，一些领域形成的利益固化的藩篱，行业垄断、行政垄断、权力寻租、特权逐利等问题长期难以消除和解决，使之以特定方式蚕食了改革发展成果和人民群众的获得感。当前全面深化改革的最大阻力来自于利益固化，只有以更大的政治勇气和政治智慧破除利益固化问题，养成智勇兼备、善做善成的工作韧性，才能真正提高改革的行动自觉。综合判断当前改革大势，必须加强对既得利益群体以多种方式联手抵制改革风险的科学评估，把打破利益固化链条作为深化改革的关键。一是要防止既得利益者及其附庸代言人歪曲改革，牢牢把握深化改革的舆论话语权，确保中央的改革决策和重大举措得以顺利贯彻实现。二是要加强旨在规制利益固化行为的法制建设，形成对权力运行的有效制约、密切监督和有效防范，确保公共决策运作公开化和透明化，阻断政商勾结、权力寻租和行政垄断的利益链，铲除既得利益群体抵制改革的体制基础。三是要科学制定针对既得利益群体抵制改革的配套性措施方案，切实加强既得利益者成为改革拦路虎的风险防范。强调改革的行动自觉，就是要胆子大、步子稳，既要敢于啃难啃的硬骨头，又要善于把握改革方向和节拍，尤其是不能犯颠覆性错误。

全面深化改革是我们党守初心、担使命的重要体现。提高改革的思想自觉、政治自觉、行动自觉，就是要警醒全党上下：改革越到深处，越要担当作为、蹄疾步稳、奋勇前进，不能有任何停一停、歇一歇的懈怠。正入万山圈子里，一山放过一山拦。改革是前无古人的伟大事业，更是循序渐进的具体工作，既要善于统筹，矢志不渝、豪情万丈，更要敢于突破，脚踏实地、稳扎稳打，确保实现改革的目标任务。

（作者系全国政协委员，重庆市政协副秘书长；
《人民政协报》2019 年 8 月 1 日）

从"四个自我"的高度自觉推进自我革命

罗宗毅

2019 年 8 月，习近平总书记在《求是》杂志上发表的题为《牢记初心使命，推进自我革命》重要文章中指出，做到不忘初心，必须有强烈的自我革命精神，要在自我净化、自我完善、自我革新、自我提高上下功夫，并且首次系统阐释"四个自我"的深刻内涵、重大意义和实现路径，深化拓展了我们党自我革命的重要思想，为新时代全面从严治党，加强党的建设提供了思想武器和行动指南。

从辩证思维的角度看，"四个自我"是我们党基于对事物发展客观规律深刻认识和准确把握所形成的自我革命精神，蕴含着深刻的哲学思维，闪耀着马克思主义哲学智慧的思想光芒。马克思主义哲学认为，事物发展壮大源于其自身的矛盾运动，是一个新陈代谢、除旧布新、由低级到高级的前进上升过程。在社会领域，任何政党、任何组织、任何事业，只有不断地吐故纳新才能健康成长并保持旺盛的生命力。无产阶级政党也是如此，面对外部环境的严峻挑战和自身存在的问题，能不能做到勇于自我革命，善不善于进行自我革命，关系一个政党及其党员能否保持纯洁性、先进性的重大问题。作为有着近百年历史并长期执政的党，我们党深刻地认识到，党的先进性和党的执政地位都不是一劳永逸、一成不变的——过去先进不等于现在先进，现在先进不等于永远先进；过去拥有不等于现在拥有，现在拥有不等于永远拥有——只有通过不断自我革命，不断净化完善自己，过滤杂质、清除毒素、割除毒瘤，固本培元，才能不断纯洁党的队伍，保证党的肌体健康，保持旺盛生命力和强大战斗力，我们党才会更加坚强、更有力量。

从党的历史发展角度看，"四个自我"是我们党强党兴党历史经验的科学总结，是对中国共产党自我革命历史传统的继承和发展。在长期的革命斗争和建设改革实践中，我们党继承和发展马克思主义建党学说，形成了关于党的自我革命的丰富思想成果和许多行之有效的做法。在我们党的历史上，就常用整风和开展批评和自我批评这一思想武器来教育党员干部，克服思想不纯、政治不纯、组织不纯、作风不纯等问题。我们党之所以能够从弱小走向强大，始终走在时代前列，成为中国人民和中华民族的主心骨，根本原因在于我们党始终保持自我革命的精神，敢于拿出批评与自我批评的武器，开展积极健康的党内斗争，及时纠正错误倾向；敢于一次次拿起手术刀革除自身的病症，依靠自身力量和与群众相结合的力量解决自身问题。习近平总书记指出："中国共产党的伟大不在于不犯错误，而在于从不讳疾忌医，敢于直面问题，勇于自我革命。"可以说，不断推进自我革命既是我们党区别于世界上其他政党的显著标志，也是我们党长盛不衰的重要原因所在。

从管党治党的现实需要看，"四个自我"揭示了自我革命的正确方法和途径，是新时期全面从严治党，加强党的建设，增强党的凝聚力和战斗力的重要法宝。随着中国共产党事业的不断发展，在长期执政条件下，各种弱化党的先进性、损害党的纯洁性的因素无时不有，各种违背初心和使命、动摇党的根基的危险无处不在，"四大考验""四种危险"依然复杂严峻，如果不严加防范、及时整治，久而久之，必将积重难返，小问题就会变成大问题、小管涌就会沦为大塌方。以"四个自我"的高度自觉进行自我革命，为新时代中国共产党人依靠自身力量发现问题、纠正偏差、推动创新、实现执政能力整体提升提供了全新思路和方法路径，打破了只有"西方多党轮替、三权鼎立"才能解决执政党自身问题的迷思，是新时代中国共产党管党治党、兴党强党的新模式。

当前在全党开展的"不忘初心、牢记使命"主题教育贯穿着我们党勇于进行自我革命、自我改造、自我教育的深刻意蕴，是我们党推进自我革命一以贯之的延续和发展。开展"不忘初心、牢记使命"主题教育，根本目的是用习近平新时代中国特色社会主义思想武装头脑，教育引导广大党员干部进一步坚定中国特色社会主义信念，强化奋力实现民族复兴中国梦的追求，锤炼永远听党话、跟党走的忠诚品格，增强"四个意识"、坚定"四个自信"、做到"两个维护"。主题教育至关重要的一环是围绕"守初心、担使命、找差距、抓落实"这一总体要求，查找和解决党内存在的违背初心和使命的各种问题，有的放矢地进行整改。为此，需要我们按照习近平总书记提出的自我革命要求，在"四个自我"上下功夫求突破。一要勤于自省，及时发现问题，在自我净化上下功夫；二要严于自律，自觉补短板强弱项，在自我完善上下功夫；三要勇于自纠，弃恶扬善，革故鼎新，在自我更新上求突破；四要善于学习，自勉自励，在自我提高上下功夫。唯其如此，才能高质量地搞好主题教育，不断提高自我革命实效。

习近平总书记指出："我们党作为百年大党，如何永葆先进性和纯洁性、永葆青春活力，如何永远得到人民拥护和支持，如何实现长期执政，是我们必须回答好、解决好的一个根本性问题。"历史的经验告诉我们，只有永不骄傲自满、永远保持清醒的头脑和勇于自我革命的政党，才能永远得到人民拥护，立于不败之地。在推进中国特色社会主义伟大事业的征程上，只要我们"不忘初心、牢记使命"，坚持全面从严治党，以"四个自我"的高度自觉不断推进自我革命，坚决同一切弱化党的先进性和纯洁性、危害党的肌体健康的现象作斗争，我们党就一定能够不断实现执政能力整体性提升，始终立于不败之地。

（作者系全国政协委员，中央党校原教育长；
《人民政协报》2019 年 8 月 27 日）

为战胜疫情注入强大法治正能量

沈德咏

在以习近平同志为核心的党中央坚强领导下，通过各方面的共同努力，新冠肺炎疫情防控工作取得重大进展和阶段性成效。习近平总书记指出，既要立足当前，科学精准打赢疫情防控阻击战，更要放眼长远，总结经验、吸取教训，针对这次疫情暴露出来的短板和不足，抓紧补短板、堵漏洞、强弱项，该坚持的坚持，该完善的完善，该建立的建立，该落实的落实，完善重大疫情防控体制机制，健全国家公共卫生应急管理体系。法治具有固根本、稳预期、利长远的保障作用，要提高突发重大疫情防控能力和水平，必须加强公共卫生法治建设。

加强公共卫生法治建设，首先要增强公共卫生法治理念，将突发重大疫情防控工作纳入法治轨道。坚持用法治理念思考公共卫生问题，用法治思维解决疫情的防范与控制难题，坚持依法战"疫"，把法治思维和法治方式贯穿卫生防疫工作始终，为减少疫情、控制疫情、战胜疫情注入强大的法治正能量。在立法、执法、司法、守法各环节都要增强公共卫生法治理念，切实做到有法可依、有法必依、执法必严、违法必究。特别是各级领导干部要强化法治意识，带头尊法学法守法用法，做严格执行公共卫生法律法规的表率。要加大全民普法工作力度，弘扬社会主义法治精神，增强全民公共卫生法治观念，夯实依法防疫的社会基础。

加强公共卫生法治建设，要强化立法工作，进一步完善疫情防控法律体系。目前，《突发事件应对法》《传染病防治法》《突发公共卫生事件应急条例》等共同构成了我国突发公共卫生事件应急处置的法律法规体系。但从立法层面看，仍然存在一些有待完善的地方。为落实我国宪法关于紧急状态的有关规定，应研究制定一部操作性较强的《紧急状态法》。要认真梳理《传染病防治法》和《突发事件应对法》，对内在精神不一致、不协调的条款适时作出修改，同时配套制定行政法规层次的实施细则，切实增强法律的可操作性。全面修订《野生动物保护法》，将公共健康、检验检疫的理念和要求纳入其中，为加强重大公共卫生安全风险的源头控制提供法律依据。要尽快制定出台国家生物安全法，把生物安全纳入国家安全体系，加快构建国家生物安全的法律法规体系、制度保障体系，全面提高国家生物安全治理能力。

加强公共卫生法治建设，要坚持严格执法，确保突发重大疫情防控法律法规有效施行。习近平总书记指出，疫情防控越是到最吃劲的时候，越要坚持依法防控，在法治轨道上统筹推进各项防控工作，保障疫情防控工作顺利开展。要严格执行疫情防控和应急处置法律法规，坚决防止疫情蔓延成灾。有关部门和人员应当严格按照法律法规的要求承担相应职责，依法做好疫情预防、报告、预警和发布工作。要加大对危害疫情防控行为的执法司法力度，加强治安管理、市场监管等执法工作，依法严厉打击抗拒疫情防控、暴力伤医、制假售假、造谣传谣等破坏疫情防控的违法犯罪行为，保障社会安定有序。要对失职渎职人员严肃问责，确保有令必行、有禁必止、有诺必践。要在法律框架内严格执法，切实把握好执法尺度，防控疫情措施必须做到主体适格、措施适度，防止出现借疫情防控之名、行违法犯罪之实的行为。尊重和保障人权是法治的基本价值，个人的核心权利，包括基本生存权和人格尊严，均应严格受到法律的保护。

加强公共卫生法治建设，要继续深化改革，不断完善依法防控突发重大疫情的体制机制。牢牢坚持党的集中统一领导，形成党委领导、政府主导、各部门齐抓共管、社会各界有序参与的防控工作格局。尊重规律和科学，充分发挥专业部门和专业人员的作用。正确处理中央和地方的关系，明确各层级防控责任，建立健全快速反应机制。充分发挥我国的政治优势和制度优势，坚持共治共享，实行群防群控，打好重大疫情防控工作的人民战争。加大公共卫生投入，健全公共卫生服务体系，充实战略储备，夯实防控工作物质基础。

　　疫情发生以来，党中央高度重视，始终把人民群众生命安全和身体健康放在第一位。而公共卫生安全事关人民群众生命安全和身体健康，事关社会和谐稳定和经济持续发展，事关国家长治久安，一定要确保其在法治轨道上良性运行，才能早日战胜疫情、早日回归常态，给人民带来福祉，给国家带来安定和繁荣。

（作者系全国政协社会和法制委员会主任；
《人民政协报》2020 年 3 月 5 日）

克服形式主义要力戒"唱高调"

刘晓庄

要做政治上的"明白人",对于高调这一"病毒"形态不但不能放任或附庸,而且还须积极主动地予以抵制,力戒唱高调的现象滋生蔓延。

近日,全国政协主席汪洋在国务院扶贫办调研时强调,贯彻落实好习近平总书记在决战决胜脱贫攻坚座谈会上的重要讲话精神,必须克服形式主义和官僚主义,严肃处理弄虚作假行为,确保党中央各项决策部署不折不扣落到实处,坚决夺取脱贫攻坚战全面胜利。

当前,我们面临着疫情防控和脱贫攻坚的双重考验。这场严峻复杂的大考,考出了中华儿女坚韧不拔、顽强不屈、无私奉献的高尚品质,也考出了一些人不敢担当、专唱高调的不良习气。

鲁迅先生曾一针见血地指出:"唱高调就是官僚主义。"从政治的视角考量,高调的文风、话风和作风本质上属于形式主义、官僚主义,故而唱高调是一件值得警惕的事情。

高调是指那些不切实际的夸夸其谈、言而不实的高谈阔论、时髦悦耳的空话套话等。现实中,经常看见这样一些人,他们张口"高屋建瓴、醍醐灌顶",闭口"茅塞顿开、振奋人心",把无比正确的"崇高感""优美感"挂在嘴上,表现出的效果却是"低级红""高级黑"。

陶行知先生说:"为老百姓造福,不靠高调唱得响。"干工作要脚踏实地,如果高调之声不绝于耳、盛行成风,往往会令人十分反感。

习近平总书记严厉批评"两面人",说他们"装得很正,藏得很深,有很强的隐蔽性和迷惑性"。他们当面一套、背后一套,口头一套、行动一套,高调表态、只做虚功,往往以高调的声音掩饰不正当行为,实属蝇营狗苟之流。

现实中不只"两面人",还有理论上的"稻草人"和思想上的"鹦鹉人"。这些人,要么是把简单问题复杂化,内心实则如稻草般空虚,只会跟风摇摆;要么鹦鹉学舌,人云亦云,把自己头脑当成他人思想的"跑马场",把"不折不扣贯彻执行"当作响亮的口号喊,虽然公仆意识叫得响,工作中不把群众当回事。

习近平总书记开出了透过现象看本质的"鉴别指南":既听其言、更观其行,既察其表、更析其里,看政治忠诚,看政治定力,看政治担当,看政治能力,看政治自律。要做政治上的"明白人",对于高调这一"病毒"形态不但不能放任或附庸,而且还须积极主动地予以抵制,力戒唱高调的现象滋生蔓延。

用制度来管控。制度优势是最大的优势,制度的作用极其重要,所以"还是制度靠得住"。我国自古以来就有推崇"节以制度,不伤财,不害民"的规范传统,凡事"制之以衡,行之有度","故长幼贵贱莫不为之节制"。高调唱得震天响,落在地上轻飘飘,博取的是一己政绩私利,为人们所不齿,务必戴上制度这道"紧箍儿"。党的十九届四中全会通过的《决定》,提出要"完善担当作为的激励机制",促进各级领导干部增强本领,它符合民意、深得民心,对于有效遏制高调之风将会产生强大的防控作用。

以道德来约束。道德是自律的武器。从上到下,都应该以道德修养约束自己,而不能引用心灵鸡汤来唱高调、吹牛皮、装正经。要通过营建道德修为的良好氛围,使得"老好人""太平官""墙头草"无处遁迹,"吹喇叭""抬轿子""喊口号"无法生存。要明白一个道理,高调之下,"播出的是龙种,收获的却是跳蚤"。

由领导来带头。"人不率则不从,身不先则不信"。领导干部是风行草偃的公众人物,一定要在工作中做表率、打头阵、带动人,而不是靠唱高调来要求人、指挥人、教训人,一味以各种高调应付工作、打发时光。平心而论,其实谁都讨厌听高调,也不愿意唱高调。"己所不欲,勿施于人",既然如此,不如自我带个好头,真抓实干,说真话、道真情,做实事、求实效。唯有对人民满腔热忱,少唱几句高调,才能让群众感受到那种亲民爱民接地气的"苏区干部好作风"。

让群众来点评。把"党的政策变成群众的行为",既不能"张嘴就来",发出各种荒谬的行政指令,建匪夷所思的"无猪县""无猪乡"之类,也不能脱离实际,以高调换取喜报,追求所谓的深秋季节"零落叶"。学理论、学思想,武装头脑看行动。工作落实到位不到位,该让百姓来点评,群众的满意才是检验工作的标准。唯有把政绩摊在阳光下,专唱高调者才能在自讨没趣中逐渐销声匿迹。

万事悠悠,只争朝夕,不负韶华。破解"窑洞之问",攻克"世界难题",决胜战"疫"战"贫",实现伟大复兴,都不能靠敲锣打鼓来实现。当今的中国,车马炮各就各位,一盘棋大局分明;将士兵各展其长,万股力蓄势待发。唱高调没有任何益处,只会贻误时机。只有撸起袖子真抓实干,才能胜券在握。

(作者系全国政协常委,江西省政协副主席;
《人民政协报》2020 年 4 月 2 日)

大数据时代如何保护个人隐私

朱　山

新冠肺炎疫情期间，全国多地的工作单位、住宅小区、超市、菜市场、商店等场所，都需要登记个人信息，详细到包括身份证号码、电话号码、住址等。在一些微信群中，外地归来人员的所有信息一览无余。这些不断转发的信息，无疑造成了对当事人的隐私侵犯。

为做好疫情联防联控中的个人信息保护，中央网信办发布了《关于做好个人信息保护利用大数据支撑联防联控工作的通知》。要求明确做好个人信息安全保护和充分发挥大数据在疫情防控中的作用。

国家工业信息安全发展研究中心发布的报告显示，2019 年我国大数据产业规模已超过 8000 亿元，大数据技术已经对经济社会产生了重大深远的影响。高度信息化带来的主要问题是个人私密信息泄露风险增加，精准诈骗、广告骚扰等现象屡见不鲜。在大数据时代，用法律维护公民个人私密信息安全是妥善保护个人隐私的关键所在。

个人信息即是社会对信息私密性的一种普遍认识和认同，任何一种个人信息在特定条件下都可能被视为一种个人私密信息。换言之，法律所能普遍保护的个人私密信息，即是个人信息。

个人私密信息的范围正在随着时代发展不断演进，对法律不断提出新的要求。例如，曾经个人面部特征信息的私密性并未取得社会广泛认同，但是人脸识别技术推广以来，瑞士数据保护机构（DPA）已经因当地一所高中使用人脸识别技术来记录学生出席情况开出高额罚单，杭州野生动物园也因采集游客面部信息被起诉，可见个人面部特征信息的私密性已经逐渐形成社会认同，需要被法律所保护，诸如指纹及基因等个人生物信息、消费记录及行动轨迹等个人活动信息皆是如此。然而，法律制度和执法体系由于法律固有的滞后性未能有效适应，是隐私保护问题频发的直接原因。

目前，现行法律体系滞后表现在采集主体资格无法定、数据权属不清晰、数据使用无边界、行业标准不完善、管理责任不明确、执法监管不到位等多个方面，而予以完善主要面临三个疑难问题。

首先，个人隐私信息范围的快速扩展和其多样性使得法律规制问题十分复杂，如何针对纷繁复杂的身份信息、生物信息、活动信息等个人私密信息，在不同行业领域"对症下药"予以类型化规制，如何在类型化的基础上明确采集主体资格、数据使用范围等关键问题，均有待进一步研究。

其次，大数据时代下侵害隐私权的行为，多呈现出轻微、分散、隐蔽的特征，受害人自身维权动力和能力均不足，无法对侵害人形成有效制约。

再者，高新技术行业领域执法专业难度大、取证难度高，在各类行业标准不完善的情况下，执法的主动性和有效性必然受阻。

对于现实中这些疑难问题，应当尽快想出对策，并付诸行动。

加强实地调研，加快推进立法进程。重点针对大数据试验区地方立法及实践情况深度调研，推动解决个人信息的 集主体、数据权利、使用范围、退出条件等立法具体问题。

加速建设"标准＋法规"的监管体系，为主动执法奠定基础。建议进一步细化信息技术领域规范和标准，为监管部门将被动执法转变为主动执法提供基本的依据和标准，与之配套发挥效能的行政法规和规章也应当及时跟进，切实增强公权力干预的有效性和规范性。

建立个人私密信息保护公益诉讼制度。个人私密信息安全问题与食品药品、生态环境问题类似，都具有涉及人数多、侵害行为分散、侵权成本低、维权成本高等共性，建议将此类侵权案件纳入公益诉讼范围，建立公益诉讼和自力诉讼相结合的诉讼制度。

依法实施常态化监管。鉴于受害人制约作用有限的现实情况，执法机关应当主动健全执法规章，加强主动监管力度，建立常态化信息报告、抽查、普查以及重点企业调查制度，及时核查信息采集、保存、使用等行为的合规性。

（作者系全国政协委员，贵州省贵达律师事务所主任；《人民政协报》2020 年 4 月 2 日）

文化建设

传统文化与核心价值的辩证关系

韦建桦

　　价值观如同一棵树，深深地植根于人类认识和改造世界的实践。任何一个民族和国家的核心价值观都必须同自己的历史文化相契合，同自己需要解决的时代问题相适应，同老百姓的迫切愿望和人生追求相交融。

　　五千多年的文明史是中华民族生生不息的精神土壤，也是培育和践行社会主义核心价值观不可或缺的精神资源。然而，传统文化毕竟是在古代社会的经济条件和政治制度下孕育产生的，在世界观、历史观、国家观、文化观、伦理观、审美观等各个方面，不可能不带有时代烙印。如何科学对待和有效利用这个精神资源，是一个不容回避的现实问题。

　　首先是梳理和鉴别。对传统文化进行梳理和鉴别，是一个价值评判的过程，也是一种历史的思考。古人常说："辞多类非而是，多类是而非，是非之经，不可不分。"这是符合辩证法的。一方面，我们要摒弃历史虚无主义的做法，珍视和传承中华优秀传统文化的思想瑰宝，挖掘和阐发其中的民胞物与和天下大同、为政以德和民惟邦本、忧劳兴国和逸豫亡身、讲信修睦和修辞立诚、格物致知和经世致用、和而不同和守正为心、学而不厌和诲人不倦、慎思明辨和身体力行、惟精惟一和允执厥中、革故鼎新和与时俱进等一系列价值理念，讲清楚这些思想的发展脉络和时代价值，讲清楚中国化马克思主义对这些思想精华的继承和发展，讲清楚我们的祖先历经磨难而始终坚守的这些价值理念既是中华民族之魂，又是先进文化之源，是培植社会主义核心价值观的沃土。另一方面，我们也要通过有理有据的分析，揭示古代文化遗产中包含的封建意识、人治传统、宗法观念、阶级偏见、性别歧视、迷信思想等因素，讲明其历史成因和消极影响，尤其要关注这些因素在现实生活中的顽强表现，指出它们对当代人思想的熏染及其危害，阐明辨别是非、抵御侵蚀的意义和方法。

其次是转化和更新。中国优秀传统文化浸润着中国人的心灵，使我们具有不同于其他民族的独特的精神世界，包括高尚的家国情怀、美好的人生理想和纯真的道德操守。同时，也应当看到，在漫长的封建社会里，依靠小农业与家庭手工业相结合而存在的中国社会经济结构，不仅束缚了经济的发展和政治的变革，而且阻碍了思想文化和科学技术的进步，以致使近代中国陷于停滞状态，像马克思所说的那样，变成了一块"活的化石"。落后的生产方式、腐朽的政治制度、长期的封闭状态和停滞的社会生活，对近代中国人的精神状态、思维方式和文化心理造成了负面影响；陷于封闭、昧于时势、安于现状、惯于因循、耽于幻想甚至甘于自欺的现象，就是这种负面影响的突出表现。这也是中国在鸦片战争后日渐走向衰落的一个重要原因。

今天，在我们的文化遗产中，即使是那些精彩的传统理念也明显地存在与社会主义市场经济、民主政治、先进文化和社会治理不协调、不适应、不一致的问题。例如社会主义核心价值观中的"民主"这个概念，在中华文化中有着悠久的历史渊源：从《尚书》强调"民惟邦本，本固邦宁"，到孟子标举"民为贵，社稷次之，君为轻"，再到《史记》论述"制国有常，利民为本"，直至宋代儒家呼吁"国以民为本，社稷亦为民而立"，明代儒家提出"天下顺治在民富，天下和静在民乐，天下兴行在民趋于正"……在中国数千年以儒学为主导的政治文化中，民主的精华确实是代代相传，熠熠生辉。然而不可否认的是，古代那些具有民主精神的思想产生于奴隶制和封建制时代，它们的出发点和落脚点、终极目标和实现途径、具体措施和依靠力量，都反映了特定时代和特定阶级的要求，同我们今天建设的中国特色社会主义民主既有历史的联系，又有本质的区别。为了使这些思想遗产真正成为我们培育社会主义核心价值观的有效资源和财富，就必须对它们进行创造性的转化和更新。

所谓转化，就是对那些确有价值的内容加以改造和扬弃，使自古流传的民本、德治、勤政、守廉、任贤以及仁爱、孝悌、忠恕、礼义、中和等一系列价值范畴体现新的时代精神，契合当代中国发展的要求。所谓更新，就是充分运用中国人民在革命、建设、改革历程中积累的新经验，合理借鉴各国人民在文明进程中创造的新成果，对中国传统文化的内涵加以补充、拓展和完善，增强其影响力和感召力。

这种创造性转化和更新的过程，就是中国传统文化吸收科学理论精髓，融合世界文明成果，重新焕发生机活力，从而升华为新的民族灵魂的过程。这是在实现中国梦的征途上必须完成的一项重大任务。要对数千年的传统文化进行转化与更新，需要全民族的不懈努力和长期积累；我们这一代人的使命是总结百年来的历史经验与深刻教训，自觉担当起承前启后的重任。

（作者系全国政协常委、中央编译局原局长；《人民政协报》2016 年 1 月 28 日）

弘扬传统文化　不妨多些"赋比兴"

吴　江

当前的国学热是一种好现象，在民族复兴进程中，民族自我意识的觉醒，传统文化的继承挖掘，体现出民族自尊自信，开启文化自觉，也为讲好"中国故事"厚植了基础。

弘扬传统文化是好事，但在具体实践中，要注重加强对传统文化"营养"价值的具体分析，注重"营养均衡"。任何时代对于传统文化的继承都有一个取精弃粕的过程，弘扬什么、抛弃什么，要根据时代的要求有所不同。

当下弘扬传统文化要注重三个均衡，一是要对古典各家各派的思想有均衡的认识，传统文化中儒释道及各家思想是一个有机整体，百家思想既各有所长，又相互借鉴融合。要改变"独尊儒术"的片面取向，从寻求共同点的角度，注重挖掘不同思想文化精华；二是要对中西方文化加强比较研究，遵循"洋为中用"的理念，把西方文化中符合传播规律、易于被当下青年人接受的好形式，借鉴到弘扬传统文化中来，学习"五四"前后鲁迅等大家学贯中西的传统，做到中西文化的融合；三是要注重传统文化产品、文艺作品社会效益、经济效益的均衡，既要凝聚正能量符合主旋律，又要能够得到观众认可，还要在艺术价值上经得起历史检验。

弘扬传统文化过程中，注重传播形式的研究也十分必要。我们古代的文化传播就十分注重形式载体的艺术性，诗六义中的"赋""比""兴"讲的就是形式，讲求寓教于乐、立象尽意，传统戏曲也注重在讲故事的过程中，实现对观众人生观、价值观的教化。如今弘扬传统文化，不妨也多来些"赋比兴"，既微言大义，又喜闻乐见，传播效果自然强于说教灌输。

（作者系全国政协常委、国家京剧院原院长；《人民政协报》2016 年 3 月 9 日）

用创新浸润整个文艺思想的基础和境界

冯双白

　　习近平总书记在第十届文代会开幕式上的讲话中，对所有文艺工作者提出了殷殷希望，他语重心长地提出："勇于创新创造，用精湛的艺术推动文化创新发展"，"要把创作生产优秀作品作为中心环节，不断推进文艺创新、提高文艺创作质量，努力为人民创造文化杰作、为人类贡献不朽作品。"通读总书记重要讲话，我深深感受到对无愧于中华民族伟大复兴中国梦的、高质量的文艺作品的呼唤之声。

　　文艺创新，这是我们每一个文艺工作者都必须面对的重大任务。这首先是因为，文艺是时代前进的号角，最能代表一个时代的风貌，最能引领一个时代的风气。举精神之旗、立精神支柱、建精神家园，都离不开文艺。"文章合为时而著，歌诗合为事而作。"古往今来，那些闪耀着人类文明精神光芒的文艺传世之作，无一不是站在时代巅峰、呼应着时代巨变乘运而生。人们常常说，一个伟大的时代，必有伟大的事业，产生伟大的思想，诞生伟大的人物，而与之相应，伟大的时代也必然呼唤无愧于时代的艺术巅峰之作。文运与国运相通，文脉与国脉相连，文艺创作喊发时代之先声，艺术创新光耀民族之复兴，正是时代对于当代中国文艺的强烈要求。如果文艺工作者不能感受时代主题旋律的跳动，不能把提高创作质量、打造艺术精品当做自己的迫切任务，依旧躲在小楼，沉溺于艺术形式的花样翻新，沾沾自得于小我的窃喜，就会辜负时代的重托，也必然会被一个日新月异之时代甩掉甚至抛弃。从舞蹈艺术的现状看，艺术创新的任务迫在眉睫。那些千篇一律的样式、千人一面的结构方式、一成不变的陈旧情感模式，都极大阻碍了舞蹈艺术事业的进步，阻断了舞蹈艺术作品与广大观众的心灵共鸣，从而也让不少舞蹈创作远远落后于时代的需求、人民大众的精神需要。

如何创造出真正属于这个时代的高峰性质的优秀作品？不仅仅是一个作品当中的某一个细节部分需要有创新，而且涉及整个文艺思想的基础和境界。换句话说，首要问题是要有艺术创新的自觉和自律。爱因斯坦说得好：想象力比知识更重要，因为知识是有限的，而想象力概括着世界上的一切，推动着进步，并且是知识进步的源泉。高尔基指出那些没有创新的作品往往是偷懒的结果；"保守是舒服的产物"。文艺创新需要一份最高境界的不懈追求。贾岛"两句三年得，一吟双泪流"的经典故事，"披阅十载，增删五次"而后惊世骇俗的传世之作《红楼梦》，无不告诉我们，对于文艺创作而言，抛弃精神上的懈怠，鼓起勇攀高峰的勇气，用十二万分的"精神头"，专注于创新，才有"柳暗花明又一村"的惊喜，才有"那人却在灯火阑珊处"的美妙境界。习近平总书记在这次文代会上的讲话里，再次尖锐指出"浮躁"仍然是当前文艺创作上的"顽疾"，必须下大力气克服。没有潜心的定力，没有深入生活的勇气，没有沉下心去反复雕琢的毅力，哪里来的艺术创新?!文艺工作者必须有艺术创新的文化自觉与意识，"中国不乏史诗般的实践，关键要有创作史诗的雄心。"

艺术创新，关键在一个"精"字。创造我们时代的高峰作品，必须用精湛的艺术推动文化创新发展。"精湛"艺术之"精"，恰恰需要思想精深、艺术精湛、制作精良。思想精深，当有源头活水之充分滋养。中华优秀传统文化正是这样的源头和宝藏。中华民族有无数的传统文化精粹需要我们挖掘、传承和发扬。讲好中国故事，是一个具有时代重大意义的命题。同时，讲好中国故事，必须注意新的时代语境之要求，文艺创新是从文化源头的重新出发，重新思考，重新创造。要把中国故事讲给今天的人听，讲给今天的年轻人听，还要让世人喜欢听，没有文艺创新，就完不成时代使命。因此，创新不是全盘否定、推倒重来，恰恰相反，是秉承精品意识，锐意进取、笃定恒心，勇攀高峰。发扬原创精神，独辟蹊径、不拘一格，拒绝盲目标新立异、追求怪诞，让文艺创作从"高原"登上"高峰"，就能迎来文艺的美好明天。

（作者系全国政协委员、中国舞蹈家协会主席；《人民政协报》2016 年 12 月 8 日）

全民阅读：从"新鲜提法"到蔚为风气

聂震宁

2016 年 12 月 27 日，国家新闻出版广电总局正式发布《全民阅读"十三五"时期发展规划》。这是全国全民阅读活动不曾有过的一件大事。研读这份发展规划，感到是一份立意高远、务实可行、接地气的规划。回想十年前的 2007 年 3 月，在全国政协十届五次大会上，我作为第一提案人，与 30 位全国政协委员联名提出《关于开展全民阅读活动的建议》，那时，在不少人看来，全民阅读还是一个新鲜提法。十年过去，全民阅读逐渐蔚为风气，国家有关部门还就此发布五年发展规划，令我们感到欣慰和鼓舞。

这是一份立意高远的规划。

党的十八大以来，以习近平同志为核心的党中央高度重视全民阅读。2012 年 11 月，党的十八大报告提出"开展全民阅读活动"；2014 年以来，"倡导全民阅读"连续三年写入国务院政府工作报告；《中华人民共和国国民经济和社会发展第十三个五年规划纲要》要求"推动全民阅读"，并将全民阅读工程列为"十三五"时期文化重大工程之一，标志着全民阅读上升到国家战略的高度。在新的历史条件下，深入开展全民阅读，对于提高公民的思想道德素质和科学文化素质，培育和践行社会主义核心价值观，传承中华优秀传统文化，满足人民群众日益增长的精神文化需求，对于全面建成小康社会，实现"两个一百年"宏伟目标、实现中华民族伟大复兴中国梦，具有重大而深远的意义。这份《规划》明确提出要强化政府责任，建立全民阅读工作长效机制，加强全民阅读工作的组织领导和统筹协调，建立相关部门共同参与的协商推进机制，要形成全民参与共建共享局面。党中央的高度重视，是全民阅读得以持续深入广泛开展最重要的保证。

这是一份务实可行、接地气的规划。

《规划》中提出的任务十分具体可行，其最重要的原因在于这些任务都是十年来全民阅读实践的结晶。十项任务是：举办重大全民阅读活动，加强优质阅读内容供给，大力促进少年儿童阅读，保障困难群体、特殊群体的基本阅读需求，推动全民阅读深入基层、深入群众，完善全民阅读基础设施和服务体系，提高数字化阅读的质量和水平，组织引导社会各方力量共同参与，加强全民阅读宣传推广，加强组织领导和统筹实施。对于这些任务，我们并不感到陌生。因为其中每一项任务都经受过相当一个时期的实践检验，或者说，这些任务都来自于许多地区和部门的创新实践，而且事实证明行之有效，受到社会广泛欢迎。现在用《规划》的方式将十年来全民阅读活动一系列行之有效的做法进行归纳总结，作为任务明确提出，真正实行"从群众中来、到群众中去"，保证了《规划》的可操作性。

这份《规划》的发布和实施，不仅让我们看到未来五年全民阅读取得更大成效的希望，还让我们展望到书香社会建设的美好前景。

开展全民阅读活动的核心精神是公共文化服务，服务人民群众，服务阅读人群。正是秉持这样的服务精神，这份《规划》主要针对各级政府和相关部门提出要求，而最终受益主体是人民群众。对未来五年全民阅读，既总结既有实践，提取已有经验，又进一步科学界定全民阅读工作的范围，确定了 28 个全民阅读重点工程和项目，从阅读氛围、阅读活动、阅读内容、阅读设施、阅读保障等提出原则要求。目前，全国已有 700 多个城市开展全民阅读活动，活动方式、内涵、水准自然有所参差，有了规划界定的范围和确定的原则要求，全国的全民阅读水平有望在五年内会有较大的提升。

长期坚持下去，可以相信，一个处处飘书香、人人有书香的书香社会会早日建成。

（作者系全国政协委员、韬奋基金会理事长；《人民政协报》2017 年 1 月 5 日）

"文化自信"与"讲故事"的辩证观

王东林

"故事"者何？"既往之事"也。包括但不完全等同英文所谓"story"一层意思。往事、历史、传统、掌故、成例，皆为"故事"。因而，"中国故事"，很大程度上指的是中国数千年延传至今的历史文化。"讲好中国故事"，实际上是一个如何面向世界准确地、自信地传播中国文化的问题。如果您把讲好中国故事仅仅理解为"说书"人的事，那就犯概念性错误了。

讲好"中国故事"，需要足够的"文化自信"；而"文化自信"恰恰来自于我们对"中国故事"的深刻理解与深厚情感。这便是"文化自信"与"讲好故事"的辩证关系。

"文化自信"建立在"文化自知"的基础上。文化自知的唯一途径是实实在在地"学习"。看书、听讲。其实"看书"也是"听讲"，听先哲和学问家讲述我们称之为"历史""文化"的中国往（故）事。可见"讲好中国故事"的第一步是对我们自己讲，让我们自己准确、透彻地认识和理解自己的文化，从而建立文化自知，找到文化自信，形成深厚的文化情感。如果我们不能沉下心来扎扎实实地学习、探究，而只凭赶时髦式的道听途说、手机采集，就难免失去文化上的"自知之明"。要么妄自尊大，要么妄自菲薄；要么盲目自信，要么失去自信。没有文化自知，就会陷入无知，当然讲不好中国故事。

中国素有"讲故事"的传统，是世界上史学最为发达的国度。国有国史，郡县有方志，家有谱牒，人各有记有传有行述有圹志。史学著作汗牛充栋。梁启超作《中国历史研究法》，指出"中国于各种学问中，惟史学为最发达；史学在世界各国中，惟中国为最发达"。中国人讲究"前事不忘，后事之师""以史为鉴"。故史学是一国最重要的学问,也是中国"讲故事"的重要形式。中国史学,更是中国文化的重要延传方式。史学的中断,意味着文化的中断。清代思想家龚自珍深谙个中道理。他曾在《古史钩沉》中明白写道:"灭人之国,必先去其史;隳人之枋,败人之纲纪,必先去其史;绝人之材,湮塞人之教,必先去其史;夷人之祖宗,必先去其史。"

2014 年 10 月 13 日,习近平总书记在中共中央政治局第十八次集体学习时告诫说:"对绵延 5000 多年的中华文明,我们应该多一份尊重,多一份思考。"尊重历史,就是尊重自己的文化传统。《尔雅》释"传",言"驿马之名也"。"统",本义为"丝之头绪",《说文》云,"众丝皆得其首"是为"统"。可见"统"是一种带有关键性、根本性的东西,如"血统""皇统""学统""教统""道统"之属。传统,总括来说,就是对一个国家、民族、群团极其重要的带根本性的文化系统的传承。这个"统"一旦传丢了,必然陷于深重的文化危机。

"文化",并不是一个复杂到真的令人难以说清楚的概念。其实,文化,简单地说,就是一个特定群体的"活法",包括"想法""看法"和"做法"。用学术语汇来说,想法、看法就是你的世界观、人生观、审美观、价值观等观念体系;做法,就是你的制度模式和行为方式,甚至包括了你的生产方式、治理方式和生活方式。任何一种文化,都是特定群体在漫长的历史进程中选择、创造并且不断优化的成果。文化,其实无所谓优劣之分,只有一个"适应"的问题。适合的,就是对的。所以习近平曾说过这样的话:"一个国家选择什么样的治理体系,是由这个国家的历史传承、文化传统、经济社会发展水平决定的,是由这个国家的人民决定的。我国今天的国家治理体系,是在我国历史传承、文化传统、经济社会发展的基础上长期发展、渐进改进、内生性演化的结果。"这话很符合文化人类学的理论。

一个人类群团祖祖辈辈世世代代延传下来的文化,就叫传统。一种能够延传下来的文化传统,必定有其内在与存在的合理性,一旦遗失,同样会遭遇深重的文化危机。文化具有稳定性和变化性的属性,当然是一个变化的概念。没有一种一成不变的文化。但是文化的"变",必定是在原有基础上的变,绝非抛弃式、斩绝式的"变"。这正是汉代董仲舒《春秋繁露》所说

"不知来，视诸往"的道理。意思是说，你不知道你的未来朝何处去，那就看看你是怎样从过去走到现在。同样的话，习近平总书记也说过——"不要忘记来时的路"！

中国史学所承载的是我们称之为"道"的东西。"道"，可以说是一个代表中国智慧、中国观念、中国理性与中国价值的概念。这些智慧和观念，来自于中国古人对宇宙自然法则和人类社会发展规律的深度认识和理解。诸如"天人相合""道法自然""民胞物与""己所不欲，勿施于人""己欲立而立人，己欲达而达人""义利之辨""王霸之辨""天下大同""中正仁和"等价值与观念，在今天的世界上依然具有普世、济世的力量。中国倡导的"一带一路"建设，不正蕴含了中国儒家"己欲立而立人，己欲达而达人"的仁者精神和政治智慧么？

可见，讲好中国故事，至为关键的一步是走出"文化困惑"，实现"文化自知"，找到并树立"文化自信"！诚然，也只有"坚守文化自信"的人，才能够面向世界从容地、温和地、理性地、准确地、令人信服地"讲好中国故事"。"中国故事"所蕴含的"中国文化"，才能平实稳健地"走出去"，并且可以穿越一切障碍坚定地"走进去"。

（作者系全国政协委员，江西师范大学教授；《人民政协报》2017 年 5 月 25 日）

年味儿之变与时代进步

王东林

都说年味儿变淡了，这要看您站在哪个角度上说。所谓"年味儿"，指的是人们对年节氛围的一种比较性心理感受，而年节氛围又主要由年节民俗形式营造出来。毋庸置疑，年味儿肯定是变了。我们或许只注意到旧的方式与曾经的体验渐渐远去了、淡化了，而没有计入与此同时正在渐渐增多的新的元素和新的方式，甚至将这些新元素、新方式看作了令年味儿变淡的现代因由。

民俗既有稳定性，也有变化性。变化是绝对的，不变是相对的。民俗变化的主要诱因在于人们生产与生活方式的改变，因而民俗也必然呈现出"与时俱进"的特征。在一定意义上，年味儿的变化其实体现了时代的进步。数十年前，年货是要亲手置办的，不少年节食物也是家庭自制，所备的原料经过了一年的囤积，到年关才一齐释放出来。一到腊月，家家户户做冻米糖，炒花生、瓜子、豆子、薯片，做年糕、糯米粑，打麻糍……现在大都由专业化生产替代了，品种也变得极其丰富，您只要花钱购买就行；而且网购和物流甚至将您仅剩的一点购物喜悦也给剥夺了。过年换新鞋、穿新衣，曾经是孩童时期最激动最兴奋的事情，这种积压了一整年的期盼是现在的孩子们完全不能想象的。年夜饭，是家庭一年中最丰盛、神圣的宴席，现在也变得稀松平常了，不少人家干脆懒得去做，简化为到酒店定席了事。面对面拜年也被电话、短信、微信、视频等方式替代，汽车则大幅度取代了步行的方式……

可以说近 30 年来，是历史上年节民俗变化速率最快的时段，远远快过了我们的心理节奏；旧方式快速地消失，新方式尚未获得大范围的认同或者缺乏一定的仪式感，因此难免令人生发年味儿变淡之叹。

在文化范畴内，"传统文化"作为我们祖祖辈辈沿传至今的一种生存方式，每一个时代都在变，然而隐藏其内的，作为"传统文化"深层结构的"文化传统"则有很强的稳定性。清明节是中国传统文化中的传统节日，扫墓的方式已经发展到鲜花祭奠和网络祭扫诸般新的形态，但作为清明节深层结构的祖先崇拜、慎终追远的思想观念并没有变。我们诚然无法改变自己对以往相沿成习的一些方式的眷恋，毕竟这些方式凝聚了我们的共同记忆和乡愁，但我们还得同时以一种开明、坦然的态度去看待和面对这些变化。我们所需要认真、执着坚守的东西，是作为民族共同信仰、共同价值观念、共同心理结构，反映民族和人类智慧的东西。笔者曾在《春节团圆的文化深处》一文说到"团圆"是中国春节的重要信仰。一次次的大团圆，不断地强化着人所归属的"群"的文化认同。一座祠堂，让一个姓族、一个村落的父老子弟团聚在一起；故去的高曾祖父、列祖列宗和在世的祖父母、父母，让一家人团聚在一起。血缘纽带维系了族亲的团结，然后逐渐外放，与地缘结合，而乡党，而国家，而天下。爱家爱国的传统与乡土情缘，就这样一代代承继、接续。每一个参加仪式的个体，会逐渐意识到自己其实不是一个孤立的个体。他知道自己的"所从来"，他有祖先的观念、家族的观念、伦理的观念、秩序的观念，明白自己的人生方向和责任。他会勉励自己和子弟做合乎道德的事，做有价值的事，做光宗耀祖、造福乡邻、有利社会和国家的事，决不能行乱礼法，以致辱没父母、辱没祖先、辱没乡里、辱没国家。

变化着可变的，坚守着必须坚守的，是我们观察文化应取的态度。

（作者系全国政协委员、江西师范大学教授；《人民政协报》2017 年 2 月 13 日）

文艺登峰需要良好小环境

叶小钢

文化塑造灵魂与精神，文化决定一个民族的命运，环境是文艺创作发展的核心力量。党中央关于繁荣发展社会主义文艺的意见，习近平同志在文艺座谈会、中国作协及全国文代会上的系列讲话，为我国当前文艺发展营造了前所未有的优越大环境。但要实现文艺登峰，还需要创造良好小环境。

中国文艺创作队伍不可谓不庞大，为文艺服务的组织及机构不少，国家投入力量也不小，但有鲜明个性和中国气派的文艺作品还是不多，尤其是有深远历史意义的文艺作品诞生寥寥。从文艺家自身看，主要原因有三：一、缺乏有效竞争机制，存在无原则的铁饭碗；缺乏创作热情，尸位素餐，满足现状，甘于平庸。二、缺少文化自觉，对历史和民族无责任感，对自古以来优秀传统人文精神的承载与失落漠不关心，不能以独立的艺术人格和艺术良心服务社会。三、严重人格异化，阿谀奉承，奴颜婢膝，只做上级关心的事，不顾人民群众的心。认钱创作，看脸创作，个人利益至上，不讲学术良心，导致在人民群众的精神生活中，充斥不少平庸之作、文化次品、文化怪物，甚至文化垃圾，造成极大浪费。群众对此心明眼亮。

从文化艺术管理部门来看，对文艺家的支持信任程度、管理领导水平仍需加强，尊重艺术规律是第一要务。艺术是人文意志表达，真正的艺术是大世界观下自由意志的灵动表现。对艺术作品的正能量要求，应体现为对艺术家的整体要求，而不是对世界观、立场问题并没解决好的文艺家的作品去提要求，更不应将概念生搬硬套、生硬教条夹生一般按要求填充到作品中，那会徒劳无功和造成极大浪费。文艺管理的错位与不适当，是造成作品千篇一律、自我克隆，不追求美善传递，不求艺术创新，制造文艺虚假繁荣的重要原因。

中华民族几千年来创造了无与伦比的灿烂文化，近百年来，中国的文艺家历尽艰辛，用他们的才华、雄心、努力、艰辛、奋斗、激情、隐忍、屈辱、悲情、血泪、生命，为今天的我们留下了博大精深的宝贵文化遗产，为中国文艺的未来发展留下了津梁玉桌，筑起一座中国文艺通向未来结实的桥梁。今日中国比历史上任何时期都接近中华民族伟大复兴的目标，蓬勃崛起的时代呼唤艺术家创作出属于这个时代的扛鼎之作。我们已有一个很好的大环境，也需要改善我们的小环境。由于历史原因，小环境有时并不那么如意，有不够自律、思想境界不高、责任感不强的从业者；有简单粗暴、不懂文艺又不谦虚的管理者，也有心胸狭窄、好打压人才的小环境把控者。这种小环境窄化了创作空间，消磨了创作热情，禁锢了艺术家创作灵感，是民族文化复兴的障碍，是中国文化影响世界、践行伟大理想的阻力，也是对我们民族品质的巨大伤害。我们应抓住时代机遇，探索发展中国特色社会主义文化的正确方式，创作出与记录下我们的伟大实践、时代变革、彰显信仰之美、崇高之美的伟大作品。假如我们这个时代没有优秀作品留下来，后人会对我们的今天提出质疑，会被历史苛责。

（作者系全国政协常委、中国音乐家协会主席；《人民政协报》2017年3月11日）

也谈文化传承的价值取向

朱晓进

传承中国传统文化已成为当前社会文化发展中热门的议题之一。全国各地在传承传统文化方面都有许多切实的行动，取得了不少成绩。中共中央办公厅、国务院办公厅印发的《关于实施中华优秀传统文化传承发展工程的意见》（以下简称《意见》），对我国当前进一步做好传统文化的传承和创新工作具有重要的指导意义。

目前，我们许多地方在传承传统文化方面还存在诸多问题，在文化传承的自觉意识、价值意识、开放意识和正确功能意识等方面还有所欠缺。

我们要认真落实《意见》精神，就要切实关注文化传承背后的价值取向问题，要进一步加强对文化传承背后价值取向的引导。

文化传承中必须首先解决核心价值观引导的问题。我们对传承什么传统文化应该是有选择的。什么是"优秀"的文化传统，什么是"传统美德"，这需要判定、需要选择。而判断和选择的依据是什么呢？这一问题指向我们所追寻的文化价值标准。我们必须要以先进的价值观为引导，以先进的价值观作为我们评判文化传统的标准，去选择"优秀的"文化传统，并加以传承。否则，这种传承可能会导向盲目的复古倾向，而不是导向社会的更加文明。社会文明是指人类社会的开化与进步程度，而衡量这种进步程度的标准就是社会文化发展背后的价值追寻。因此，对文化传统的一般性的甚至是盲目地传承，也将无助于社会文明程度的提高。而只有在全社会对先进价值认同的引领下，才会将传统文化转化为助推社会发展、助益社会文明程度提高的有效的文化资源。因此，文化传承背后的文化价值取向，必须以社会主义核心价值观为引导，我们必须对一些假借传承传统文化之名、行封建复古之实的做法有所警惕，必须自觉地遏制盲目传承所导致的虚假文化"繁荣"现象所隐含的落后文化意识的抬头。

传承优秀传统文化要处理好文化传承和文化创新的关系问题。要以积极推动传统文化的创造性转化和创新性发展的自觉意识去传承传统文化，这才是一种自觉性的文化传承。我们要反省和批判传统文化中那些阻碍我们文化进步和文化创新的成分，选择、彰显、传承传统文化中有利于弘扬社会主义核心价值观、有利于文明的进步、可以助推文化创新的因素。对于文化传承也好，创新也好，我们要关注的是文化传承与创新背后的文化价值取向，要始终坚持将文化的传承和创新导向文化的不断进步，导向文明程度的不断提高。

要把传承优秀传统文化与扩大文化领域对外开放、积极吸收借鉴外国优秀文化成果结合起来，以不断增强我国文化的整体实力和竞争力。关起门来搞文化传承，无助于提高文化竞争力；封闭起来搞文化创新，产生不了文化影响力。只有广泛吸收借鉴世界上的一切进步文化的因素，融入自身文化的肌体中，并创造出更先进的文化，才能真正增强文化的竞争力和影响力。文化实力和文化竞争力是建设文化强国的重要标志，谁占据了文化的制高点，谁就能够更好地在激烈的国际竞争中掌握主动权。这个制高点主要是指先进的文化价值理念。应该通过先进的文化价值观念的传播，以彰显中国特色社会主义的话语权。

要确立弘扬优秀文化传统的目标意识。文化传承是文化创新的基础，文化创新是文化传承的目的。我们要以创新的姿态去传承，提倡创新性的文化传承。要在对传统文化进行反省、选择中有所发现。重视对传统文化的意义阐释和价值揭示，在意义阐释和价值揭示中使传统文化得以增值。中国传统文化的博大精深，恰恰就在于它可以不断有新的价值意义被发现，可以不断被阐释，并在不断的阐释中被增值。这样才能使文化传承真正为践行社会主义核心价值观提供丰富的精神资源。

要把弘扬优秀传统文化与当下文化建设的现实需求紧密结合起来。文化传承的效果如何评估，其关键还是要看是否有利于文化功能的发挥，是否有利于社会主义核心价值观的践行和培育，是否有利于社会文明的建设，是否有利于不断产出优秀的精神文化产品以满足人们普遍的对于精神文化的需求。我们需要研究如何通过创新性文化传承，为广大人民群众提供更多更好的精神文化食粮，以满足人民群众日益增长的精神文化需求，使广大人民群众在文化传承助推的文化繁荣发展中真正具有获得感。

（作者系全国政协委员、南京师范大学副校长；《人民政协报》2017 年 3 月 30 日）

唱出国之精气神

于　海

近日，全国人大常委会公布了 2017 年立法工作计划。其中，关于国歌法的法律案拟于今年 6 月初审。这意味着，国歌和国旗、国徽一样，将有一部专门的法律，这无疑将有助于规范国歌的奏唱、使用等行为，进一步捍卫国歌的尊严，促使人们更加珍视对于国歌的情感。

国歌，作为国家的第一声音，表现的是一个国家、一个民族的精神，是代表国家政府和人民意志的乐曲，对外它是国家的音乐形象，对内它是民族的情感纽带，是一个国家最具代表性的文化符号。

聚焦国歌立法工作，笔者在全国政协全会上也已呼吁了十年，并连续十年递交了相关提案。囿于工作关系，国歌在笔者心中有着特殊的情感——作为军旅指挥家，笔者或许可算是指挥解放军军乐团在天安门广场奏响国歌次数最多的人，在国庆 50、60 周年大典上，也曾指挥千人合唱团演唱国歌。每当那熟悉的旋律响起，熟悉的歌词从团员掷地有声的声腔中发出，笔者的心中都会升腾一种力量，那是对于国家的爱，对于共和国一路走来很不容易的感慨。这种感情，笔者以为，不仅是个体化的，也应是群体化的。战争年代，我们的国歌——《义勇军进行曲》曾是共和国英雄们战场冲锋陷阵时的进军号；和平年代，它也应是每一个人对于国家的热爱之歌。

令人遗憾的是，因为没有一部强有力的法律，只有一些关于规范国歌奏唱礼仪的实施意见，作为国家第一声音的国歌，并未得到应有的普遍爱护和承担其该有的国民爱国主义教育功能。比如由于缺乏法律约束，社会上随意使用国歌、亵渎甚至侮辱国歌、奏唱国歌不严肃等问题俯首可见；比如，奏唱国歌，不但没有在青少年心中发挥应有的仪式感教育功能，很多中小学学生还写不完整或者写不准确国歌的歌词。此外，目前国歌版本也较混乱，一些存在错误的乐谱还在使用。因为版本不统一，有时会导致专业团体在一些正式场合出现一些不应该发生的事情。每次党和国家领导人出访，笔者都特别注意听国歌的演奏，国外的一些欢迎仪式，甚至演奏一些错误版本的国歌。听到很多大国的乐团，水平很高却演奏不好我们的国歌，就觉得特别痛心。这是因为我们国歌的版本没有统一。如果用大家认可的专业的版本做依据，就不会出现这些错误。

所以，从国家层面出台一部有关国歌使用的专门法律，将国歌的正式文本、国歌的演奏或演唱场所与时间、国歌的制作与发行、对侮辱或破坏国歌形象的惩治等内容进行专门立法，势在必行。有关国旗、国徽的立法，20多年前就已经完成，有关国歌的立法，已刻不容缓。

与此同时，笔者建议，对于国歌立法的宣传解读工作，要同步做好。全国人大发布有关国歌法的草案初审新闻一周来，笔者接到不少媒体的约访，不止一家媒体问了这样一个问题：国歌立法了，以后我唱不好国歌，是不是就违法了？从这点来说，就显示了普法宣教工作的必要。为国歌立法的初衷，是规范一些原则性的问题，在正式场合下，公民对国歌要敬畏，这是对国家民族的尊重；在公开场合下，演奏国歌应该有一个参照，使用正确的版本演奏；在重大场合下，国歌在演奏演唱时应该被尊重。通过对国歌立法，对公民进行爱国主义教育，让唱好国歌、唱会国歌、热爱国歌成为公民的一个基本要求，这才是国歌立法要达到的目的。

国歌是国家的第一声音、是国家声音的标志，理应得到宪法保护下崇高的法律地位。希望通过立法，把国歌中渗透的民族精神、爱国主义情结、中国故事反映出来；通过唱国歌，把中华民族自强不息、居安思危的精神体现出来，把团结一致、奋勇向前的精神体现出来；希望国歌能成为爱国主义的抓手、讲好中国故事的题材、激发民族精神的一个题材，并不是要限制大家唱国歌。

（作者系全国政协委员、中国人民解放军军乐团原团长；
《人民政协报》2017 年 5 月 11 日）

"文化自信"缘何重要

何星亮

　　文化，是民族的灵魂、民族的血脉。只有树立和坚定文化自信，才有可能复兴中华文明；只有复兴中华文明，才有可能复兴中华民族，实现中国梦。

　　"文化自信"是习近平治国理政新理念新思想新战略的重要组成部分，也是我国文化建设的一个时代课题。笔者认为，"文化自信"既是对自身历史文化成就的崇敬与自豪，是尊重历史、尊重传统、尊重祖先智慧的一种表现，也是对先进的政治文化充分认可和高度自觉。它是对自身文化的历史充分肯定，对自身文化的现实充满信心，对自身文化未来的发展创新充满希望，相信它具有历史价值和存在意义，相信它具有生命力和影响力，相信它对民族和国家的发展具有重要意义。

　　为什么要坚定"文化自信"？为什么要继承和弘扬优秀传统？

　　众所周知，100多年来，一些知识分子对自己的传统文化没有"自信"，否定传统、抛弃传统的言论和口号此起彼伏，这些都不是科学的态度。

　　首先，部分学者因近代中国衰落便否定传统不是科学的态度。事实上，中华文明与世界其他古文明相比，具有自己的优越性。一是唯有中华文明延续五千年而不衰。英国著名思想家罗素曾说：中华文明是"唯一从古代存留至今的文明。从孔子的时代以来，古埃及、古巴比伦、马其顿、罗马帝国都先后灭亡，只有中国通过不断进化依然生存"；二是中国历经两千多年保持统一，而不像欧洲那样分成众多国家；三是中国人创造的财富，历史上长期处于世界领先地位，只是在19世纪之后才开始衰落；四是中国的历史独一无二，中华文化曾是世界主流文化之一，数千年来与西方文化等并行发展，从未被其他文化所同化或成为某种文化的附庸；五是在世界几大文化传统中，中华文化排他性最小、包容性最强，世界上三大宗教都可以在中国存在和发展，能够与世界各种不同的文明和睦相处；六是在世界各国中，中国的古文献资料最为丰富，不仅记载了中国各民族的文化和历史，还记载周边许多国家的文化和历史。周边许多国家的早期历史，都必须从中国古代文献资料找寻，如东亚、东南亚、南亚和中亚等许多国家。

其次，有的学者以文化的时代性为由，认为传统文化不适合现代社会，主张学习西方就必须全盘照搬。直至今天，国内仍有部分学者把传统价值观和道德观念称之为"封建思想"，只能抛弃，不能继承。这种观点也是不科学的，他们不了解文化的基本属性，文化既有时代性的特点，也有超时代性的特征。

不同属性的文化具有不同的特性，有些文化具有时代性，有些文化具有超时代性或永恒性。科技文化时代性较强，有先进与落后之分，科学技术日新月异，各种家用电器不断换代，人们普遍使用的手机硬件和软件不断更新。有些文化则具有超时代性或永恒性，如优秀的哲学思想、人文精神、核心价值、伦理道德、语言文字等具有永恒性。西汉大儒董仲舒认为，自先秦至汉代形成的"五常"（仁、义、礼、智、信）是与天地一样长久的"常道"，具有永恒性，两千多年来，尽管朝代不断更替，但历朝历代都崇奉"五常"，没有一个朝代的统治者反对"五常"。我们有什么理由反对"仁爱""忠义""尚礼""睿智"和"诚信"等优秀传统？我们有什么理由不继承"自强不息"的奋斗精神、"天下为公"的社会理想、"以人为本"的治国理念、"精忠报国"的爱国情怀、"革故鼎新"的创新思想、"居安思危"的忧患意识、"扶危济困"的公德意识？其他优秀传统也一样，只能传承，不能抛弃。

语言文字也属于文化现象之一，同样具有超时代性。汉字是世界上最古老的文字之一，拥有 4500 年以上的历史，其使用最晚始于商代，历经甲骨文、大篆、小篆、隶书、楷书等书体变化。只有汉字是唯一流传至今而从未中断的文字，直到现在，具有中等文化水平的中国人就可以阅读两千多年来的历史文献。而古代欧洲没有统一的语言和文字，大多数现代欧洲人无法阅读古代的历史文献。随着计算机汉字输入技术的发明，汉字有自己突出的优点。现在已没有人再提"汉字落后论"及"汉字拉丁化"等。

其实，现代的西方的民主制度和价值观等，也是在学习和借鉴中华思想和价值观的影响下形成的，融入了许多中国文明的基因。

17—18 世纪，西方传教士把中国的经典翻译介绍到欧洲，引起欧洲思想界和政界极大的震动，形成了长达近百年的狂热崇拜中国文化的热潮。儒家经典的原理成为欧洲启蒙思想的一个重要思想渊源。中国古代经典中"民为邦本"的思想，是近代欧洲民主思想的一个来源。科举制度和职官制度成为欧洲反对中世纪贵族世袭制度的武器，主张像中国一样通过平等竞争攀登仕途。

作为四大文明古国的后裔，如果没有文化自信，否定传统、妄自菲薄、自轻自贱，必将丧失自己的优秀传统，成为西方文化的附庸。文化虚无主义和历史虚无主义都不是科学的态度，不利于中华民族的复兴。抛弃历史上优秀传统的民族，不可能屹立于世界民族之林。只有强化"文化自信"意识，才有可能继承和弘扬优秀传统，建立文化强国，复兴中华民族。

（作者系全国政协委员、中国社会科学院民族研究所
宗教研究室主任；《人民政协报》2017 年 8 月 24 日）

避免少数民族戏剧同质化倾向

田　青

我国是一个戏剧大国，在 20 世纪后半叶，中国的传统戏剧还有 386 个剧种，每一个独立的剧种都具备与众不同的声腔体系、独具特色的伴奏乐器、风格鲜明的代表性剧目、影响力与魅力十足的代表性演员和需要多年培养才可能形成的观众群，可以说是祖先留给我们的一笔无比珍贵丰厚的文化遗产。而少数民族戏剧，则是我国戏剧百花园里独具特色的鲜花，深受少数民族群众的喜爱，是构成中华民族传统文化多样性和精粹性的重要内容。2009 年，藏戏入选联合国"人类非物质文化遗产代表作名录"，与昆曲、粤剧、京剧一起成为全世界公认的文化遗产代表作。

但是，随着全球化、现代化、城市化的迅速发展，我国的文化生态发生了巨大的变化，在中国经济以令人炫目的速度腾飞的同时，我国的传统文化尤其是少数民族的传统文化也面临着被边缘化的危险。西方主流文化的强烈冲击，电视等新媒体、新艺术形式的大面积覆盖，使城市里的年轻一代越来越与传统文化疏离，农民工进城后也不再哼唱老家的地方戏而改看电视连续剧和学唱流行歌曲。据初步统计，中国的传统戏剧目前仅剩 200 种左右，其中少数民族戏剧的困境尤为显著，除了"西化"的困扰，还面临着"汉化"的问题。

在现代社会，产生非物质文化遗产的生产方式和生活方式已经逐渐消失，就像没有一种植物被连根拔起后还能成长一样，非物质文化遗产同样也不能在产生它的条件已经消失的环境下"发展"，因此，我国政府提出了"保护为主，抢救第一"的政策，对目前残存的传统戏剧，当务之急就是保存和保护，避免发展的"同质化"，是当前少数民族戏剧发展的首要问题。

目前存在的带有普遍性的做法是：小戏学大戏、大戏学歌剧；少数民族戏剧学汉族传统戏剧，汉族传统戏剧学洋戏。追求所谓"现代化"的表现形式，轻内容表现、重外在形式，把大乐队和"声光电"的舞美作为追求的重点。以"创编新剧目""表现当代生活"为口号，不顾及本剧种久已形成的特点和特色，盲目"创新"，花重金请名作家写剧本，请专业作曲家编曲配器，请电影、话剧、舞剧的导演执导，而这些"大腕"在被邀请前可能对这个剧种并无任何了解。结果是不同剧种迅速同质化，许多优秀传统表现形式和特色丧失，形成"话剧加唱"模式，仅仅保留了本民族的语言。造成此现象的原因是：没有树立坚定的文化自信，没有把传承作为"创新"的基础，对本剧种的优秀传统缺乏认识和很好的传承，甚至把自己的文化基因看成"落后"的东西。没有把本剧种的独有特色当成剧种的生命，而是盲目求新，而"新"的标准又没有多样化，只是把"大歌剧""音乐剧"当成效法的对象。

我们必须看到，和汉族戏剧的悠久历史与剧种繁多不同，大多数少数民族戏剧历史较短，是在汉族戏剧影响下结合本民族的歌舞传统形成的。因此，尽量保持自己的民族特色是少数民族戏剧发展的关键。因此，我建议所有的少数民族戏剧工作者：努力学习本民族的文化传统，找到自己的"根"和"魂"，找到自己民族文化的基因，明白本剧种哪些是可以发展的，哪些是不可以改变的，变了就不是"自己"了；坚定文化自信和树立文化多样性的观念，以自己的传统文化为荣，而不是自卑自贱；树立多元发展观，不把西方文化作为唯一模仿的对象。

相信只要我们认真学习十九大精神，认真领会、贯彻习近平总书记关于继承弘扬中华民族优秀传统文化的理论，我国的少数民族戏剧一定能够在我国民族文化的百花园里如沐春风，光艳照人。

（作者系全国政协委员、中央文史馆馆员；《人民政协报》2017 年 12 月 7 日）

建设有文化的新农村

李成贵

党的十九大报告明确提出实施乡村振兴战略，亿万农民充满了憧憬。振兴乡村，需要整体性、系统性、协同性的综合解决方案。其中重要的一条，就是要繁荣农村文化。农村不一定需要繁华，但一定需要文化。

我国农村中有丰厚的传统文化资源，许多美好甚至神圣的价值是万世一系，可以超越历史的。在振兴乡村的伟大事业中，首先要充分挖掘这些价值，把它最大限度地融入乡村振兴中，在新时代的文明框架里，在现代和传统的交融中，吐出新的芳华。笔者认为，建设有文化的新农村，有以下几个抓手。

保护古村落。古村落蕴涵着"天人合一"、人与自然和谐相处的深刻哲理。它体现着民族的文化底蕴和基因，是农耕文明的载体，也是中华文明的存档，具有跨越时空、超越国度的魅力，须带着敬畏之心加以规划保护，让它进入文化遗产而传承万世，慰藉子孙后代的乡愁之梦。

建设新村庄。40年来，伴随着城镇化狂飙突进，一些地方出现了村庄空心化，堵窗封门随处可见，"外面像个村，进去不是村，老屋没人住，院荒杂草生"，缺乏人气和生机。可以说农村文化发生了断裂甚至退行，与城市的繁华激荡形成了鲜明对比。而且，随着更多青年主动进城和老人自然离世，此种现象还有加剧之势。一些村庄都没剩几个人，也就无从谈起群己关系和文化建设，乡村振兴自然也无法有效实施。因此，在保护好古村落的同时，有必要科学规划撤村并点，推进新型农村社区建设。

培育新农民。振兴乡村需要启民智、修民德，端民行，消除农民身上固有的消极和落后因素；培训懂技术会经营的农民，帮助农民融入现代技术市场体系，让农民共享时代荣光。这中间，要特别弘扬农民的传统美德。农民质朴无华、厚重笃实，千百年来，他们像牛一样勤劳，像土地一样奉献，像野草一样生生不息，这些无疑都是人类精神世界中厚重而珍贵的品质，是我们这个纷扰的现代社会的稀缺资源。

重塑乡贤文化。乡贤文化曾经就是其亮丽的文化风景。在漫长的农耕文明中，乡贤起到了很好的凝聚和润滑作用，对自治体系顺畅运行提供了低成本的内部机制，是农村德治的关键主体。遗憾的是，乡贤文化至今只有余韵遗绪，而远非常态。重建乡贤文化，今日已经提到了日程。政协委员如果是村里出生的，建议你们退职以后归田，回家做社会主义新乡贤，所谓进则天下退则田园嘛。"绿树村边合，青山郭外斜"，"开轩面场圃，把酒话桑麻"，不亦乐乎？一蓑烟雨任平生，也无风雨也无晴，不亦自在乎？把人生积淀的经验、智慧、资源奉还故土，带领乡亲发展，不亦高尚乎？

涤荡丑陋风气。现在，一些农村中赌博现象蔓延，"4 个月种田，2 个月过年，6 个月耍钱"，过年也是耍钱。一些农村嫁闺女，彩礼要"万紫千红"（紫色 5 元的 1 万张，红色百元的一千张，就是 15 万），或者要 3 斤重的百元钞票（大约 12 万元）。在一些农村，黑恶势力为非作歹，欺凌小民，成了毒瘤。对诸如此类的丑恶现象必须遏制清除。

尊重农民的主体地位。在农村文化建构中，必须充分发挥农民的主体作用，激活农村的内部力量，引导和激励农民释放文化正能量。让农民从看不见到出现，从出现到给意见，从给意见到有主见，从有主见到理性的集体化文化建构行动。

长河明月，关山几度。新时代，我们需要以理性的态度，带着进步的眼光，来看待审视农村传统文化，需要承认时代的变化，明确工业文明和城市文明为主体的文明形态下农村文化的合理存在方式，不可偏狭保守，更不能暴殄天物，要像习近平总书记指出的那样，致力于传统文化的创造性转化和创新性发展。

《道德经》说，"善建者不拔，善抱者不脱"。人类社会的美好价值，需要我们坚守和呵护。

（作者系全国政协委员、北京市农林科学院院长；
《人民政协报》2018 年 3 月 5 日）

以新乡贤文化推进乡村社会治理

连玉明

走中国特色社会主义乡村振兴道路，创新乡村治理体系，实现乡村善治是关键。乡村治理与乡村的历史传承和文化传统密不可分。不忘本来的同时，更要吸取城市文明和外来文化的优秀成果，创造性转化，创新性发展，才是乡村善治之根本。从这个意义上看，积极发挥新乡贤作用，以新乡贤文化推进乡村社会治理，为乡村振兴凝聚更强大的正能量，是探索走城乡融合发展之路的重要突破口。

以新乡贤文化挖掘、传承和厚植乡村社会蕴含的道德规范和文明乡风。新乡贤文化是中国优秀传统文化的延伸，是乡村地域文化的标识，是连接城乡、维系乡情、传承乡风的精神纽带。新乡贤文化根植于乡村，覆盖面广，认同度高，影响力大。充分发挥从乡村走出去的现代乡贤的独特人文道德价值，以他们的资历、经验、学识、专长、技能、财富、文化、影响参与乡村治理，把城市文明、工业文明、信息文明、生态文明带回乡村。通过倡导文明乡风、传承地域文化，教化乡民、反哺桑梓、泽被乡里、温暖故土、凝聚人心、涵养文明。推进新乡贤文化和乡村社会结构有机融合，逐步建立健全乡村居民利益表达机制，提升乡村居民参与治理乡村事务的能力，构建兼具乡土性与现代化的乡村治理新模式。

创新干部返乡、市民下乡、能人回乡、企业兴乡的"四乡"模式，健全城乡融合发展体制机制和政策体系。传统的"告老还乡"和"上山下乡"运动，从某种意义上讲，对现代乡村治理和乡村振兴具有一定的启迪。让那些与乡村有着血肉联系、对乡村充满深厚感情、经历了城市文明和工业文明的熏陶与洗礼、有能力推动乡村振兴的贤达人士回到乡村，让他们成为乡村振兴的带头人，成为乡村文化的推动者和乡村治理的引领者。鼓励和支持干部返乡，引导有威望、有经验、有能力、有意愿的退休干部回到故乡，并成为乡村"社区领袖"，把城市的先进理念、要素资源、人力资本、知识经验运用到乡村治理之中，推动乡村治理现代化。鼓励和支持市民下乡，引导市民长期租用农村空闲农房和农地资源，促进城乡要素双向流动，激发乡村发展的内在活力。鼓励和支持能人回乡，引导在外创业有成、热爱家乡的创业能人、社会贤达返乡创业，带动村民创业就业，提高产业发展的创新力和竞争力。鼓励和支持企业兴乡，引导有社会责任感、有经济实力的企业家到农村投资兴业、扶贫济困，促进一二三产业融合，发展新技术、新产业、新业态、新模式。

建立新乡贤文化中心，让现代贤达人士回得去，有事干，留得住，有奔头。在推动农村基础设施提档升级和持续改善农村人居环境基础上，要重点繁荣兴盛乡村文化，焕发乡风文明。其中，建立新乡贤文化中心是重要抓手。新乡贤文化中心既是传承文化的载体，又是服务群众的平台，更是乡村治理的阵地，在凝聚人心、教化民众、淳化民风中具有重要意义。要采取政府、社会、乡贤共建共管的新机制，形成乡贤发挥作用的新模式，探索建立城乡融合发展的新体制。

（作者系全国政协委员、北京国际城市发展研究院院长；《人民政协报》2018 年 3 月 9 日）

文化空间：历史文化名城
保护的另一重视角

王东林

　　长时期以来，因为有关文化空间与遗产保护的关系没有引起人们的足够重视，造成有关物质文化遗产（文物、古迹、遗址等）的保护，虽然有一个"保护范围"和"建设控制地带"的规定，但是，并没有上升为"文化空间"的认识。"文化空间"的概念范畴，实际上要比遗产概念更深刻一些、更宽泛一些、也更立体一些。

　　"文化空间"也叫"文化场所"（Culture Place），首先由联合国教科文组织为保护非物质文化遗产而创造使用的一个专有名词，特指按照民间约定俗成的传统习惯，在固定的时间内举行各种民俗文化活动及仪式的特定场所，兼具时间性和空间性。

　　"文化空间"还有一个人类学视角的概念定义，即"文化空间"首先是一个文化性的物理空间或人化自然的空间，是一个特定的有形的文化场所；第二，这个特定的"文化场所"里面，有人类的活动或生活，有特定人群"在场"。在人类学意义上可以说，"有人在场的文化空间"才是完整意义的文化空间。非物质文化或遗产是人类活动的呈现，是文化空间不可忽略的内容。

　　但因为长期以来相关方对"文化空间"认识上的局限，导致"文化空间"长期被人忽略，遭遇破坏几乎是一种司空见惯、习以为常的事。从这个视角来看，历史文化名城名镇的保护工作，不应该仅仅局限于对相关建筑群、建筑风貌和传统城市肌理、界面、格局的保护，还应该充分关注名城、名镇的文化空间的保护问题，二者同等重要。前者属于名城、名镇物理空间的保护，后者属于特定人群的活动与生活（即非物质文化）的保护，合起来才是完整意义的"文化保护"。

文化是特定人群的生活样式。历史文化名城名镇应该像喀斯特地貌的溶洞中有水分滋养的"钟乳石"，是一种活着的、生长着的生命体。因而历史文化名城名镇要特别注意改变两种错误倾向：一是"见物不见人"；二是"伪造风情"。比如说一些列入保护的历史文化名城名镇，当地政府和旅游投资企业为了解决资源的管理和经营问题，常常会采用买断或承租的方式，将"生活在其中的人"粗暴地挪移出去，导致"物是而人非"。不少历史文化名城名镇，基本上看不到原住民的生活。由于没有特定的人的"在场"，旅游参观者除了接触到一组特定建筑样式外，无法了解生活在其中的人的特定的生活样式，因而也就阻断了人们对于特定"文化模式"的认识。这样的历史文化名城、名镇，实际上只剩下一副没有生命体征的躯壳，"蜗牛的房子虽在，蜗牛却已经出走了"。

当原住民的活动或生活被抽空后，打着保护旗号的经营者，紧接着便会按照自己的意图，或所谓设计机构的"创意"，人为地往这副"躯壳"里，注入一种与原本的文化空间迥然不同的东西，形成一种"被导演的或伪造的文化风情"，文化遗产的真实性荡然无存。

历史文化名城名镇保护与开发中这两种流行的错误做法，最大的贻害是人为地割断了一座名城与名镇的历史和文化根脉，紊乱了人们的记忆，伪化了人们的乡愁，加速了一些文化活体尤其是非物质文化的死亡，使之过早地濒危成一种亟待挽救却又无济于事、无力回天的"文化遗产"，形成了一种恶性循环的病态现象。从更大范围看，我们今天的城市村镇不仅在劲吹的"欧陆风"扫荡下，建筑风貌发生了几乎是脱胎换骨的变化，实际上由特定人群的生活所呈现出来的文化风情同样也流失了。文化危机不仅仅表现在信仰、价值等思想观念的层面，也表现在生活的各个层面。

"文化空间"理论深刻地揭示了遗产保护中特定物与非特定物、个别与一般、文物与环境、环境与人相互依存的复杂关系。"文化空间"保护，本质上还是一种"文化生态"的保护。建立了"文化空间"认识，我们的历史文化名城名镇保护工作，才能由点及面，由物及人，由人及物，由古通今，真正体现出"文化保护"和"文化传承"的价值。

（作者系十一、十二届全国政协委员，江西师范大学

教授；《人民政协报》2018 年 5 月 31 日）

过年道"福"

王东林

中国人过年，家家户户都会张贴"福"字。可以说，"福"是中国人使用频率最高、适用范围最广的汉文单字，也是汉字书法作品中表现样式最为丰富的字。

中国人对于"福"字的喜爱，实不限于年节，而是贯穿终年并沁入日常生活的。它是人们口中相互祝愿的口头禅，也是传统社会女士对人施礼的一种名号（万福）。"福"在地名和人名中使用也相当广泛，以至有福气的人叫"福人"；有灵气的地叫"福地"。

"福"崇拜，主要是缘于人们趋吉避凶的文化心理。甲骨文中的"福"字，造型是一双手将一酒器捧向祭坛，表示向神灵祈福。在中国传统社会中，"祈福"是一种重要的祭祀仪式，也是中国人所有祭祀活动的主题，即便是佛道二教，也有各种形式的"祈福法会"。从文化的深层意义来说，"祈福"是一种美好愿景的表达，代表了一种祛恶扬善的"向善之心"。

"祈福"既是对美好生活的向往，也是对"善"的皈依行为。祈福祷告本就是一种"发愿"。"祸因恶积，福缘善庆"，这个观念在中国早已普遍深入人心。《周易·坤卦·文言》有云："积善之家，必有余庆；积不善之家，必有余殃。"因而人生在世，应该切记："勿以善小而不为，勿以恶小而为之。"

"种福"则代表了一种立人达人的"利人之心"。"种福"也叫"种福田"，将人生幸福作为田地一样耕作经营，以便获得相应的"福报"，即所谓"种福得福"。当佛教思想世俗化，进入普通百姓生活后，人们对"福"的认识，更增添了一重"因果报应"的理论色彩。

"知福"是一种知恩图报的"感恩之心"。人之最可叹者，莫过于"身在福中不知福"。这类人只知享福，甚至不知所享是福，更不知福从何来，因而不可能怀感恩之心，作报恩之举。诚然，人生在世，处境各异，理解不同，境界不同，所谓"幸福指数"，或者说"幸福感""满足感"也不相同。所以古代智者认为，"福由心生，境由心造"，需要做一定的心理调适。

"惜福"体现了一种细水长流的"俭约之心"。清代金缨《格言联璧》云："现在之福，积自祖宗者，不可不惜；将来之福，贻于子孙者，不可不培。现在之福如点灯，随点则随竭；将来之福如添油，愈添则愈明。"人生之福如储蓄，如灯油，只用不入，必致枯竭。所以古之长者常以"惜福有福"勉励后人，要懂得珍惜父母给予的衣食无忧的生活，体恤他们持家劳作的艰辛，不可奢靡无度，更不能铺张浪费，"一粥一饭，当思来处不易；半丝半缕，恒念物力维艰"。南昌市新建区汪山土库程氏家训告诫子弟：不管程家产业有多大，势力有多雄，家财有多厚，但"有势不可使尽，有福不可享尽，贫穷不可欺尽"。享福、待人、做事，都得留余地。

"载福"体现了一种内省自警的"敬畏之心"。《老子》讲"反者道之动"，即"物极必反"，又说"祸兮福之所倚，福兮祸之所伏"。当一个人身上的福报越来越多的时候，越需要保持头脑的冷静。《易传》坤卦曰："地势坤，君子以厚德载物。"这是大地给人的启示。大地承载一切，养育一切，包容一切，却无私己之心，所以有厚德的大地不会倾覆。人也同理，要承载住你的名誉、地位、财富、家庭、爱情等种种福报，就得像大地一样不断厚实自己的德性，唯"厚德"方能"载福"。一个人如果放松了甚而放弃了自身德性的修炼，在福报面前自我膨胀，忘乎所以，以致"德不配位"，难免招致人生的倾覆。细究起来，张贴"福"字，还有一重警示教育的意思。可惜今人知者甚寡矣！

《尚书·洪范》界定"五福"，"一曰寿，二曰富，三曰康宁，四曰攸好德，五曰考终命"，将一个人的"好德行"与"长寿、富贵、康宁、善终"并列为"五福"之一。这与西哲亚里士多德"幸福就是至善"的名言堪称"合璧"。厚德的过程，就是积德行善的过程，故而也是积福的过程。"积德"越厚，"积福"越多，"载福"的力量越大，二者相辅相成。难怪《国语·晋语》明言："唯厚德者能受多福。"

　　一个"福"字承载了人们对美好生活的全部期待，也聚合了一系列健康积极的思想观念。从祈福、种福（谋福、造福）到知福、惜福、载福，从向善之心、利他之心到感恩之心、俭约之心、敬畏之心，中国人的"福"崇拜，不仅仅是一种装点年节和居室空间的符号，也不仅仅是一套庄严肃穆的祭祀仪式，还是一整套完密的思想体系，蕴蓄了中国优秀传统文化的精华。

　　春节来了，张贴一个大红的"福"字，一种"福至我家"的喜庆氛围会油然而生；如果再放出您的思绪与它对接交感，一种"福至心灵"的豁然快感还会朝您簇拥而来。

　　　　　　　　　　　（作者系十一、十二届全国政协委员，江西师范大学教授；《人民政协报》2019 年 1 月 24 日）

牢记"四个坚持"践行文艺使命

潘鲁生

今年 3 月 4 日,习近平总书记在看望文艺界、社科界政协委员时发表的重要讲话中,提出"文化文艺工作、哲学社会科学工作就属于培根铸魂的工作",强调"四个坚持"。这是我们践行新时代文艺使命的重要引领和遵循。学习贯彻习近平总书记的重要讲话,我们要深刻认识自己的使命,深入理解文艺工作的意义,认真贯彻,落到实处。

坚持与时代同步伐。文艺具有时代性,要从时代和历史高度,认识文艺的地位和使命。坚持与时代同步伐,我们要从当代中国的伟大创造中发现创作主题,深刻反映时代的历史巨变。实践证明,不同历史时期反映时代的现实作品,都产生了积极反响;脱离时代的作品,远离实践,形成的是文化的垃圾,终将被时代淘汰。我们要像总书记所强调的"立足中国现实,植根中国大地,把当代中国发展进步和当代中国人精彩生活表现好展示好,把中国精神、中国价值、中国力量阐释好"。坚持与时代同步伐,要从当代中国的伟大事业中汲取精神力量,描绘我们这个时代的精神图谱。党的十八大以来,在以习近平同志为核心的党中央坚强领导下,中国共产党和中国人民焕发了新的精气神,我们要表现新时代的精神图景,书写民族复兴的史诗,要从当代中国的伟大实践中深入探索,勇于回答时代的课题。

优秀的文学艺术往往能够提出新的命题、解决新的问题。当下许多优秀的文艺作品都是有深度思考、观照现实、做出积极探索的作品,得到社会的认可。中国特色社会主义进入了新时代。新时代需要新文艺,记录新时代,为时代前行提供精神力量,回应时代的发展命题,是文艺最本质的使命。

坚持以人民为中心。中国特色社会主义文艺具有"人民性"，提高文艺创作质量的根本在于扎根人民。只有扎根人民，创作才能获得取之不尽、用之不竭的源泉。只有真正做到了以人民为中心，文艺才能释放最大正能量。

坚持"以人民为中心"的创作导向，我们首先要明确"为谁创作、为谁立言"这个根本问题。习近平总书记强调："文艺不能在市场经济大潮中迷失方向，不能在为什么人的问题上发生偏差。"事实证明，片面追求娱乐化，甚至戏说历史，矮化英雄，以夸张造作的情节表现自私、狭隘而又擅长自我贬损的群众形象，难以引起共鸣，不可能得到老百姓发自内心的热爱。坚持"以人民为中心"的创作导向，我们要反映好民生、民情、民意，敢为人民鼓与呼。古往今来，文艺诞生于人民的伟大实践，优秀的作品无一不是记录人民群众的伟大实践。坚持"以人民为中心"的创作导向，我们要虚心向人民学习。文艺的一切创新，归根到底都来源于人民。以民间文艺为例，民间的口头文学、剪纸、年画、面塑、编织等往往是艺术创作的母本和灵感来源。

社会主义文艺是人民的文艺。我们不能在文艺为什么人的问题上发生偏差，要紧紧依靠人民，为了人民，创作经得起人民和历史检验的好作品，回馈人民。

坚持以精品奉献人民。何为文艺精品？习近平总书记在关于文艺的重要论述中明确指出："精品之所以'精'，就在于其思想精深、艺术精湛、制作精良。"

坚持以精品奉献人民，我们要立足中国现实，植根中国大地，把当代中国发展进步和当代中国人精彩生活表现好、展示好。坚持以精品奉献人民，我们要把中国精神、中国价值、中国力量阐释好。我们要不断锤炼和提高作品的精神高度、文化内涵和艺术价值，不断提高文艺创作的水平和质量，真正以叫得响、传得开、留得住的文艺精品奉献人民，在为祖国、为人民立德立言中成就自我、实现价值。

坚持用明德引领风尚。为文，必先为人。习近平总书记指出："文艺要塑造人心，创作者首先要塑造自己。"

坚持用明德引领风尚，我们要不忘初心，牢记使命，树立高远的理想追求和深沉的家国情怀。要有坚定的信仰和追求，不仅要在文艺创作上追求卓越，而且要在思想道德修养上追求卓越，发挥好文艺界党员的先锋模范作用，践行好文化引领、文艺为民的神圣职责。坚持用明德引领风尚，我们要坚守高尚职业道德，多下苦功、多练真功，做到勤业精业。要增强"四力"，不断增强脚力、眼力、脑力、笔力，全身心地投入和参与。坚持用明德引领风尚，要自觉践行社会主义核心价值观，要把崇德尚艺作为一生的功课，要把为人、做事、从艺统一起来，加强思想积累、知识储备、艺术训练，提高学养、涵养、修养，要努力追求真才学、好德行、高品位，做到德艺双馨。

中国特色社会主义进入了新时代，我们要以习近平总书记关于文艺的重要论述为指引，践行新时代的文艺使命，书写属于时代、属于人民的艺术篇章。

（作者系全国政协委员、中国文联副主席；
《人民政协报》2019 年 5 月 9 日）

新时代公务员需具备"四公"精神

杨君武

日前，中共中央表彰了多名"人民满意的公务员"和"人民满意的公务员集体"。习近平总书记当面勉励获奖者及单位不忘初心、牢记使命，在本职岗位上作出更加优异的成绩。近些年来，公务员队伍总体情况良好，但毋庸置疑，有兢兢业业、恪尽职守者，也有得过且过、消极敷衍者。关于如何在今日中国做一个让人民满意的公务员，见仁见智。在笔者看来，新时代坚持和弘扬人民中心原则，一名称职的公务员应具备尊重公意、坚持公开、维护公平、追求公益的"四公"精神。

尊重公意。民众是公共权力委托人，公务员是公共权力代理人，尊重公意而为民用权是公共权力委托—代理关系题中应有之义。治国理政的关键在于得民心顺公意，此理两千多年前我国古人即已明了。《管子》有云，"政之所兴在顺民心，政之所废在逆民心"，《孟子》又云，"得天下有道，得其民，斯得天下矣；得其民有道，得其心，斯得民矣"。尊重公意，要求公务员在一切公务行为中，首先尽可能深入体察民情，尽可能广泛倾听民声，尽可能充分了解民意；其次以协商民主或票决民主等适当方式，最大限度整合民意，凝聚共识，形成公意；再次严格遵循作为公意体现的法律而行事，在没有相关法律规定时按照经民意长期汰选而留存的良俗行事，在既没有相关法律规定也没有相关良俗惯例时依据健全理性人的良知行事。

坚持公开。公开，在此意指向社会大众公布公共事务。凡不涉及机密的公共事务，皆应以可方便获知的方式，向一定范围内全体民众，及时、完整、真实公开。公务员坚持公开，要恒持主动，而不能时有时无、有始无终，也不可消极被动、敷衍了事。公务公开就是让公务行为接受监督。公共权力不受监督就会导致腐败。一切公共权力必须接受监督，特别是接受原初授权人监督。公务公开可有效预防暗箱操作，可极大压缩权力寻租空间。

维护公平。维护公平，要求在广义立法过程中，尽可能杜绝部门、地区、团体、个人的特殊利益在法律、法规、规章、政策等官方制度性文件中渗透潜伏；在执法过程中，尽可能防止上述各种特殊利益在行政审批、行政监管、行政仲裁、行政处罚等行政行为中阻梗兴祟；在司法过程中，尽可能清除上述各种特殊利益在侦查、起诉、审判、执行等司法环节中造怨作孽。要努力让民众在每一个法律条款中、在每一个行政行为中、在每一个案件判决中感受到公平。"有国有家者不患寡而患不均"，"民不服吾能而服吾公"。诚如古人所云，一般人性不患所得寡少而患分配不公，广大民众不服官员强势能干而服官员处事公平。在公共利益分配中，民众的首要诉求是各得其所。公平可定分止争，可治国安民。

追求公益。公益是社会总体利益的重要组成部分。追求公益，要求在一切公务行为中尽可能追求社会总体利益最大化。公务员追求公益要明智审慎，而不能轻率鲁莽、盲目无思，更不能假公济私、损公肥私。考量一项公共政策或措施、一次公务活动或行为的社会总成本、社会总收益和社会总效用，不能只看直接、短期、当事者的成本和收益，还要看间接、长期、其他利益相关者的成本和收益，尤其要顾及机会成本、交易成本、社会成本和收益、不确定利益相关者的成本和收益。确如近现代西方社会契约论思想家们所言，就原初目的而言，人类之所以要建立国家或广义政府，除抵御外敌入侵以保护生命、人身和财产安全外，就是维持社会秩序和安宁，以避免或减少混乱、冲突、争斗、犯罪等所造成的无谓损失，降低生产和生活中的交易成本，提升生产效率和生活效能。追求最大化公益，是国家诞生的本旨初衷，是民众赋权的原意初愿，因而应成为公务员的职志初心。

"四公"精神一言蔽之，即以民为本或以人民为中心。尊重公意，可让民众在民意聚合最大化中感到遂心，获得公民尊严感，从而赢得民众敬服；坚持公开，可让民众在公务知情最大化中感到放心，获得安全感，从而赢得民众信服；维护公平，可让民众在社会正义最大化中感到称心，获得心理平衡感，从而赢得民众膺服；追求公益，可让民众在社会总效用最大化中因分享更多福利份额而感到舒心，获得更强人生幸福感，从而赢得民众佩服。

（作者系全国政协委员、民盟湖南省委会副主任、湖南师范大学公共管理学院教授；《人民政协报》2019 年 7 月 4 日）

社会建设

屠呦呦获奖的启示

曹洪欣

连日来，因屠呦呦获得诺贝尔奖，我国医学科学界都沉浸在喜悦之中。笔者和屠呦呦研究员共事 8 年，一幕幕往事浮上心头。

2003 年非典流行之际，笔者调任中国中医研究院任院长（2005 年更名为中国中医科学院），上任后不久拜访屠教授，感触最深的是她对中医药事业的深厚感情，特别是对中医药防治突发传染性疾病、青蒿素的深入研究直言不讳、见解深刻。在以后的交往中，她从没谈过自己生活中的困难，而对青蒿素研究、学科建设以及中医科学院发展坦诚建言，常常一针见血。如她十分关注青蒿素耐药性问题、青蒿素拓宽治疗病种研究等。由于她总是对工作提出有见地的观点，所以我很敬佩她的事业心和责任感，也常主动征求她对我们工作的意见，时有意外收获。

2009 年，经中药所推荐、专家评审，屠呦呦获得中国中医科学院唐氏中药发展奖。并经专家论证，在国家重大新药创制中药新药研发大平台项目中，资助她开展青蒿素治疗系统性红斑狼疮临床研究。2011 年她获得美国拉斯克临床医学奖时，恰好笔者赴美国哈佛大学参加中美健康峰会，深刻感受到拉斯克奖在美国医学界的重要地位。

屠呦呦研究员获得诺贝尔奖并非偶然，凝聚着她几十年的心血和同道们共同奋斗的结果。在笔者看来，奖项的获得主要体现了四个方面的内容：一是充分体现了中医药是我国具有原创优势的科技资源。首先中医运用青蒿治疗疟疾的理论与实践是知识创新的源泉，从《神农本草经》青蒿杀虫、《肘后备急方》青蒿治寒热诸疟、《本草纲目》青蒿治疟功效的记载，到《圣济总录》治疗瘅疟的常山饮（常山、青蒿、乌梅、甘草）、《丹溪心法》截疟青蒿丸（青蒿、冬瓜叶、官桂、马鞭草）等方剂应用等，这些宝贵的文献资料是把青蒿作为治疗疟疾筛选药效物质基础的理论依据。其次是《肘后备急方》"青蒿一握。以水二升渍，绞取汁，尽服之"的记载，阐明青蒿水渍炮制方法，为青蒿素实现低温提取方法的突破提供方法支撑。二是充分体现了运用现代科学技术是发掘中医药宝库精华、发展中医药的有效途径之一，从青蒿到青蒿素，治疗疟疾的适应症更加明确、对疟原虫杀伤率显著提高，对疟疾防治作用更加凸显，并得到世界卫生组织的认可和推广。三是充分体现了中医药对人类健康事业的巨大贡献，挽救了数百万疟疾患者的生命。四是充分体现了科学家作用的有效发挥、团队协同创新机制的构建和国家科技繁荣进步是产生世界水平创新性成果的关键。

如今，大家都分享着中国科学家获得诺贝尔奖的自豪，笔者认为，更应该多琢磨屠呦呦研究员是怎样做到几十年如一日的刻苦钻研？应该从中吸取些什么？笔者认为，应该是这三种精神：爱国敬业、传承创新、敢为人先的科学精神；不懈奋斗、勇于钻研的"钉子"精神。几十年来她紧紧围绕着青蒿素研究，从发现青蒿素、双氢青蒿素、青蒿素耐药性、青蒿素治疗系统性红斑狼疮等，锲而不舍，矢志不渝，勇于跨越；无私奉献、淡泊名利的烛光精神。从屠呦呦研究员平时的言谈举止、言传身教，到获奖后的感言，都真正体现了一名科学工作者的大家风范。

（作者系全国政协委员、国家中医药管理局科技司司长；《人民政协报》2015 年 10 月 15 日）

赵忠贤获最高科技奖的启示

齐 让

刚刚揭晓的 2016 年度国家最高科学技术奖，中国科学院物理研究所赵忠贤院士和中国中医科学院屠呦呦研究员获此殊荣。屠先生因在 2015 年获得过诺贝尔生理学或医学奖，伴随媒体对其的关注报道，公众对她了解较多。赵忠贤院士，我国高温超导研究的奠基人之一，他在业界无人不晓，很受科技界尊敬。

赵忠贤出生在 1941 年，是国家自 2000 年设立最高科学技术奖以来，首位"40 后"得主。得知他获奖，笔者发短信："齐贺老赵！"他回复："衷心感谢长期支持鼓励。"看过央视新闻联播对他的采访，笔者又发短信："老赵说得好。热爱它、热爱它、就是热爱它。重要的事情说三遍。"赵院士回复："实话。"我和他相识多年，知道实话实说是他一贯风格。老赵获奖有三点启示：

首先，专注与热爱。赵忠贤十分热爱科研工作，并矢志不渝，一生专注地在干好这一件事。从 1964 年自中国科技大学毕业分配到中科院物理所，赵忠贤一直从事低温及超导电性领域的研究至今。他曾两次获得过国家自然科学一等奖，一次是在 1989 年，一次是在 2013 年。业内同行都知道，国家自然科学一等奖评审要求很高，经常空缺，因为这一奖项是专门用来奖励那些在基础研究和应用基础研究中做出突破性进展的研究成果。此前，华罗庚先生、钱学森先生等都曾获此奖项。其实想来，不止是科学研究，在其他领域同样，每个人要想在工作中取得突出成绩，都离不开专注与热爱，这一点具有普适意义。

其次，科学家做科普是责任。赵忠贤关心科普、热爱科普，关心青少年，特别是农村青少年。在他当十一届全国政协科协界委员时，提交的第一份提案就是关于利用中国科技馆新馆展示科技奥运。他至今还担任中国科技馆发展基金会专家评审委员会主任，负责科技馆发展奖的评审和农村中学科技馆的建设。习近平总书记在去年"科技三会"上的讲话中指出，中国要建成世界科技强国，要把科学普及放在与科技创新同等重要的位置。公民科学素质的提高是一项基础工程，而提高农村青少年的科学素质更为重要。做科普是科学家义不容辞的责任，科普事业需要更多的像赵忠贤院士这样的科学家身体力行。

最后，国家最高科学技术奖获奖者应该年轻化。笔者统计，自 2000 年我国设立最高科学技术奖以来，共有 27 名科学家获此殊荣，获奖时平均年龄超过 80 岁，超过 90 岁的有 4 人，其中最大的 95 岁。27 位最高国家科学技术奖获得者，获奖时年龄最小的是汉字激光照排系统创始人王选院士，时年 64 岁。赵忠贤虽然是国家最高科学技术奖中的"年轻人"，但是他获奖时也已经 75 岁了。国家最高科学技术奖获奖者中能不能有更多的"50 后"、"60 后"甚至"70 后"？按照国家 2014 年启动的院士制度改革，从今年开始，年满 70 周岁，院士就要退休。如此来论，如果国家最高科学技术奖都是奖励退休的科学家，是不是有违当初设立该奖的初衷呢？国家科学技术奖是否可以考虑增加一个名额，专门用于奖励年轻科学家，激励更多科技工作者才是国家设奖的目的。

（作者系全国政协人口资源环境委员会副主任、中国老科技工作者协会常务副会长；《人民政协报》2017 年1 月 19 日）

智库的核心是"智"而非"库"

韩方明

日前，由美国宾夕法尼亚大学全球智库研究项目（TTCSP）研究编写的全球智库排行榜《全球智库报告2016》正式发布。报告显示，2016年全球共有智库6846家，其中，美国以1835家智库数量，高居榜首；中国以435家智库数量，位居第二。从智库数量看，中国智库已坐上世界智库榜眼位置，成为智库大国。

在2月6日举行的中央全面深化改革领导小组第三十二次会议上审议通过的《关于社会智库健康发展的若干意见》，又明确指出发挥民间智力、为党和政府决策服务具有重要意义，提出要进一步规范和引导社会智库把社会责任放在首位，优化发展环境，拓展社会智库参与决策服务的有效途径。

伴随着中国治理现代化、提升国际综合竞争力的需求，智库建设迎来快速发展的浪潮，资源、人才都开始向智库集结，这当然是件好事。但中国智库在发展中，需要注意的是，智库之所以称为智库，其核心是"智"，而不是"库"，这恰恰是当下一些地方发展智库中存在的问题，有意或无意间忽略了"智"，虽然数量上来了，但质量却堪忧。这些忽视了"智"的智库，大都是各类既有智力资源的重新组合、包装，还有的本身就是盈利性咨询公司，换块智库牌子，换张印有智库的名片，或把智库当成了政绩工程，或把智库当成了营生工具，口号喊得震天响，思想产品却阙如，完全不能满足日益迫切的国家软实力增长需求。这实际上是把新型智库建设的主要矛盾搞错了，是智库的异化。

智库存在的核心价值，说到底还是要通过创新思想、政策建议，为国家治理现代化进程、国际综合竞争力和各项发展事务提供有价值意见。若仅仅依靠阐释领导意见而发表观点，那体现的是宣传效应，而不是智库的核心工作。中国要从智库大国走向智库强国，所依赖的必然是为人类命运共同体、为国家发展所提供的有价值的思想产品和实践产品，简言之即"内容为王"。否则，划拨再丰厚的经费，提升点"自弹自唱"的水平，那还是"自弹自唱"，与增强国家软实力南辕北辙，此类"新瓶装旧酒"的模式必然浪费时间和精力。

内容建设是智库的大问题，也是真问题，关键就看能不能出思想，敢不敢讲真话。智库思想一定是前瞻性的，而不是追逐性的，一定是务实性的，而不是"空中楼阁"。这就需要智库既要懂得思考，也要懂得实践。"象牙塔"里的研究是搞学术，智库要从事的既有学术的成分，却不尽然是学术，更多的是为公共决策探路，提供可选择的、高价值的制度鼎新路径。把智库办成学术机构，把学术机构包装成智库，这仅仅是在软实力存量上做文章，而不是在增量上搞扩张。要想把中国新型智库做起来，能够对标国际先进智库，我们就必须另辟蹊径，在智库国家队、地方队以外，积极发展各层次社会智库，通过社会智库的灵活性、针对性，集结社会各种智慧资源，多说有价值的真话，多出能推动国家发展的真思想。也唯有如此，我们才能出现几家可以与美国布鲁金斯学会、兰德智库等一较长短的新型代表性中国智库。

美国智库起步早，发展时间长，体制灵活，不少美国高级官员就曾经由美国主流社会智库产生，也就是拥有所谓"旋转门"机制。中国的智库与政府官员之间的"旋转门"尚未建立，但这并不妨碍中国智库的发展，因为生产多少官员并非智库的职责，生产多少建设性意见，满足国家和社会日益增多的智慧需求，才是智库题中应有之义。对于中国智库来说，强大的对手反而是前进的动力与建立后发优势的基础。美国也好、英国也罢，那些闻名全球的顶尖智库都有其各自成功的优秀经验，借鉴他们办智库的经验和教训，我们可以摒弃历史包袱，轻装上阵，把中国新型智库的顶层设计搞得更先进、更有效。中国察哈尔学会是一家非官方的外交与国际关系智库，近年来主动学习和借鉴海外优秀智库治理经验，以我为主，以国家利益为依归，在推动公共外交研究、半岛和平事务方面生产了一些思想产品，也通过"智库外交",为半岛和平事务尽心尽力,构建了与朝鲜、韩国两国分别沟通的"察哈尔渠道",效果初显。

当然,智库数量的增多说到底也是一件好事。这说明一个蓬勃的智库竞争市场已经建立。既然是竞争市场,那么国家在扶持智库发展的时候,也应当多考虑如何通过市场来进行智库的资源配置,进而去伪存真,去粗取精,把智库市场越做越大、越做越有活力。一个有活力的、依靠思想和实践产品来彰显地位的智库市场,才能够不断为国家软实力提升、为国际综合竞争力提升做出积极和有效的贡献,中国也才能够在人类命运共同体的建设浪潮中发出强有力的引擎轰鸣声。

(作者系全国政协外事委员会副主任、察哈尔学会主席;
《人民政协报》2017 年 2 月 9 日)

"天价彩礼"触碰了谁的底线

孙贵宝

从春节前至两会期间，一些媒体对农村"天价彩礼"的关注从未间断，在两会期间人民政协报也推出了深度报道。新农村建设持续多年，农民的物质生活条件得到很大改善，但笔者以为，天价彩礼折射出的"生活城镇化"与"思想逆文明化"共存的局面是我国农村建设无法回避的硬伤，值得警惕。

彩礼本是中国传统社会联姻程序之一，是男女双方家庭表示祝贺亲事的礼节性表达，没有买卖性质，其数额可随男方家庭经济情况的高低而决定。然而，环顾当下，很多地方彩礼标准均超过10万元，多的达20万元甚至更高。部分农村还有彩礼"三斤"（约十四五万元人民币）或者"万紫千红一片绿"（20万人民币左右）"一动（车子）不动（房子）"等说法。笔者在调研中也发现，"天价彩礼"已成为许多农村家庭无法承担之痛。

笔者调研发现，部分农村地区婚嫁彩礼远超当地农民经济承受能力，且越偏远落后，自然环境、生活条件越差，彩礼越高。一些农村地区的青壮年外出拼搏多年，回乡后因为凑不够彩礼钱而面临"娶妻难"，因婚致贫现象日益严重。过大的结婚成本制约了很多家庭的发展后劲，已成为农民全面小康路上的一大"拦路虎"。此外，偿还婚礼欠下的巨额债务已成为农村青年遭遇的困境，也是"天价彩礼"正在触碰文明生活底线的事实。

天价嫁娶的背后，固然有着中国社会人口性别比例严重失衡的因素。然而更大程度上取决于农村经济社会发展落后。由于经济分化的加剧以及农村内部人员构成的异质性，使得经济因素越来越成为决定婚姻成败的关键因素。大多数偏远或者落后地区农村没有建立完善的养老机制、社保体系，年老后的农民缺乏经济来源和大病医保，必然会有后顾之忧。随着农村生育率的下降，农村"嫁女养老"的观念在抬头。进入城市的农民工工作不稳定，没有稳定的经济来源。一些农民趁机敛财，把嫁女作为改变贫困的手段。

"天价彩礼"更反映了深层次的农村社会治理的缺陷问题。在城镇化的冲击和市场经济的侵蚀下，农村核心人群外流，引发农村人口和资源日益严重的危机。村庄边缘化、空心化日益加剧，给乡村文明建设带来严峻的挑战。

综上，笔者认为，"天价彩礼"的泛滥扭曲着人们价值观，挑战着公序良俗。从源头上消除"天价彩礼"现象，则需通过大力发展农村经济，提高农民收入，让农村地区的老人少一些后顾之忧。国家要在完善农村医疗保障制度和养老保险制度上下大力气，减少对通过"高价"嫁女改善生存现状的依赖。

文明乡风的建设，是树立良好社会风气的重中之重，是推动社会主义核心价值观在农村落地生根的必然要求，是深化美丽乡村建设的基础。各级政府部门要通过法律规范农村婚介市场，更关键的是移风易俗应与基层治理、社会治理有机结合起来。

制度对人产生刚性约束，文化调适人的心灵和精神。移风易俗的关键在于着重抓好村规民约的修订，进行引导。要在尊重、传承传统风俗的基础上，留下"良俗"，移走"歪风"，易掉"低俗"。通过建立健全红白理事会、道德评议会等村民自治组织，引导农民合理约定红白事消费标准、办事规模等，形成老百姓自己的"规矩"，用正确、健康的价值观去抵制错误、低俗的价值观。党员干部的言行往往最容易被群众关注和效仿。要推进移风易俗，必须要发挥农村党员干部这个"关键少数"的带头示范作用。

（作者系全国政协委员、宁夏回族自治区人大常委会副主任；《人民政协报》2017 年 3 月 30 日）

让国产大飞机翱翔蓝天

吴仁彪

2017 年 5 月 5 日，是一个令全国人民、尤其是民航人和航空人难忘的日子，我国自行研制的首个国产民航运输大飞机 C919 首飞成功。世界民航运输大飞机市场有望迎来 A（Airbus，空客公司）、B（Boeing，波音公司）和 C（COMAC，中国商飞公司）三足鼎立的局面。

"让国产大飞机早日翱翔蓝天"是国家意志，亦是全国人民"中国梦"的一部分。C919 飞机是我国按国际标准自主研制的第一款干线商用客机。C919 研制成功是我国大国实力的具体体现，也是我国航空工业设计和制造水平快速提升的表现。我国自行研制的大飞机"运 -10"早在 1980 年 9 月就试飞成功，尽管研制过程没有继续下去，但它对于 C919 的研制打下了一定的基础，也增强了国人的自信心。通过国产支线飞机 ARJ21 研制、取证和运行，中国在民用飞机研制和适航审定方面的基础和经验对 C919 早日遨游蓝天打下了重要基础。此外，近年来我国军用飞机研制发展也很快，除了预警飞机（空警 2000、200、500 系列）和隐形战斗机"歼 -20"、舰载机"歼 -15"之外，同属中国大飞机三剑客的军用大型运输机"运 -20"已经服役，而水陆两栖大型运输机 AG600 预计近期即将首飞。通过军民融合，军机的研制经验也能促进民机的发展。

需要特别指出的是，虽然全世界能够设计和制造军用飞机的国家很多，但目前世界民航大飞机市场却被波音和空客垄断，这是因为民航运输飞机对于安全性、经济性和舒适性有很高的要求。比如，俄罗斯在军机研制方面处于世界前列，与美国不相上下，但其民用飞机却发展较慢。与军用飞机不同，民航运输大飞机几乎每天都要执行飞行任务（除了规定的检修时间），且平均每天飞行十几个小时，这种持续工作能力要求非常高的可靠性。此外，民航运输飞机在节能减排和噪声控制等方面也要求很严，要严格控制运输成本，符合碳排放标准，满足绿色发展的要求。

C919 飞机首飞成功，标志着飞机主体设计已经完成。但从首飞到投入商业飞行，还需完成型号合格审定、生产许可审定和运行许可批准三个环节。C919 下一步将接受民航局严格的适航审定工作，中国民航局局长冯正霖在首飞活动上就做出表率："中国民航人将以高度的政治责任感和使命感，在首飞成功的基础上，支持国产大飞机全面展开适航审定工作。同时大力开展国际合作，努力为中国大飞机走向世界创造条件。"严格把关国产大飞机的质量与安全是中国民航的职责所在，适航审定是民用客机安全性能的"保证书"，是走向航空市场的"通行证"。

自 2010 年受理 C919 飞机型号合格证申请以来，民航局按照马凯副总理的指示要求，全力开展适航攻关，组建了中国民航适航审定中心，制定修订适航规章 3 部、规范性文件 30 多份，构建了相应的适航法规体系；会同中国商飞公司，按照适航标准和环境保护要求，制定了有关 C919 飞机的 66 份审定计划，确定了 1453 项验证试验要求，拟订了 4302 份符合性文件，为下一步适航审定工作顺利开展奠定了坚实的基础。民航局也大力开展国际合作为中国大飞机走向世界积极创造条件。目前，中加双边适航协议已顺利签署，中美双边适航磋商取得积极进展，中欧适航合作进一步加强。

过去 30 年来，中国民航一直保持高速发展态势。平均增长速度约是同期 GDP 增长速度的 2 倍，即使目前我国经济进入新常态阶段也如此。中国民航运输总周转量在 2005 年就跃居世界第二位。根据国际航空运输协会预测，2024 年中国将成为全球最大的航空运输市场。目前，我国民航呈现"政府热、市场热、需求热"的"三热"局面，但又受"空域资源不足、地面保障设施不足、人力资源不足"这"三不足"的限制。为了保持中国民航运输安全持续健康发展态势，目前只能采取政府宏观调控措施，通过限制购买飞机的数量来控制运力的增长。即使如此，我国平均每年购买的大飞机也在 350 架之上。

C919 首飞成功后，民航局将严格按照与国际接轨的适航审定标准开展相关工作，预计历时 3-4 年才能开始商业运行，取得国际适航认证许可进入国际市场可能还会花费更长时间。但从上面分析可以看出，中国国内市场足够大，C919 可以在政府主导下先在国内推广使用，再逐步走向国际市场。

　　C919 等民航运输飞机主要依托航空工业相关部门（包括公司、高校、科研院所）来研制和生产，民航局必须加强与航空工业的合作，但适航审定是民航局代表政府应该履行的监管职责，民航的事还得民航人自己做。为了保障 C919 适航审定顺利进行，民航局已经将补齐适航审定短板列为"十三五"工作重点。国家需要尽快提升民航的适航审定能力，加强民航系统的适航审定实验平台建设和高层次人才引进与培养工作，尤其是支持民航院校与科研院所（含适航审定中心）通过科教结合，协同育人，依托适航审定科研专项开展博士生人才培养工作，为国产飞机的适航审定提供科技与人才支撑。

（作者系全国政协委员、中国民航大学副校长；《人民政协报》2017 年 5 月 11 日）

各尽其责　保卫个人信息的网上安全

施　杰

信息时代的到来，一方面给人们带来便利但另一方面也给人们的个人信息保护带来了威胁。就目前而言，网络盗卖个人信息的行为层出不穷，个人信息一旦上网便很难得到有效保护。究其原因无非在于法律规定滞后于时代的进步，从而使得人们的个人信息得不到良好的保护。6 月 1 日，网络安全法的正式实施，将在一定程度上弥补这一漏洞。

去年 8 月，山东临沂准大学生徐玉玉遭遇电信诈骗，被骗走 9900 元学费。徐玉玉在与父亲报警归途中昏厥，后因心脏骤停离世，此事件引起广泛的公众关注。诈骗分子能成功实施有针对性的电信诈骗，最主要的原因是诈骗者非法获取了徐玉玉的个人信息。网络安全法中明确规定了对公民个人信息进行收集和使用的前提条件，即网络运营者对收集到的公民个人信息的使用必须合法、正当以及必要，且目的必须明确并经用户的知情同意，这是保护公民个人信息的首要前提。网络运营者收集和使用公民个人信息应当符合如下条件，一是严格依照法律法规进行，二是应当依据与公民订立的合同进行信息收集，且必须与网络运营者所从事的经营服务相关联。如此一来，便能在一定程度上扼制非法盗用公民个人信息的行为，让每个人的个人信息处于受保护的状态，从而防止类似于徐玉玉案件的再次发生。

在信息社会里，可能我们觉得一些无关紧要的信息，一旦经过处理便有可能成为事关个人隐私、信息安全的重要信息。比如说，每个人可能都接到过各种办理信用卡的电话，或者在买房后各种装修公司打来的电话。这种骚扰电话看似事小，但深究起来，却折射出我国立法的滞后性，现有既有法律的规定与现实不符，个人信息保护没有强有力的保护后盾。值得注意的是，网络安全法第四十二条规定，网络运营者不得泄露、篡改、毁损其收集的个人信息；未经被收集者同意，不得向他人提供个人信息。但是，经过处理无法识别特定个人且不能复原的除外。网络运营者应当采取必要措施确保其收集的个人信息安全。在发生或者可能发生个人信息泄露、毁损、丢失的情况时，应当立即采取补救措施，及时告知用户以及报告有关主管部门。该条为网络运营者设定了两项禁止性规定，一是不得泄露、篡改、毁损其收集的个人信息；二是未经被收集者同意，不得向他人提供个人信息。更重要的是确定了相应的救济措施，即在发生或者可能发生个人信息泄露、毁损、丢失的情况下应当采取的补救、告知和报告制度。如此，即使在各种实名制网站填写了个人信息，也不会使得人们处于一种"我的个人信息会不会因此被泄露的"危机感之中。

在"互联网＋"时代中，由于缺乏对网络运营者的约束，导致人们的个人信息被错误的披露使用。鉴于此，网络安全法明确规定了公民对其个人信息享有删除权和更正权，即当公民发现网络运营者违反法律、行政法规或者双方的约定擅自收集或者使用公民个人信息时，有权要求其删除，对于网络运营者错误使用公民个人信息的，公民有权要求网络运营者或者服务者对上述内容予以更正。网络运营者应当采取措施予以删除或者更正。再好的法律规定，如果缺乏救济途径，也会使得人们的权利难以得到有效的保护。因此，网络安全法中规定要求网络运营者必须建立相应的网络信息安全投诉和举报制度，并公布投诉、举报方式等信息，及时受理并处理有关网络信息安全的投诉和举报，如此一来便能有效地保障公民个人信息的安全。

网络安全法还专门规定了相关监管机构的保密义务，即网络安全监管机构及其工作人员对于其获取的公民个人信息、公民的个人隐私以及商业秘密等应当予以保密，不得泄露、出售或者非法向他人提供。该条重点强调了相关监管机构对个人信息隐私权的保护义务。

笔者曾长期通过提案等方式，呼吁通过采取具体的措施，对公民的个人信息加以保护。网络安全法明确了网络服务者、运营者和监管者的相应责任，为公民个人信息的保护提供了有力的保障。甚慰！

（作者系全国政协委员、四川鼎立律师事务所首席律师；

《人民政协报》2017 年 6 月 8 日）

让英模之光在强军时代熠熠生辉

刘　建

建军90周年前夕，中央军委首次颁发新设立的"八一勋章"，首批10人获得这一军队最高荣誉。评选颁授"八一勋章"，是贯彻落实党中央、习近平主席关于功勋荣誉表彰决策指示，推进强国强军伟大事业的重要举措，是人民军队建设发展史上具有标志性意义的一件大事，必将极大提振军心士气、激发昂扬斗志，汇聚实现中国梦强军梦的强大正能量。

习近平主席深刻指出，一个有希望的民族不能没有英雄，一个有前途的国家不能没有先锋。中华民族是一个崇尚英雄的伟大民族，中国人民解放军是一个英模辈出的伟大军队，90年来从我军走出无数英模人物，杨靖宇、黄继光、邱少云、雷锋、苏宁……我军的建军史就是一部气势磅礴的英雄史诗。在这些英模身上，有着人民军队生生不息的"精神基因"，有着从胜利走向胜利的"制胜密码"。崇尚英模，是我军的固魂之本、胜战之基、发展之要。我军历史上1955年、1988年两次组织大规模授勋活动，把英模精神灌注到人民军队的血脉中，树起了光耀千秋的时代丰碑。这次"八一勋章"评选颁授，是把我军崇尚英模的优良传统薪火相传的务实之举，是推进党和国家功勋荣誉表彰制度建设的创新实践，是激励全军官兵奋力实现强军目标、建设世界一流军队的聚力工程，饱含着习近平主席对军队的深切厚爱，对英模典型的高度褒奖，是强军时代对学习宣传英模的最强力号召。

英模不被人们忘记，是英模的最高荣誉。莫斯科列宁故居门前的二战牺牲士兵纪念碑上刻着这样的铭文：没有人会忘记，没有人会被忘记。前一段网上有个很火的视频：美国军人从战场归来到机场乘机，全体候机旅客自发起立为之鼓掌，用掌声表达崇敬。1930 年，25 岁的共产党人裘古怀英勇就义前给狱友留下一封绝笔："同志们，壮大我们的革命武装力量争取胜利吧！胜利的时候，请不要忘记我们！"英雄不怕牺牲，怕的是用生命追求的信仰、用鲜血守望的初心被后人忘记。历史永远不会忘记，英模永远在我们心中。从诞生之日起，我军就坚持大力宣扬在战火中诞生的英雄、备战中产生的模范，广泛开展学英雄、见行动活动，不间断地发现英雄，宣传英雄。在新的历史条件下，组织评选颁发"八一勋章"，把备战打仗的先进典型树起来，把各领域各系统的杰出代表选出来，授予英模军人最崇高的荣誉，既是以军队的名义向英模致敬，更是激励全军官兵见贤思齐，铭记英模、学习英模、争当英模，传承英模精神，续写军队辉煌。

一个没有英雄的民族是不幸的，一个有英雄却不知敬重爱惜的民族是令人忧心的。一段时间以来，总有一些人，或是打着"还原真相""学术研究"的幌子，或是为了博取眼球、出名挂号，戏说历史，歪曲事实，诋毁英雄。雷锋、邱少云、张思德、狼牙山五壮士成了他们的炒点和噱头……这犹如精神世界的雾霾，扰乱人们认知，挑战道义底线。此外，随着社会各种思潮侵袭军营，有的 90 后、00 后官兵价值观念受到冲击，眼里看不到英模，追明星不追英模，爱八卦明星的料，不关心英模的事。无论是抹黑英模还是无视英模的行为，我们都要旗帜鲜明反对，坚决予以回击。通过颁授"八一勋章"，让英模的丰功伟绩载入史册，让英模的真实事迹深入人心，让有血有肉的英模形象更接地气，让敬重英模、崇尚英模、捍卫英模在社会上成为价值主流、在军营里蔚然成风。

一支英模辈出的军队，必定是在战场上敢打必胜、令敌人闻风丧胆的军队。朱德总司令曾说："部队中人人精神振奋，你也想立功，我也想立功，这样就会打胜仗。"我们正在进行具有许多新的历史特点的伟大斗争，正在全力塑造听党指挥、能打胜仗、作风优良的新型人民军队，既需要老英模精神激励引领，更需要新英模不断涌现。"八一勋章"是由中央军委主席签发证书并颁授的最高荣誉。首批获颁的 10 人，聚焦打仗、事迹过硬、令人信服，是"四有"新一代革命军人的杰出代表。我们要以评选颁授为契机，大力强化政治意识、大局意识、核心意识、看齐意识，高举英模旗帜、传承英模精神、争走英模道路，让强军时代英模辈出，让更多英模成为强军路上的耀眼星辰，不断凝聚建设世界一流军队的强大力量。

（作者系全国政协委员、解放军装备学院原副院长；

《人民政协报》2017 年 8 月 3 日）

技术蓝领的春天将到来

李滨生

日前，习近平总书记主持召开中央深改组第二次会议并发表重要讲话，会议审议通过了《关于提高技术工人待遇的意见》（简称《意见》），强调提高技术工人待遇，要坚持全心全意依靠工人阶级的方针，发挥政府、企业、社会协同作用，完善技术工人培养、评价、使用、激励、保障等措施，实现技高者多得、多劳者多得，增强技术工人职业荣誉感、自豪感、获得感，激发技术工人积极性、主动性、创造性。这无疑充分体现了党和国家对广大技术工人的亲切关怀和高度重视，对于进一步提升技术工人经济社会地位，加强技术工人队伍建设，具有重要现实意义。

必须看到，提高技术工人待遇，是全面建成小康社会，建设社会主义现代化强国的必然要求。我国3亿多工人阶级在党的领导下，始终走在时代进步的前列，是经济社会发展、物质文化创造的主力军，而人数已达1.65亿的技术工人则是工人阶级中的一个重要群体，他们富有创新能力和实践能力，直接为社会提供大量高质量、多种类的产品，只有充分保护、调动、发挥他们的劳动热情和创造潜力，才能支撑起一流的企业和产业，推动经济社会更好更快发展。

提高技术工人待遇，是贯彻全心全意依靠工人阶级方针的具体体现。我们党是工人阶级的先锋队，工人阶级是国家的领导阶级，党和国家的性质决定了必须在经济社会生活中切实保障工人阶级主人翁地位，维护工人阶级利益，做到政治上保证、制度上落实、素质上提高、权益上维护，提高技术工人待遇正是实实在在地落实这一方针，推动包括广大技术工人在内的工人阶级更好地享有改革发展成果的重要手段。

提高技术工人待遇，是提升技术工人群体素质的重要措施，是加强技术工人队伍建设的一个必要前提。只有突出技术与非技术、高技术与低技术之间的收入差距和待遇差别，增强技术工人的获得感，才能激励他们不断提高素质，与时俱进，培育出众多的"中国工匠"，为我国从制造大国迈向制造强国奠定雄厚的人力资源基础。第八次中国职工状况调查数据显示，目前全国职工月平均工资在 3000 元以下的占比达 48.8%，有 21.1% 的职工 2014 年以来没有涨过工资，技术工人工资总体偏低且增长缓慢，技术工人与非技术工人合理差距也未拉开，提高他们的待遇势在必行。唯此，才能增强广大技术工人的获得感，使他们能实现体面劳动。

要按照《意见》要求，把提高技术工人待遇真正落到实处：一是要从思想上统一认识。要高度重视工人阶级主人翁地位和作用，切实尊重爱护技术工人，充分肯定他们在技术创新和经济发展中的重要性，正确认识广大技术工人是科学技术转化为现实生产力的执行者，是推动技术创新的实践者，是现实物质财富的创造者。二是要从格局上形成合力。要发挥政府、企业、社会协同作用，破除一切影响技术工人作用充分发挥的制度障碍，为广大技术工人提供良好的工作环境；重视技术工人在产品开发、质量提升、品牌打造中的作用，改变重文凭、轻技能，重设计、轻工艺等现象；推动企业开展工资集体协商，建立职工工资正常增长机制，努力构建和谐劳动关系。三要从制度上加强建设。要通过完善培养、评价、使用、激励、保障等措施来保证技术工人待遇的提高。进一步加强职业技术技能培训，不断提升技术工人特别是高级技工的数量和质量；引导企业合理确定技术工人薪酬水平，鼓励企业建立高技能人才技能职务津贴和特殊岗位津贴制度，促进技术工人薪酬水平合理增长。四是要从舆论上形成氛围。目前社会上还存在一些模糊观点，如认为工人工资高了会增加企业用工成本，影响企业发展等。应当看到，企业发展必须建立在技术创新、产品创新、质量创新基础上，这就离不开广大技术工人这一最重要的人力资源。要大力宣传技术工人的重要作用和工人阶级的伟大贡献，为提高技术工人待遇鼓与呼，在全社会唱响"工人伟大、劳动光荣"的时代最强音。

（作者系全国政协委员、全国总工会原书记处书记；

《人民政协报》2018 年 2 月 1 日）

英雄流血不流泪

张西南

当中国人民解放军走过 90 年的峥嵘岁月，沙场阅兵兴起的爱军习武热潮还在神州激荡之时，在春风中闭幕的两会送来好消息，此番国务院机构改革将组建退役军人事务部。这无疑是对奋进在新时代的广大官兵巨大的鼓舞，为实现改革强军宏伟目标提供了不竭的动力和坚实的保障。

党的十九大报告中提出组建退役军人管理保障机构，维护军人和军属的合法权益，让军人成为全社会尊崇的职业。冬去春来，习近平主席仍然牵挂子弟兵，在本次两会上，他当面听取军队代表对组建退役军人管理保障机构的意见建议，并且充满深情地说，"军人是最可爱的人，让军人受到尊崇是最基本的。必须做好退役军人管理保障工作。该保障的要保障好，该落实的政策必须落实，不能让英雄流血又流泪。"习近平主席的话语，深深打动了现场的每一个人，也温暖着全军官兵的心。

笔者不禁想起上世纪 90 年代初，全国拥军优属拥政爱民工作会议在闽召开，习近平主席写下的那首《军民情》的七言诗，直接抒发了"爱我人民爱我军"的真挚心声，带着澎湃的情感波涛，意境宏阔，情殷意切，富含冲击力和感召力。如今，习近平主席重新提起"最可爱的人"，再次强调"军人受到尊崇是最基本的"，是在新的历史条件下运用马克思主义的基本原理，对中华民族尚武美德的继承发展。马克思在讲到军人职业生活对社会生活的影响时曾说过，薪金最初就完全是在古代的军队中发展起来的。古人云"兵者百岁不一用，然不可一日忘也，是故人道先兵"。"良田不在战士，三年而兵弱"。讲的就是军队一百年难得用一次，然而一天也不可忘记它，因此人事以兵为先的道理。设立退役军人事务部，就是依据党的指导思想和建军治军规律，用这种精神甘露浇灌现代军营，培育催生英雄之花，从而褒扬彰显退役军人为党、国家和人民牺牲奉献的精神风范和价值导向。可以说，这也是我们党不忘初心的生动体现，并以国家的名义对优抚关爱退伍军人作出的最庄重的承诺。

历史注定会把习近平主席心系三军的博大情怀载入史册，用时代的浓墨重彩为这次改革国家机构和改革强军战略书写重重的一笔。一方面，随着国家社会保障制度改革的不断深化，为从根本上改革退役军人待遇保障制度提供了良好的外部发展环境。另一方面，随着国防和军队改革向纵深推进，加强退役军人服务保障体系建设，建立健全集中统一、职责清晰的退役军人管理保障体制，将与军官法、兵役法，军费管理、军人工资，住房医疗保障等等，一系列体现中国军队特色和军事职业特点、增强军人职业荣誉感自豪感的政策制度相辅相成，从而成为有步骤推进改革强军战略的系统工程，构建起我军走向未来的现代军事政策制度体系。这两个方面缺一不可，犹如双轮驱动才能风驰电掣，又如比翼齐飞才能壮志凌云，让一切战斗力要素的活力竞相迸发，让一切军队现代化建设的源泉充分涌流，让我军向着世界一流军队的远大目标稳步迈进。

从一定意义上说，组建退役军人事务部，解决军人的后顾之忧，不仅是固本强基、确保国家安全的长城工程，更是连着千家万户、让天下老百姓尽享太平的民生工程。"我是一个兵来自老百姓"，"铁打的营盘流水的兵"，这是恒久不变的规律。我国现有退役军人5700多万，并以每年几十万人的速度递增。退役军人的今天就是现役军人的明天，保障军人权益所体现出的社会性和大众性特征，比任何职业的感受都要强烈鲜明，与亿万人民群众的联系也比其他任何职业都要更加普遍紧密。我们这些老兵都读过《高山下的花环》，多少战友曾为烈士梁三喜那张血染的"欠账单"泪流满面，至今书中的一段话还萦绕耳边，"梁三喜烈士欠下的钱，我有财力悄悄替他偿还。可我和妈妈欠沂蒙山人民的感情之债，则是任何金钱珠宝所不能偿还的呀！"今天我们终于可以告慰先烈，党和国家不会再让像梁三喜一样的钢铁战士带着"欠账单"走向战场，千千万万个梁三喜的妈妈也不会再忍辱负重替儿还债，正如一首歌里唱的那样，"你不要把儿牵挂，当我从战场上凯旋归来，再来看望幸福的妈妈，假如我在战斗中光荣牺牲，你会看到盛开的茶花，她会陪伴着亲爱的妈妈。"

　　国家机构改革业已启动，军中改革方兴未艾，投身强军伟业的部队官兵从来没有像今天这样意气风发，已经和即将脱下戎装的战友们更是对未来信心满怀。有党和国家的深切关爱，有改革提供的大好机遇，他们必将迎着新时代的春风，在岗一定站好岗，随时准备上战场，退伍永远不褪色，什么时候都不负曾在军旅的无上荣光。

　　（作者系十二届全国政协委员、原第二炮兵政治部副主任；《人民政协报》2018年3月24日）

"三老"人群急需关注

郑秉文

　　中国人口老龄化发展十分迅速，国家统计局刚发布的最新数据显示，2017 年底 60 岁及以上老年人达 2.41 亿人，占人口比例为 17.3%，而 2011 年仅为 1.84 亿，占 13.7%，增长幅度大约是两年一个百分点，每年平均增加将近 1000 万人，大致相当于两个新加坡的人口。老年人口增幅远远高于总人口的增幅，2017 年总人口是 13.90 亿，与 2011 年相比净增了 4300 万人，而 60 岁及以上人口净增 5600 万人，就是说，在过去的 6 年里，总人口仅增加了 3%，而老年人口则高达 30%。

　　根据联合国的预测，在两阶段发展的两个重要时点上，即在 2035 年和 2050 年时，中国 60 岁以上老年人占比将分别高达 28.5% 和 35.1%。就是说，到 2035 年基本实现现代化时老年人数量超过 3.4 亿人，大约每 4 个人中就有一个老年人，到 2050 年我国建成富强民主文明和谐美丽的社会主义现代化强国时老年人数量将超过 4.4 亿，大约每 3 个人中就有一个老年人。

　　当前和未来人口老龄化趋势是非常严峻的。但就眼下来看，矛盾最突出和最艰难的老年群体主要有三个：失独老人、城镇空巢老人、农村留守老人，这里简称"三老"群体。

　　首先，失独老人这个群体是指独生子女不幸离世的父母，目前全国大约有上百万人。实施计划生育政策至今已有 40 年，失独老人逐渐进入老年阶段，他们不仅饱受丧子之苦，而且有一部分老人经济十分拮据。这个群体是计划生育基本国策的坚定执行者，在失独并进入老年之后，也应享受一定的优惠政策。其次是城镇空巢老人，全国大约有几千万。由于子女异地工作甚至域外工作学习等原因，一些家庭尤其是独生子女的家庭常年呈空巢状态，对行动不便或经济条件不好的空巢老人来说，他们不同程度地陷入困境。最后是农村留守老人，全国约有上亿人，他们的子女异地打工，平时很少回家，相当一部分人把孩子也留在农村家里由老人照看。所以，农村的留守儿童与留守老人这两个现象常常相伴相随，成为农村的一个重要社会问题。

改革开放40年来，"三老"现象是中国特定经济发展阶段一个独有的社会问题，这是任何国家都不曾遇到的一个特殊的社会问题。

面对"三老"实际情况，国家应制定相关政策，一揽子解决问题。笔者认为，其基本思路是在国家有关层面建立一个"三老服务协调机构"，并建立和提供如下四个工作机制：

一是借助快递行业的优势，在全国建立一个由快递员网络组成的"三老"顺访报警机制，目的是利用该行业工作便利，入户掌握"三老"日常生活的重大变化。

二是借助物业公司的优势，由物业公司为"三老"建立一个与其子女亲人定时联系机制，并能提供一定的登门服务。

三是借助专业化的养老服务机构优势，以社区为单位向需要服务的"三老"群体提供简单的医疗护理登门巡诊机制。

四是在基层政府街道层面建立一个行政管理机制，实施归口管理，负责建档立案，配有专项财政拨款和人事编制，统筹"三老"服务机制的提供和监管。

建立"三老"服务提供机制应以公共采购和委托管理等方式为主，对签约公司给予一定的财税优惠政策，这既可激励大力发展市场化养老机构、民办非企业机构、NGO机构，又可为扩大就业作出贡献；对"三老"群体实施的信息采集类工作予以免费提供，对一定的医疗类或代购类服务可有偿服务；对年事已高的失独老人提供免费服务。

实际上，在广大城乡还存在着第四个群体即"失能失智老人"。考虑到目前人力资源社会保障部正在15个城市进行长期照护保险制度试点工作，这个群体应由社会保险覆盖起来，不在"三老"服务协调机制之内。

尽快一揽子解决"三老"问题十分迫切，可以大幅提升老百姓的幸福感和获得感，让老年人分享经济高速发展的社会成果，可以编织一个社会安全网，使之成为国家治理体系的一个重要组成部分，有利于社会稳定。全国农民工总量 2.8 亿人，外出异地打工 1.7 亿人，解决"三老"问题，有利于推动全国范围的劳动力自由流动，使异地打工的子女更加安心工作，有利于劳动供给。可将筹建"三老"服务协调机制作为积极应对老龄化的一个"抓手"或"突破口"，针对中国国情，探索制订具有中国特色的"积极应对老龄化"的中国方案，随着时间的推移，将"三老"服务协调机制逐渐覆盖到全体老年人。

（作者系全国政协委员、社科院世界社保研究中心主任；《人民政协报》2018 年 3 月 13 日）

乡村振兴关键要留得住人

朱永新

习近平同志在十九大报告中提出了实施乡村振兴的战略。2017 年 12 月 29 日，中央农村工作会议首次提出要走中国特色社会主义乡村振兴道路，让农业成为有奔头的产业，让农民成为有吸引力的职业，让农村成为安居乐业的美丽家园。到 2050 年，乡村全面振兴，农业强、农村美、农民富全面实现。

乡村振兴战略的实施，基础在教育。乡村学校是村庄的灵魂，乡村的精神寄托在于乡村学校，乡村文化的传承也依靠乡村学校。教育是文化创新、文明演进、国家发展和人类进步的基本动因，教育改革可以成为社会转型、文化变迁的导向性力量。振兴乡村教育是实施乡村振兴战略的必由之路。乡村教育不振兴，就难以实现乡村整体的振兴，难以从根本上提高贫困人群脱贫的内生动力和发展能力。

在城乡一体化的过程中，乡村教育资源配置处于劣势，乡村教育处于应试水平低下和素质教育缺乏的双重矛盾之中，教育质量不高导致生源不断流失。其中重要的原因就是乡村教育的定位不准，我们习惯于用城市学校的标准去衡量、评价乡村教育，乡村教育的目标是为了"逃离"乡村，缺乏对乡村教育的本质研究和准确定位，曲解了城乡教育一体化的实质。

乡村教育发展的核心在于留住人，既要留住学生，也要留住老师。然而，学生随着家庭的迁移大量流往市、县、镇。福建莆田最北端的深山里有一所济川小学，本能容纳 500 多个学生，目前却只有两个学生和两个老师；云南省红河州原本自然村学校覆盖率达到 52%，在"撤点并校"之后，学校覆盖率降到 30%，许多学校人去楼空。国家出台多项政策力图让乡村教师"下得去、留得住、教得好"，但乡村教师流失问题依然严峻。除了待遇、机会、社会地位等问题，还有很多人认为，留在乡村的老师能力不行，没本事。导致有能力的老师想方设法离开乡村，留下了能力较差的老师再次印证了人们的看法。

乡村振兴需要大批懂农业、爱农民、爱农村的专业人才，在唯学历、重文凭、不重技能的大环境下，歧视农业技能劳动者的状况十分普遍，导致没有人愿意学农。在笔者去调研的云南昭通农校，其农林类专业即使联办专科也无人问津，不得不裁撤或合并，而同时当地万名劳动力只有 0.067 个技术人员，涉农人才严重匮乏。

乡村教育应该拥有自身的独特内涵、价值、文化性格和表现形式。应根据乡村的特点，构建异于城市教育的"自然—人文—灵活—小规模"的乡村教育。要留住学生，就要办好一批优质的基础教育学校，依托乡土文化、社会与自然，建筑起温馨的校园，形成本土特色的校园文化，吸引儿童回乡就学；在中考改革中注意向乡村学校倾斜。要留住老师，就需大幅度提高乡村教师岗位的薪资水平和社会保障条件；设置乡村教师高级教师与特级教师的专门岗位；有计划地培养、培训一批本土教师，强化教师的地域认同、文化认同与身份认同；为乡村教师开辟多元发展空间，激励教师对教育事业的追求。通过教育逐步改变"远离农业和农村才是成功"的观念，不让"没出息的人就当农民""没本事的老师才留在农村"成为乡村衰败的社会心理催化剂。

（作者系全国政协委员、民进中央副主席；《人民政协报》2018 年 3 月 24 日）

让军人真正成为全社会尊崇的职业

岑　旭

去年"八一"建军节，朱日和沙场阅兵的场景仿佛还历历在目。峥嵘岁月，浩荡乾坤。转眼，中国人民解放军又迎来了建军91周年。"八一"前夕，退役军人事务部、财政部发出通知，再次提高部分退役军人和其他优抚对象等人员抚恤和生活补助标准，体现了党和政府对退役军人和其他优抚对象的关心关爱。

党的十九大报告明确提出，要让军人成为全社会尊崇的职业。这是党的全国代表大会第一次把提高军人社会地位作为党的主张写进报告，饱含着党和人民对子弟兵的深切关怀，体现了党中央、习近平主席厚植国防建设基础的战略考量，必将极大地激励全军将士砥砺奋进、不辱使命。

"所谓的岁月静好，只不过是他们在负重前行"。从社会伦理讲，军人这一职业理应得到全社会的尊崇。因为选择穿上军装，就选择了牺牲奉献，凡是富有远见的大国强国，都把提高军人社会地位、优抚优待军人军属作为保持和提高战斗力的重要手段。自新中国成立后，人民军队就有着崇高的政治地位和社会地位。"人民子弟兵""最可爱的人"这些亲切的称呼，无不凝结着老百姓对解放军的亲近崇敬之情。但随着市场经济的浪潮席卷而来，人们价值追求日益多样，"最可爱的人"光环慢慢褪色，军人社会地位、价值认同有所弱化。承平日久导致国防意识淡薄，一些地方优抚政策和拥军法规成了"空头文件"。

可喜的是，党的十八大以来，习近平主席以巨大的政治勇气和强烈的责任担当，引领军队开启强军兴军新征程，重整纲纪、重塑形象，让人民军队脱胎换骨、面貌一新。伴随着军队全面深化改革不断推进，利于官兵成长成才、安心敬业的职业发展机制正在形成，保障军人军属权益、优待抚恤安置军人的国家政策法规逐个出台，体现军事职业特点的待遇保障体系日益完善，关心国防、关爱军人的社会正能量不断汇聚，军事职业越来越具有吸引力。

尊崇是一种源于内心的价值认同和行为自觉。笔者认为，全社会尊崇军人至少应体现在三个层面：一是国家政策法规和激励导向有很强的执行力保障力，二是社会各界对军人职业有广泛的认可度参与度，三是军人军属自身有明显的荣誉感获得感。

在国家层面进一步健全激励引领的政策导向，包括把维护保障军人军属权益纳入国家法治体系，明确军人军属权利清单、执行标准和落实责任，以法的形式增强执行力约束力，以法治刚性促进行为自觉；构建完善军人荣誉制度体系，出台《军人军属荣誉法》，明确现役军人、离退休军人、退役军人、英烈及军属的社会地位、荣誉优待和保障措施，推动军人军属各项褒奖、优抚优待等政策制度落地落实；抓紧组建退役军人保障机构，从体制机制上解决退役军人管理保障多头分散局面，切实解除参军入伍的后顾之忧，增强整个军人群体的归属感荣誉感；将退役军人和军属群体纳入优先优待范围。

在社会层面进一步涵养崇军尚武的浓厚氛围，一方面应将国防教育纳入国民教育体系，贯穿义务教育始终，凝聚全民关心国防、热爱国防、建设国防、保卫国防的思想共识。另一方面，构建全方位立体化的传播塑造格局，不断提升覆盖面和影响力，把军人英烈的荣誉亮出来，让优秀军人为人所知、被人所赞、受人所崇。

军队必须有军队的样子，军人必须有军人的样子。只有听党指挥、能打胜仗、作风优良的军队，才能得到人民的信赖拥戴，也只有心无旁骛、苦练本领、思谋打仗的军人，才有资格配享全社会的尊敬尊崇。在军队层面进一步厚积赢得尊崇的底气底蕴，一是持续深化练兵备战，把全部心思精力用在研究作战上、扑在备战打仗上、花在主责主业上，不断提高能打仗、打胜仗的能力，锻造一支召之即来、来之能战、战之必胜的精兵劲旅。二是立起军人好样子，通过教育灌注再提纯、文化熏陶再巩固、实践砥砺再淬火，培养有灵魂、有本事、有血性、有品德的新时代革命军人。三是进一步提升军人福利待遇，增强军事职业比较优势，畅通军人职业化路径，健全人才培养、轮岗培训和合理流动机制，真正把地方最优秀的青年吸引到军营中来。

历经风雨吐芳华，重整行装再出发，新时代国防和军队建设正阔步迈上新征程。有习近平主席的领航掌舵，有党和人民的亲切关怀，有军政军民团结一心的政治优势，尊崇军人的社会共识必将不断凝聚，军人地位的国家认可必将不断提升，崇军尚武的优良传统必将不断发扬光大。

（作者系全国政协委员、解放军原总政治部主任助理；
《人民政协报》2018 年 8 月 2 日）

什么是新时代的"工匠精神"

郑大发

党的十九大报告中提出"建设知识型、技能型、创新型劳动者大军，弘扬劳模精神和工匠精神，营造劳动光荣的社会风尚和精益求精的敬业风气"。报告中所提的"工匠精神"，在笔者看来，是具有新时代内涵的。

新时代的"工匠精神"的基本内涵，主要包括爱岗敬业的职业精神、精益求精的品质精神、协作共进的团队精神、追求卓越的创新精神这四个方面的内容。其中，爱岗敬业的职业精神是根本，精益求精的品质精神是核心，协作共进的团队精神是要义，追求卓越的创新精神是灵魂。

爱岗敬业的职业精神。爱岗敬业，是爱岗和敬业的合称，二者互为表里，相辅相成。爱岗是敬业的基础，而敬业是爱岗的升华。具体来说，所谓"爱岗"，就是要干一行，爱一行，热爱本职工作，不能见异思迁，站在这山望那山高。所谓"敬业"，就是要钻一行，精一行，对待自己的工作，要勤勤恳恳，兢兢业业，一丝不苟，认真负责。笔者调研中发现，凡是获得"工匠"和"劳模"荣誉称号的工人，都是爱岗敬业的典范，很多人都在本职岗位上工作了二三十年之久，干出了一番事业。所以，"工匠精神"最根本的内涵，就是"爱岗敬业的职业精神"。

精益求精的品质精神。顾名思义，精益求精，是指一件产品或一种工作，本来做得很好了，很不错了，但还不满足，还要做得更好，达到极致。"精益求精的品质精神"是"工匠精神"的核心，一个人之所以能够成为"工匠"，就在于他对自己产品品质的追求，只有进行时，没有完成时，永远在路上；他不惜花费大量的时间和精力，反复改进产品，努力把产品的品质从99%，提升到99.9%、再提升到99.99%。对于"工匠"来说，产品的品质只有更好，没有最好。笔者在调研中，最深感受之一就是，追求极致、精益求精，是获得各类"工匠"荣誉称号的工人的共同特点，这也是他们能身怀绝技、在国际、全国或省的各种技能大赛中夺金摘银的重要原因。

协作共进的团队精神。如果说"爱岗敬业的职业精神""精益求精的品质精神"是传统的"工匠精神"中具有的内涵，那么，"协作共进的团队精神"则主要体现于新时代的"工匠精神"之中。因为和传统工匠不同，新时代工匠尤其是产业工人的生产方式已不再是手工作坊，而是大机器生产，他所承担的工作，只是众多工序中的一小部分。比如"复兴号"列车，一列车厢就有三万七千多道工序，这三万七千多道工序，一个人是不可能完成的，必须由车间或班组亦即团队协作来完成。团队需要的是"协作共进"，而不是各自为战。因此，"协作共进的团队精神"是现代"工匠精神"的要义。所谓"协作"，就是团队成员的分工合作；所谓"共进"，就是团队成员的共同努力、共同进步。

追求卓越的创新精神。和"协作共进的团队精神"一样，"追求卓越的创新精神"也是新时代"工匠精神"的内涵之一，甚至是新时代"工匠精神"的灵魂。传统的"工匠精神"强调的是继承，祖传父、父传子、子传孙，是传统工匠传承的一种主要方式，而新时代的"工匠精神"强调的则是在继承基础上的创新。因为只有在继承基础上的创新，才能跟上时代前进的步伐，推动产品的升级换代，以满足社会发展和人们日益增长的对美好生活的需要。有无"追求卓越的创新精神"，是判断一个工人能否称之为新时代"工匠"的一个重要标准。

当前，我国正处在从工业大国向工业强国迈进的关键时期，培育和弘扬严谨认真、精益求精、追求完美的工匠精神，对于建设制造强国具有重要意义。而只有对新时代"工匠精神"的基本内涵形成共识，才能树匠心、育匠人，为推进中国制造的"品质革命"提供源源不断的动力。

（作者系全国政协委员、中国社会科学院中国近代思想
研究中心主任；《人民政协报》2018 年 8 月 30 日）

把握人口发展趋势　促进人口均衡发展

贺　丹

21 世纪以来，我国人口形势发生重大转折性变化，高龄少子化特征显现，劳动年龄人口规模开始减少。以习近平同志为核心的党中央从全局和战略高度，统筹人口与经济社会发展，审时度势，作出逐步调整完善生育政策的重大决策部署，人口发展态势向好。

全面两孩政策累积效应快速释放，长期效应还有待挖掘。2016 年、2017 年出生人口分别达 1786 万、1723 万，创 21 世纪以来的最高水平。期间，高危孕产妇增加，而孕产妇死亡率、新生儿死亡率、出生缺陷发生率稳中有降，母婴安全得到有力保障。政策短期效应结束后，生育水平仍有下行趋势。目前，我国政策生育率大于 2，育龄妇女平均理想子女数为 1.96 个，生育潜能释放仍有空间。

我国人口发展面临从数量压力到结构性挑战的历史性转变。总人口增长率将逐步由当前的 5‰ 降至零增长，此后步入长期负增长阶段。人口老龄化、高龄化双双提速，65 岁及以上老年人口规模在本世纪 50 年代末期将达到峰值 4.3 亿。与此同时，我国劳动年龄人口规模快速下行，进入壮年劳动人口主导期。

区域发展不平衡、服务保障不充分成为人口发展中的主要矛盾。深度贫困地区面临人口过快增长的问题，而发达地区，尤其是北京、上海等特大城市，面临着人口迁入控制和布局调整的双重压力。东北三省生育水平超低、劳动力外流严重。同时，计划生育、妇幼健康优质服务资源短缺，人民日益增长的生殖健康服务需求还未充分满足，群众对相关服务的知情权、选择权、隐私权等方面也提出了更高的要求。

我国当前的人口发展水平尚不能满足经济社会发展的需要。按照联合国 2018 年发布的人类发展指数（HDI），我国在 189 个国家（地区）中的综合排名列第 86 位，同高人类发展指数国家有较大差距。我国的人口文化素质排名更是落后于综合排名，25 岁及以上人口的平均受教育年限仅为 7.8 年，在全世界排名仅为 116 位。初中文化水平以下劳动力占比超过 2/3，人口素质同经济结构转型和产业升级的需要之间存在较大差距。

根据全面建成社会主义现代化强国的"两步走"战略安排，面对人口发展的历史性转变及主要矛盾的变化，我们应进一步加强人口发展战略研究，增强人口与经济社会双向适应能力，实现人口发展与外部环境的动态均衡，满足人民日益增长的美好生活需要。

赋予计划生育新内涵，打造新型甜蜜事业。落实全面两孩政策，积极采取措施解决群众反映迫切的生育、养育子女中面临的困难。引导家庭负责任地确定生育子女的时间、数量，提供安全、适宜的避孕节育、优生优育、生殖健康服务。加强新型家庭文化宣传倡导、青少年生殖健康和性教育、计划生育、生殖健康技术服务。做好计划生育家庭权益维护，改革完善奖励扶助等制度。充分发挥群团和社会组织作用，使计划生育成为民生友好的新型事业。

大力实施就业优先和科教兴国战略，推进人口大国向人力资本强国转变。推进教育供给侧改革，逐步建立职业教育和普通高等教育社会协同机制和"终身教育生态圈"。强化科技进步对劳动就业影响的研究和监测，加快培养满足人工智能发展的机械、计算机、自动控制、设备维修等技能型、综合型人才。积极开发老年人力资源，推进健康老龄化，重塑有利于经济社会可持续发展的人力资源基础。

促进生育政策和相关经济社会政策配套衔接，构建家庭友好型社会。注重传统家庭文化合理成分的创造性转化，加强对青年一代婚姻生活和价值观的引导。倡导从人的生命周期和家庭的生命周期构造家庭友好的政策制度和社会环境，将家庭优先的价值取向渗透到经济社会政策之中。建立以生育支持、儿童发展、老人赡养、病残照料为主体内容的家庭政策。支持各类托育服务发展，增强家庭养老抚幼功能。消除女性就业歧视，落实生育保险和生育津贴等政策。

（作者系全国政协委员、中国人口与发展研究中心主任；

《人民政协报》2018 年 10 月 25 日）

加强基础研究还需一份定力和恒心

周忠和

改革开放40年，中国基础科学研究取得了长足的进展。以1986年成立的中国国家自然科学基金委员会（以下简称基金委）为例，32年间，基金委经费总额增长了300多倍，用于基础研究的投入占到国家科研经费总量的5.5%左右。衡量一个国家基础科学研究进步的另外一个指标是发表的SCI论文数量。目前，中国在这一衡量指标中，已位居世界第二，论文引用排名也稳步提升。《国家科学评论》不久前发表的一项研究显示，过去40年，中国学者发表的SCI论文数量和质量几乎与我国的GDP保持了同步的增长。衡量一个国家的基础研究实力，除了数字指标，还有一个判断维度，即这个国家科学界是否有重大原创成果和理论出现。从这一维度来看，我国的基础科学研究依然薄弱。那么，如何解决这一问题？

一个国家的基础研究要强起来，没有必要的研究经费，是巧妇难为无米之炊。目前，我国对基础研究的资助主要来自政府，如何动员社会力量支持基础研究，也是当下我国需要加强的举措之一。让笔者欣喜的是，腾讯基金会日前投入10亿元，以人才资助为主，支持45岁以下的青年科学家开展基础与前沿技术研究。作为一项崇高的事业，科学研究需要献身的精神，然而体面的生活才能保障潜心科学探索的环境。社会力量参与对从事基础科学研究人员的奖励，不仅能够激发更多的青少年投身到科学的事业中来，而且可以预见，也将对科技界诟病较多的奖励制度的改革，起到意想不到的促进作用。

但是，在呼吁提升基础研究经费的同时，中国的基础科学研究还需加强什么？

　　笔者关注到，11 月 16 日美国《科学》杂志发表的一篇题为《中国开展的改革与合作》社论，高度评价了基金委的改革策略，肯定了基金委过去 30 多年作为中国基础科学的主要资助机构，对推动中国基础科学研究的发展发挥的至关重要的作用。由此，也促使笔者借由国家基金委如何借由正在开展的"明确资助导向，完善评审机制，优化学科布局"三大改革任务，思考一个问题：如何更好地发挥其作为国家科学基金支持源头对引领国家创新所起的独特作用？

　　在明确资助导向方面，应充分认识到，不论如何分类，基础研究的基础属性不会改变，即基础研究不同于应用研究，其研究成果很难很快作用于某一应用领域，即便有的基础科学领域一些研究成果呈现了一些应用的前景，甚至被快速转化为生产力，但必须认识到，这并不是基础研究的常态。因此，对于基础科学研究资助的出发点，首先应尊重这一研究本身的规律性和特性。"有心栽花花不开，无心插柳柳成荫"的比喻用到基础研究的应用上或许更为贴切。

　　在完善科技评价体系方面，笔者注意到，基金委公布的改革方案中提出了"负责任、讲信誉、计贡献"的评审机制目标，这虽然距离实际操作还有一段路要走，但依然值得期待。我们目前遇到的科研评价机制中的一些异化现象，无一不是因为偏离了科学评价的"价值和信誉"的本质，而遭到了科技界的广泛诟病。

　　在优化学科布局方面，基金委提出通过改革，构建起交叉融合的学科体系。笔者对这一改革目标，报以很大的期许。这一改革成果将产生的影响，不仅限于科技界，对于目前高等教育领域纠正学科划分过细、交叉性不足的现象，也会有一定的引领作用，对国家储备面向未来的顶尖科学研究工作者，也会起到未雨绸缪的引导作用。

　　基础科学对于建设一个创新型国家的重要性，已越来越成为政府和社会共识。改变对基础科学"急功近利，过分功利性"的心态，提升国民的科学素质，普及科学精神，在现行的教育体系中增加对自然与科学教育的重视，都是保障一个国家基础科学研究能够健康发展的重要环节。对此，政府、社会以及科技界除了坚定改革开放的决心，还需要保持一份定力和恒心。

（作者系全国政协委员、中国科学院院士、中国科学院
古脊椎动物与古人类研究所研究员；《人民政协报》
2018 年 12 月 6 日）

互联网再大也大不过法网

刘俊海

　　西安电子科技大学学生魏则西因滑膜肉瘤病故。据报道，他去世前在知乎网站撰写治疗经过时称，在百度上搜索出武警北京市总队第二医院的生物免疫疗法，随后在该医院治疗后致病情耽误。此事件引发了舆论的深切关注。笔者希望，以此事件为契机，全面打造消费者友好型的互联网市场生态环境。

　　互联网再大，也大不过法网。互联网市场不应成为法外之地。为进一步鼓励大众创业、万众创新，全面激活互联网推进生产力进步的驱动力，必须打造多赢共享、诚实信用、公平公正的消费者友好型现代互联网市场生态环境。

　　首先要构建互联网市场友好型的立法体系。抓紧清理现行法律、法规和各类红头文件中损害消费者权益的条款。消费者权益保护法是消费维权的龙头法。行业特别立法提供的消费者权益保护水平只能高于、但不能低于消费者权益保护法，否则，属于无效条款。要整合好现有法律资源，避免立法项目的叠床架屋。电子商务法已列入立法计划。但电子商务中的所有法律关系几乎都可纳入现有法律调整范围，因此，如何界定电子商务法的调整对象值得深入研究。

　　习近平总书记4月19日在网络安全和信息化工作座谈会上的讲话指出，"一个企业既有经济责任、法律责任，也有社会责任、道德责任。企业做得越大，社会责任、道德责任就越大，公众对企业这方面的要求也就越高。我国互联网企业在发展过程中，承担了很多社会责任，这一点要给予充分肯定，希望继续发扬光大"。

　　笔者认为，要落实习近平总书记的重要讲话，企业和企业家必须自觉践行"一心二维三品四商五严六权"的社会责任理念。"一心"要求企业对消费者、投资者、劳动者、国家及其他利益相关者常怀感恩之心，全面履行法定义务、约定义务与道德义务。"二维"要求企业右脑有盈利合理化（而非最大化）思维，左脑有社会责任思维。"三品"要求企业实现产品、企品与人品的三品合一。产品质量固然重要，企品质量更重要，人品质量（企业家的价值观、世界观与人生观）最重要。"四商"要求企业有不断创新的智商，有受人尊敬与信赖的情商，有自觉信仰与敬畏法律的法商，更有践行最佳商业伦理的德商，切实做到四商合一。"五严"要求企业推行最严格的产品或者服务质量标准、营销体系、售后服务体系、内控体系与问责体系。"六权"要求企业尊重和保障消费者的知情权、选择权、公平交易权、安全保障权、治理参与权与索赔权。

　　有人认为，技术创新的本质是突破规则，将法治阳光照耀到互联网市场会阻碍互联网技术创新，此种观点值得商榷。互联网本身具有技术中性，但互联网上的市场活动具有逐利性。直白地说，电子商务市场就是电子化的传统市场。互联网市场是天生的创新派、平等派。法无禁止即可为。在法律没有禁止的情况下，企业可以百舸争流。法治的宗旨不是阻止科技进步，而是促进和保护科技进步。当然，法律本身也要与时俱进，紧追科技进步的潮流，消除法律滞后于互联网创新的现象。

　　建立消费者友好型的协同治理体系，包括行业自律体系与媒体监督体系。行业自律就是最大的自我保护。当前，行业协会商会法正在紧锣密鼓地起草之中。睿智的行业协会要关门自律，抓紧清理侵害消费者权益的潜规则与霸王条款，依据法律规则与自律规则稳准狠地清除害群之马。媒体是连接广大消费者、监管者与企业的桥梁，是社会和谐的减震器，是失信行为的啄木鸟。要满腔热忱地鼓励新闻媒体和自媒体根据客观公正、理性文明、自负其责的理念对侵权现象开展监督。借助互联网技术与智能手机技术的全天候、全功能自媒体也是发展势头强劲的新媒体，要鼓励广大网友理性行使言论自由。只要兴利除弊，网络监督就会提高消费环境的透明度、诚信度与公信力。

　　建立健全消费者友好型的行政监管体系。政府有义务充分运用法律赋予的市场准入、行政指导、行政调解与行政处罚等手段，呵护互联网市场法律秩序。要在简政放权的同时，切实加强互联网市场的事中事后监管。

　　建立消费者友好型的司法救济体系。无救济，无权利。为及时惩处侵害消费者权益的行为，建议尽快实现行政处罚和刑事处罚无缝对接，在执法机关与刑事司法机关之间建立信息共享、快捷高效的联动执法机制。

　　至于广大消费者自身，要增强自我保护能力，切实看好自己的钱袋子，树立科学、理性、文明、绿色的消费理念。既要善于学习简便易用的消费科学常识，也要学会明明白白看广告，认认真真签合同，未雨绸缪存证据，淡定从容打官司。

　　　　　　　　　　（作者系中国人民大学商法研究所所长；《人民政协报》
　　　　　2016 年 5 月 5 日）

社区治理：需要每一个人的热情

丁元竹

习近平总书记在 1 月召开的中央政法工作会议上强调，要深入推进社区治理创新，构建富有活力和效率的新型基层社会治理体系。这是新时代推动简约高效的基层治理体制建设的根本遵循。

基层治理是社会治理的核心和重点，中共十九大报告指出，要加强社区治理体系建设，推动社会治理重心向基层下移，发挥社会组织作用，实现政府治理和社会调节、居民自治良性互动。社区组织的原则要考虑社会效益最大化和居民自身利益最大化的有机统一，坚持以人为本、互助互利、民主自治、安居乐业。生活在社区里的人追求生活环境、生活质量的不断提高和居民素质的不断提高。基层建设和基层治理，就是要努力建设人民生活的共同体，让居民对社区形成归属感、认同感。治理好社区必须依靠社区居民。社区建设既是自治过程，也是法治过程。自治过程，就是要给居民更大空间参与自治，处理好自身事务。法治过程，就是居民要守法。地方和基层政府要依法把本该属于居民的权力还给居民，指导居民在法律的框架内自治。

社区是一个人们看得见摸得着的社会空间，传统上人们将其称为熟人社会。在这样的社会空间中，人们对于社会交往有着强烈的热情和愿望。随着工业化城镇化，社区也在经历着缺乏公共精神、公共意识、社会责任和公共利益带来的痛苦。

得力于改革开放，我国改革开放不久就开始了社区建设的历程。"十一五"时期以来，我国的社区建设了大量的公共设施，加快了基本公共文化建设。事实证明，社区居民的动员其实并不是那么难，关键是把居民的个人和家庭需求与社区发展目标有机结合起来。居民的需求真正满足了，居民真正参与到社区生活了，社区稳定有序、居民生活充满生机和活力，社区建设的目的也就达到了。

在现代社区设施和设备的基础上，鼓励社区居民参与社区生活极为重要。我国有自己的社区规划法和城市管理法规，但比比皆是的乱搭建使这些法律和法规显得苍白无力。要善于立法，更要善于执法，这不仅是维护法律的严肃性，也是培育社会环境的不可或缺的手段。法律得不到有效执行，实际上就会使那些曾经想为社区服务的居民们在处理各种社会关系的过程中也失去服务的意志，久而久之，社区会处于懈怠状态。基层社会体制改革的核心任务就是要激发基层人民的参与热情。法律法规要得到有效执行，必须首先让基层人民群众理解和执行法律，而要让基层人民理解和执行法律必须让他们参与制定政策的整个过程。乡规民约是基层治理的基本规则，必须引起足够的重视，在实际工作中把乡规民约的制定作为一件大事来抓。

社区共同体的打造最终依靠的是居民积极参与，在此基础上就会形成社区精神和社区的核心价值。这些年活跃在社区的公益部门、企业很多，提出了很多解决社区社会活动的办法和方案，诸如"社会企业""公益孵化器""社会企业家"，这些探索都非常有必要，也是新形势下，我国社区发展的必然趋势。在这些活动中，培育熟悉社区生活的社区工作者是关键之一。

在当代，互联网赋予基层社会新的涵义。网络成为新时代的新的社会共同体。如何让人们从互联网的虚拟世界走向面对面的交流仍然是社区建设的重要任务，尽管虚拟世界越来越走向实体化，但朋友圈、邻里圈的虚拟世界永远不可能替代面对面的交流，产生不了面对面交流的感觉和心理愉悦。一个强大而团结的基层社会是现代社会推进体制改革创新的基本目标和主要任务。

当前和今后一个时期，必须把很好地解决基层体制缺乏活力和灵活性、居委会自治功能不能有效发挥、居民积极性得不到充分调动、居民参与经济社会发展和解决自身问题的能力得不到提升、基层工作人员待遇不高和职业前景不乐观等问题摆在社区建设的重要位置。

社区管理机制的形成有一个过程，它需要个人坚守对集体的责任、完善的制度和健全的机构。每个人坚守社会规范，把日常的小事做好，才会逐渐把社会和国家的大事做好，这也是基层社会治理创新的真谛。

（作者系全国政协委员、中央党校〔国家行政学院〕
教授；《人民政协报》2019 年 2 月 21 日）

户籍制度改革要"全国一盘棋"

王济光

去年以来，为抢占未来发展制高点，我国各大中城市争相放开户籍准入条件，以吸引优秀人才。那么，面对这种现实，户籍制度该何去何从？

户籍制度改革与人才引进政策的一致性，在于它本身就是需要与现代人口迁移规律相适应的人口管理方式。在短时期内，一些先行地区和城市可以根据自身经济社会发展方向和主导产业类型，通过改革区域性户籍制度、出台地方性人才引进政策，形成要素集聚优势、消弭城乡二元经济发展落差、加快城市现代化进程。但是，仅仅依靠区域性的地方探索和以吸引人才集聚为导向的户籍改革，或许可以在一时一域取得突出效果，但如果在顶层设计上长期久拖不决，则有可能会延误甚或丢失提升国家综合竞争力的历史机遇。

建立符合中国国情的现代户籍制度，既需要由国家依法收集、确认、登记公民的人口基本信息，更需要建立一套能够把人口流动、人力管理、人才引进与公共服务、社会福利等整合为一体的法律法规体系。理性而言，我国今后一个时期推进户籍制度改革的方向与要点，应当树立一种"全国一盘棋"的大局观念，做好顶层设计，稳妥推进实施。

第一，从推进国家治理体系和治理能力现代化高度，科学设计户籍制度的总体改革方案。我国户籍制度改革必须有助于人的解放和经济社会发展，切实实现宪法赋予公民的权力。户籍制度是国家的基本行政制度和人口管理方式，本质上属于国家事权和重大改革事项，要在尊重地方和基层前期成功探索的基础上形成顶层设计，并自上而下地有序推进和实施。

第二，以促进就业为导向，形成最优化社会流动的户籍结构。人口流动从来都是经济社会发展的必然结果，更是人才交流、人力资源配置和社会均衡发展的"稳定器"。快速的经济发展必然产生大量的人口流动，顺畅的人口流动才能促进社会结构的不断新陈代谢。因此，户籍制度改革的核心是全面解除户口固化弊端，充分实现社会自由流动，实现公民就业、创业、教育等发展机会平等，保障公民医疗、养老、住房等利益均衡分配，维护公民在公共服务和社会福利待遇等方面的社会公平正义。户籍制度改革的基本意义在于：通过避免形成僵化的社会结构，维系正向的社会心理；通过建立避免社会结构崩盘的风险防范机制，为实现中华民族伟大复兴提供制度保障。

第三，放开放宽城市落户限制，加快推动各类要素市场一体化。中共十八届三中全会曾明确提出要加快户籍制度改革，全面放开建制镇和小城市落户限制，有序放开中等城市落户限制，合理确定大城市落户条件，严格控制特大城市人口规模，目前已经取得了阶段性进展。但是，作为市场经济运行底盘的要素市场体系仍然未能形成一体化协同。户籍制度改革只有取得人力资源市场、技术市场、金融服务和市场准入的一体化呼应，才能为打破地域分割和行业垄断、清除市场壁垒以及营造规则统一开放、标准互认、要素自由流动的市场环境奠定基础。户籍制度改革方向与交通、网络、物流等方面的基础设施一体化程度直接相关，尤其需要教育医疗卫生等公共服务领域的共建共享，尤其需要生态环境治理方面的共保共治等等。在这种意义上，只有推动城市群一体化发展，并使之真正在增强区域经济活力、提升区域经济效率方面发挥出重要作用，户籍制度改革才能真正成为满足人民日益增长的美好生活需要的"必需品"。

第四，尊重经济发展规律、社会运行规律和人口流动规律，科学而理性地设计户籍制度改革方案。在某种意义上，户籍制度改革的难度并不在于城乡二元经济的历史渊源久远，而在于城市公共福利资源的有限性与分配制度的设计立足点。多年来，我国户籍制度下的城乡福利分配不公一直掣肘全面深化改革。既然城市公共服务和社会福利政策必须与户口挂钩，那么城市户口的放开就要以提高城市资源的开放度为前提，这是我国户籍制度改革的必由之路。但绝对不容忽视的是，不能把放开城市户口当作户籍改革的全部内容，甚至也不能作为改革的主要方面，因为这样势必会形成人口流向大中

城市的非理性迁徙。这既不符合改革的根本目的,也不符合城市现代化的
"人口—产业相宜"规律。因此,必须从顶层设计层面重新配置和布局城镇
资源,通过激发中小城市的活力,减轻特大城市的人口压力,消除城乡居民
差别,并将其作为我国下一步户籍制度改革的根本导向。

(作者系全国政协委员、重庆市政协副秘书长;

《人民政协报》2019年3月5日)

医学科普得抓紧了

葛均波

近年来，随着新媒体的发展，医学普及也有了更丰富灵活的方式，受众面更广，手机终端漫天的"医学科普"，反映出民众健康意识的觉醒。但面对良莠不齐的海量信息，普通民众有时难以分辨。更有甚者，一些打着医学科普旗号的"伪科学"大行其道，严重误导了民众。这种状况，一方面说明民众健康素养水平有待提高；另一方面则暴露出我国医学科普的"短板"。

医学科普教育滞后，会带来很多问题。比如公众因为对医学基本知识缺乏了解，盲目求医用药，造成过度医疗、过度用药，一方面造成医药资源的重大浪费，分割了我国有限的医疗资源，一定程度上加重了"看病难""看病贵"。另一方面也对健康造成损伤，甚至无病者治成小病，小病治成大病，延误治疗，危害无穷。有的公众还因为不了解基本医学知识，盲目听信虚假医药广告宣传，甚至听信迷信、巫术，为虚假医疗机构的行医和假冒伪劣药品的泛滥提供了滋生的土壤，将有限的家庭财产收入投入到不必要的保健品、保健器械的购置上。

疾病的概念已经从"生物医学模式"，逐渐向"生物——心理——社会医学模式"转变。社会保健、家庭保健、自我保健等问题已成为我国面临的一个新的社会问题，我国的医学科普教育必须适应新形势的需要，抓紧跟上。

我认为，卫生主管部门、科技工作者、医学院校和媒体等，都应担起自己的责任，推动医学科普教育。

卫生主管部门可牵头，鼓励医学专业人员创作喜闻乐见的医学科普动漫、动画视频、音频产品，与电视、报刊以及新媒体合作，积极传播健康生

活方式；组织老科技工作者、医学高校师生、医学研究工作者、媒体工作者
等参与医学科普宣传，加强医学科普志愿者队伍建设，组织开展医学科普专
家、志愿者等的交流培训，不断增强医学科普职业道德和科学传播技能；设
置医学院校、医学科研机构开放日，让公众更直观地接触医学科学，提升公
众的医学兴趣。对于参与科普开放的医学院校及科研机构给予经费补助支
持，对于积极参与科普的医务工作者及科研人员给予适当的经济报酬及职称
评定考核指标等鼓励政策；新闻出版和广电、市场监管部门要加大对医疗医
药广告、医学科普产品、新媒体宣传产品的审查力度。杜绝虚假医疗医药广
告、违禁出版物、新媒体失真宣传等现象，对查处的众多"伪"医学科普事
件加强报道。

（作者系全国政协委员、中科院院士；《人民政协报》
2019 年 4 月 18 日）

疫情面前没有旁观者

韩方明

新型冠状病毒肺炎疫情防控牵动了全世界的目光。疫情面前没有旁观者，这是一场特殊的战斗。全国人民齐心协力，过了一个历史上从没有过的不一样的、不一般的春节，这注定是一段将在历史上留下特殊的一笔的时间。

这段时间里，有武汉人民的众志成城，有四面八方的物资捐献，有感动人心的守望相助，有国际社会的高度肯定，也有各种信息的纷繁复杂和一线医疗资源不能及时供应带来的紧张，但只要我们守望相助，互相砥砺，科学部署，直面问题，疫情必将在不远的将来彻底消弭，还长江一个碧水清波，让天空再度蔚蓝澄明。

世界卫生组织宣布新型冠状病毒感染肺炎疫情已构成国际关注的突发公共卫生事件。但谭德塞总干事强调，中国始终坚持公开透明原则，及时发布信息，快速识别病毒并分享基因序列，采取果断有力措施控制疫情传播，世卫组织对中国控制疫情的能力充满信心，不赞成甚至反对对中国采取旅行或贸易限制。针对某些国家因疫情引发的负面情绪和措施，新加坡总理李显龙认为这是愚昧且不合逻辑的心态，他表示，这场疫情是公共卫生事件，不是国家与种族之间的问题，各国应和中国齐心协力，才能共同应对挑战。国际社会的正面表态说明，中国的努力不仅是在保护本国人民的健康，也是在维护世界人民的健康，全球化时代应对跨国公共卫生挑战，更应当保持客观理性，精神恐慌带来的族群割裂、贸易中断等损失不仅得不偿失，而且长久发酵，更难修复。

面对这场疫情，中国政府秉持开放透明的原则，在确认疫情严重性后，迅速做出一系列断然举措。中国在处理重大公共卫生事件上不仅有处理非典的成功案例，也有援助西非抗击埃博拉病毒的经验。面对国内外重大公共卫生事件时的历史都证明，抗击新冠病毒疫情，我国有底气、有能力、有经验、有人才。

一场疫情阻挡不了中国参与经济全球化的决心和信心，作为世界贸易大国，中国经济的发展与世界经济已经难以分割。理性对待这场疫情，才是真正担负起对各国人民的责任。这也需要我们通过驻外使领馆、媒体、国际组织和当地华侨华人社团积极展开公共外交工作，对外讲好中国人民抗击疫情的故事，争取更多的国际理解和认同、支持。例如韩国，作为中国的近邻，面对疫情虽然其内部也出现不同声音，但我方从公共外交渠道配合官方外交，加强与韩国各界的沟通，韩国社会对疫情的积极态度逐渐占据主流，以三星为首的一批韩国企业纷纷捐资捐物，助力疫情防控。

理性对待疫情，不仅关乎于外，也关乎于内。当前一些地方采取不当甚至极端措施，如有的地方阻断正常道路，导致孕妇难以就近生产，非新型冠状病毒肺炎重病患者难以紧急就医；有的地方谣言四起，造成人心惶惶，影响正常生活；更有甚者，有的地方懒政怠政，导致社会治理出现了漏洞，宣传不到位、落实不到位、追责不到位的情形依然存在。

打铁必须自身硬。只要我们理性面对，有条不紊，优化资源配置，社会的每一种力量都可能变成积极力量，发展中出现的每一个问题都可以用发展的眼光去解决，进而推动社会发展的现代化、国家治理的现代化。

重大疫情面前，信心比黄金更重要。集中力量办大事，是中国特色社会主义制度的显著优势。我们要充分发挥"一方有难、八方支援"精神，以各种形式驰援抗击疫情工作，形成阻击疫情的强大合力。这是一场看不见硝烟的战役，依靠强大的祖国，我们充满信心，一定能取得抗击疫情的最终胜利。

（作者系全国政协外事委员会副主任、外交与国际关系智库察哈尔学会会长；《人民政协报》2020 年 2 月 6 日）

众志成城共克时艰

王济光

新型冠状病毒肺炎疫情发生以来，党中央迅速成立中央应对疫情工作领导小组，习近平总书记多次发表重要讲话、作出重要指示，对疫情防控工作作出一系列重要部署，坚决打赢疫情防控阻击战得到全党全军全社会的一致响应，全国上下众志成城、共克时艰，彰显了中国政府的决断力和中国人民强大的行动力，让全国人民和国际社会看到了中国战胜疫情的巨大决心、坚定信念和非凡韧性。

当前正处于疫情防控关键期，必须在党中央集中统一领导下，加强团结，共同努力，打响疫情防控的总体战；必须全面贯彻习近平总书记的重要指示要求，按照坚定信心、同舟共济、科学防治、精准施策的要求，尽快找差距、补短板，切实做好各项防控工作，坚决打赢疫情防控阻击战。

坚定信心，把打响疫情防控的人民战争作为凝聚人心打赢疫情防控阻击战的坚强后盾。只有全民动员、全民行动，打响疫情防控的人民战争，才能最终战胜病毒恶魔。在党中央的坚强领导下，各级党委和政府及有关部门制定周密方案，组织各方力量开展防控；有关部门各司其职，军队积极支援地方疫情防控；各级党组织领导班子和领导干部特别是主要负责同志坚守岗位、靠前指挥；科研工作者按照"战时状态"，加强通力协作、联手科研攻关；广大医务工作者作为疫情防控的主力军，恪尽职守、英勇奋战，为人民群众筑起一道道健康防线，悉心守护着人民群众的生命安全。在这场人民战争中，全国上下精诚团结、步调一致，齐心协力与病毒恶魔展开搏击。社会各界、民间团体、慈善组织和广大爱国侨胞心系疫情防控重点地区同胞安危，纷纷捐款捐物表达爱心；国际友好人士和世界卫生组织与中国政府积极沟通，体现了构建人类命运共同体的世纪愿望，形成了守望相助、众志成城抗击疫情的强大合力。

同舟共济，把增强大局意识、全局观念和开放思维作为打赢疫情防控阻击战的力量源泉。疫情防控已到最关键时刻，必须善于凝聚共识、同舟共济。牢固树立以人民为中心的思想，把疫情防控工作作为当前最重要最紧迫的政治任务。各部门、各单位要坚持全国一盘棋，按照各自职责分工切实做好本单位的防控工作，自觉服从统一指挥，加强统筹协调；各级党员干部特别是领导干部要强化问题导向，落实岗位职责，杜绝侥幸心理，切实发挥好"主心骨"作用，带头坚守岗位、值班值守，在关键时刻迎难而上、靠前指挥、统筹协调、担当作为，做到守土有责、守土负责、守土尽责。在国家治理体系框架下，充分发挥法律、制度和政策的作用，最大可能地吸纳各种社会力量，调动各种社会资源共同应对和防控疫情，形成社会整体的突发公共卫生危机应对网络。

科学防治，把推动各部门协作、全方位协同、强化科研攻关作为打赢疫情防控阻击战的强力支撑。打赢疫情防控阻击战既是意志和勇气的较量，更是科学和智慧的角逐，尤其需要坚持科学防治。按照中央统一部署，落实应急防控措施，严格防控标准，做好控制传染源、切断传播途径、保护易感人群、加强病患救治、提供物资保障等各项工作。积极运用各种科学手段，依靠专业力量，多听专家意见，强化专业指导，持续加强对疫情走势的分析研判，及时监测发现新情况新问题，为更有针对性地防控疫情提供专业支撑。要加快政产学研用一体化，强化技术集成和科研攻关，进一步提振信心、稳定民心。

精准施策，把密切跟踪、及时分析、迅速行动作为打赢疫情防控阻击战的关键环节。精准施策是疫情防控的着力点和落脚点，主要体现在疫情发布、预案制订、风险排查、监测预警、救治准备、组织救治、监管执法等各个环节。对于已经确诊的，要加强医疗力量和技术指导支持，充分发挥专家组作用，统筹整合医疗资源，按照"集中患者、集中专家、集中资源、集中救治"的防控工作要求，更好保障救治效果；对疑似隔离的，要加强心理疏导和物资保障供应，让群众感受到党和政府的温暖。加大对重点场所的禽类、野生动物等交易的监管和卫生学处置力度；对车站、机场、码头等重点场所，以及汽车、火车、飞机等密闭交通工具，采取通风、消毒、体温监测等必要措施；做好医疗救治准备工作，全面强化技术和设备配置，科学制订病例收治、转诊、转运等工作流程，全力以赴抓好疫情防控各项工作。

地球是人类的家园，人类是一个命运共同体。面对病毒疫情肆虐，只有坚定信心才能消除人类健康的威胁，只有共克时艰才能赢得共同的幸福，只有并肩作战才能打赢这场疫情防控阻击战。中华民族历史上曾经遭受过无数苦难，但从来没有被打倒，中国人民具有坚忍不拔的坚强毅力和共赴时艰的团结精神，中国人民团结凝聚的坚定信心和无私奉献的精神能够克服任何艰难险阻，突破一切危机困扰。武汉加油！中国加油！

（作者系全国政协委员，重庆市政协副秘书长、文化文史和
学习委主任；《人民政协报》2020 年 2 月 13 日）

答好疫情防控和经济社会发展的考卷

张连起

疫情防控与实现经济社会目标任务从来不是对立的关系。两项有机统一，互为支撑，缺一不可

磨难何所惧，风雨向前行！在疫情防控形势最吃劲的关键时刻，习近平总书记发表统筹推进疫情防控和经济社会发展工作的重要讲话，不仅提出认识论，而且阐述方法论；不仅是动员部署，而且是提醒要求，为我们全面打赢疫情防控人民战争、总体战、阻击战，努力实现全年经济社会发展目标任务，指明了战疫方向，注入了强大力量。

疫情防控与实现经济社会目标任务从来不是对立的关系，抗击疫情，关系到保障人民群众生命安全和身体健康，是确保经济社会正常运行的前提和基础；锚定发展，既是为了实现预期目标任务，也是为抗"疫"前线提供充足弹药和物质保障。两项有机统一，互为支撑，缺一不可。对于当下的武汉保卫战、湖北保卫战，必要的硬核手段不可欠缺，而对于其他中、低风险地区，经济、民生、就业等同样不可忽视，要有序全面复产复工，那种看一看、缓一缓、等一等的思想，实际上是这场疫情的"次生灾害"。

我们确信疫情对中国经济的影响是暂时性、阶段性、可控的，但也应充分估计和及时应对短期负面影响。如果疫情防控时间越长，复产复工越缓慢，对制造业的冲击越大。疫情首先冲击消费，尤其是餐饮住宿、交通运输、文化旅游等，然后波及制造业。随着时间推移，制造业的压力来自现金流不足、工资成本刚性、银行贷款到期、产业链断裂、合同违约以及坏账增加。一旦企业资产负债表恶化，能否持续经营和裁员问题就成为不得不考虑的选项。现在，疫情形势出现积极变化，防控工作取得阶段性成效，要求我

们不失时机抓好复工复产，努力把疫情造成的损失抢回来、补回来。

应该看到，一些新业态、新模式、新动能也在这次疫情中得以拓展。智能制造、在线办公、资讯APP、医疗服务、在线视频、手机游戏、在线教育等行业都获得了长足的发展。这表明，中国经济的巨大潜力和强大动能亟待充分释放。

统筹推进新冠肺炎疫情防控和经济社会发展工作，是一场艰巨战役，更是一次历史大考。针对疫情对制造业、服务业、民营经济、中小企业冲击较大的情况，应推出一批精准周延、有效管用的措施，激活蛰伏的潜能。除了确保已出台的重点保障企业专项贷款财政贴息、社保费"减免缓"、成本扣除、亏损结转等政策落地见效外，还应进一步为中小微企业纾困，对已出台政策实施绩效评价，动态调整。纾困政策在管用而不在多。应加大企稳岗政策力度，尽快扩大包括与国家应急管理体系、储备体系相关的有效投资，形成对经济的有效拉动。

让积极财政政策更加积极有为是答好考卷的关键。今年积极的财政政策一方面要加强逆周期调节、巩固和拓展减税降费成效、保持合理适度财政支出强度，另一方面要优化资金配置和结构、提高使用效率。为助力打赢疫情防控人民战争、确保民生得到有效改善，必须坚持节用裕民、惠民利企，在结构调整中更加突出政策的"提质"要求和"增效"导向，把有限财政资源的好钢用到刀刃上。换言之，切实发挥内涵式财政政策对收官之年、战疫之年的战略支撑作用。

保障和改善民生是答好考卷的核心要义所在。围绕民生大事急事难事，抓重点、补短板、强弱项，注重普惠性、基础性、兜底性，做好关键时点、困难人群的基本生活保障，是积极财政政策的聚焦点。当前，就业形势稳中承压，教育、养老、医疗等公共服务体系与人民群众期待相比还有较大差距。要把稳就业作为重中之重，完善就业创业扶持政策，做好高校毕业生、农民工、退役军人等重点人群就业工作。加快推进养老保险全国统筹，继续提高居民医保财政补助标准，提升基层特别是贫困地区医疗卫生服务能力和水平。坚持"房住不炒"的定位，深入开展中央财政支持住房租赁市场发展试点、城镇老旧小区改造等工作，推动完善基本住房保障体系。

加强国家应急体系建设和国家储备体系建设是答好考卷的"加分项"。一是落实医院、疾病控制机构、卫生监督机构应急工作规范，明确应急响应、现场组织、工作流程、处置措施等标准操作规范和流程（SOP）。二是加大政府对传染病专科医院、应急医疗人才、设备经费的投入与支持。组建各级应急医疗救援机动队伍，人员由临床救护、流行病学、特种医学、实验室检测、消杀灭等方面专家和工作人员组成，不定期开展培训和演练，确保卫生应急救援队伍的稳定性。进一步健全急救人才引进和分配激励机制、完善绩效考核办法。三是建立国家战略物资储备体系，强化卫生应急储备物资动态管理，健全物资储备和调用制度。国家战略物资的投放必须快速响应，一旦国家需要，能拿得出、用得上，哪里有需要，就能及时调拨到哪里；什么时候有需要，就能保证运能运量，及时送达。要树立"大储备"意识，坚持"一盘棋"推进。建议成立中央层面的储备领导协调指挥机构，以增强战略物资储备的系统性、整体性与协同性。四是完善国家战略物资储备体系的资金保障。在进行储备立法时，明确规定每年从国家财政收入中提取一定比例作为国家战略储备资金积累。收储战略物资的资金可通过财政拨款、贷款贴息等方式给予保证。

复工就是稳就业，复产就是稳经济。战"疫"不放松，战"贫"要抓紧！

（作者系全国政协常委、提案委员会委员；
《人民政协报》2020 年 2 月 27 日）

生态文明建设

荡河湖之污　还清水于民

徐向东

　　上月，河北、天津等地发现多处污水渗坑，其渗坑面积之大、存续时间之长，令人触目惊心：如此大规模的污水渗坑缘何长期存在？其危害有多严重？笔者注意到，近日全国政协召开的"水污染防治法修订"双周协商座谈会上，有委员提出，以前的治理思路是以排放标准为基础控制，现在则应以水环境容量和纳污能力来控制污染，因为即使污水排放达标，也不代表情况乐观，因为"污水处理后还是劣 V 类水质"。

　　"茅檐低小，溪上青青草；醉里吴音相媚好，白发谁家翁媪。大儿锄豆溪东，中儿正织鸡笼。最喜小儿亡赖，溪头卧剥莲蓬。"一首宋代辛弃疾的《清平乐·村居》充满了人民对美好家园的憧憬，勾起了多少人的美好回忆？然而今天，下河游泳成了一种勇气，鞠一捧清水扑面多半只能在电视广告里才能看到，有的地方甚至只有一种水：劣 V 类水。有些地方的"大水坑"，臭气熏了几年。

　　党中央、国务院审时度势，决定全面推行河长制，出台了关于全面推行河长制的重要意见，我国到 2018 年年底前全面建立河长制和省、市、县、乡四级河长体系。习近平总书记在 2017 年新年贺词中提到每条河流要有"河长"。可以说，从中央到地方治水的力度在加大、速度在加快、投入在加重。它的背后，是产业的升级、是环境的再造、是民生的改善、是干部作风的转变。如何把这项完善水治理体系、保障国家水安全的制度创新真正落到实处，是当前面临的首要关键。

　　一是能者上、庸者下，打造"狮子型"治水铁军。俗话说，"兵熊熊一个，将熊熊一窝"。在四级"河长"选择上，各级要通过良好的组织用人导向，要把压任务"要他干"的被动模式，转变成"我要干"的主动请战模式。要把"往上看"汇报总结材料比去视察的领导还快回到办公室的"循吏"，换成"往下看"走在湖边河头"撸起袖子干"的"狮子型"干部。让"河长"成为组织上培养干部的"登阶石"，锻炼干部的"磨刀石"，检验干部的"试金石"。让能者上，庸者下。打造一支咬定青山不放松，一抓到底动真格，不达目的誓不罢休的"狮子型"治水铁军。今年是换届之年，要抓好衔接，化解新老交替之际，老的不好管，新的不便管等各种潜在顾虑。河长可以换届，治水不可以换届，确保一张蓝图绘到底。

二是摸底数、广发动，打造透明治水模式。在深刻认识全面推行河长制的重要性和紧迫性的同时，更要辩证地看到河湖治理的综合性、复杂性、长期性。既要有大干快上、三年河湖要换新天地的雄心壮志，也要有冰冻三尺，非一日之寒的清晰认知。"河长治水"能否妙手回春，依赖科学的决策，依赖深入的调查研究。工作方案、考核机制要充分酝酿后出台。深入调查研究依赖广大群众，哪里有排污暗管，哪里有河道违章，哪里有污泥浊水，谁最清楚？群众最清楚。"河长"治水首要是相信群众、善于发动群众，打一场治水的人民战争。把人人都是排污者变成人人都是治污者。同时，国家、省、市、县四级联动，积极发挥两代表一委员的民主监督作用，当好"河长"小帮手，按照"就地、就近、就便"原则，综合运用视察、调研、协商、提案、社情民意等多种方式手段开展"查、找、督"工作，让他们在监督中有事做、有话说、作贡献。

三是抓源头、重保障，打造立体治水体系。"问渠那得清如许，为有源头活水来。"当前各地广泛运用的清水冲刷补源，实质是不得已的污染物转嫁应急治水措施。想要剿灭劣Ⅴ类水，治水必须向深一度迈进，要管好"主动脉"大江大湖的两大补充水来源，也要治理作为"毛细血管"的各类小微水体和污水处理厂。然而我国污水处理厂一级A排放标准出水，仅相当于地表水劣Ⅴ类，污水处理厂出水成了高要求河湖水的污染源。建议参照北京A标准，抓紧修订《城镇污水处理厂污染物排放标准》。并将小微水体整治和污水处理厂出水标准提升纳入考核。北京市的经验证明，提高污水处理厂出水标准并不会显著增加成本并可大幅减少污染排放，甚至污水可

变为新的水源。良好的保障是成事之基，想要打好"拆、截、清、封、防、
调"系列组合拳，运用遥感影像、实时监控、飞行检测等新技术多手段，必
须"兵马未动、粮草先行"，尤其对于基层一线当"河长"干活的同志来讲，
工作方案到位、责任落实到位、考核检查到位都比不上规划到位、项目到
位、资金到位。

　　有理由相信，随着河长制的推行，"西塞山前白鹭飞，桃花流水鳜鱼
肥"，将不再是憧憬。

　　　　　　　　　　　（作者系全国政协委员、民盟浙江省委巡视员；《人民
　　　　　　政协报》2017 年 5 月 4 日）

人水争　人必殃

李长安

近日，湖南大水又一次揭开了人水争地的伤疤。近年来，几乎每一次洪涝灾害，都会暴露出"人与水争地为利，水必与人争地为殃"的问题。在去年夏天长江流域防汛抗旱工作总结会上就有专家指出：今年的洪水暴露出"人与水争地"问题已很突出。正是由于过多地开发利用蓄洪区，侵占江、河、湖滩地，减小了江湖调蓄场所，导致江湖对洪水的调蓄能力削弱，才致使同样量级洪水的水位抬高，灾情增大。这一1998年洪水就暴露出的问题，10年后的今天依然没有得到高度重视，很让人忧心。

从近几年洪灾来看，"人与水争地为利，水必与人争地为殃"的主要表现：

围湖占地。今年长沙城市水害严重，河西洋湖片区的部分楼盘简直就是去年武汉南湖片区、黄家湖片区的再现。围湖开发的房地产已成为近年来城市洪涝的重灾区，湖景房成了"海景房"的例子不胜枚举。

围河占地。2016年7月20日，一场突如其来的洪水给邢台市东郊七里河两岸的村民带来灭顶之灾。据事后调查发现，肆意违法侵占河道，在泄洪区域违法乱建工厂、非法采沙、堆放建筑垃圾等，是导致本次洪涝发生的最根本原因。2012年让北京市民回望就后怕的"7·21"特大洪灾，除了雨量本身过大，还有一个重要原因在于，城市发展与洪水争地，占用了原本留给洪水的土地，缩小了洪水调蓄的空间，最终导致了一场空前的灾难。

行蓄洪区占地。行蓄洪区是我国江河防洪系统中不可缺少的组成部分。以长江为例，洪水流量与河道安全泄量不足的矛盾仍将是长江中下游防洪的突出矛盾，一旦遇到1954年级别大洪水，即便考虑干支流远期规划的防洪库容，尚需约 200—300 亿立方米的超额洪量需要动用分蓄洪区解决。然而，随着经济社会的发展、人口的增加，行蓄洪区"人水争地"的矛盾日益突出。

堰塘淤积。在很多流域的支流分布着系列的堰塘（也称之为山塘），这些"微小型的水库"需水量虽不起眼，但由于数量大，也具有重要的防洪功能。现在的问题是，由于长期缺乏管理、淤积严重，甚至填塘造地，有超过 2/3 的山塘当下失去了防洪调水的功能。

"人与水争地"对洪涝灾害的影响已愈显突出，导致防洪形势发生新的变化，亟须相关方面的高度重视。"人水争地"问题如何治理？笔者以为，可从以下几个方面着力：

划定水地边界红线。在大量调查研究的基础上，根据历史洪水规模，并考虑现代气象特点及变化趋势，明确划定各类重要行蓄洪水区的边界红线，如：河道行洪边界红线、泄洪区边界红线、泄洪区边界红线和城市湖泊洪泛边界红线。对于河道行洪边界红线可考虑按百年一遇洪水划定，而对于位于山前的城市河道应以历史特大洪水为依据。并以法律的形式对红线内的人类活动做出明确而详细的规定。

加强遏制人水争地的专门立法工作。虽然《水法》《防洪法》对人水争地有一定的规定，但并不系统和全面。以目前《水法》《防洪法》最为关注的行蓄洪区为例，其中与人水争地关系密切的，就有人口管理问题、工程运用问题、淹没损失负担问题、分蓄洪区内的建设和发展问题等。因此，通过立法来遏止人水争地已经刻不容缓。对红线保护区的立法保护需要注意两点：一是，现有法律重视的是红线区的蓄泄洪水的功能保护，没有注意到多元生态功能。建议新订法律强调以蓄泄洪水为主的多元生态功能保护。二是，现有法律忽视了蓄泄洪区的社会经济功能，经济和社会发展是蓄滞洪区可持续发展的核心内容。法律应鼓励、支持发展不损害蓄滞泄水功能的洪水经济。

加强制度建设。对人水争地隐患最大的行蓄洪区来说，为了实现人水和谐，有很多的制度尚待建立与完善，如洪水保险制度、洪水基金制度、蓄滞洪区运用补偿制度、洪涝灾害监测和防洪通讯制度、洪水影响评价报告制度等。

依法强化行政管理职能。在当前情况下，需要加强两方面的工作。一是立法明确各级管理主体的管理职责和权限。目前，我国行蓄洪区的管理实行的是行政负责制，随其地位的不同，由省、地、县有关部门分别管理。而行政管理，往往各持地方己见，容易产生矛盾和争执，需要分洪时容易延误时机。同时，行蓄洪区管理事项复杂，涉及的管理主体多元。因此，立法应当明确各级管理主体的管理职责和权限。通过明确不同管理主体的职责和分工，促使各级管理主体依法行政，实现管理的规范化，减少管理中的随意性，提高管理的权威性。二是依法明确各类各级管理者及其责任。建议借鉴"湖长制"和"河长制"的做法，实行严格的考核和责任追究制度。

加强公众参与。首先应加强对社会"人与水争地为利，水必与人争地为殃"的宣传，提高公众对"人与水争地"危害认识。其次是吸纳公众对行蓄洪区管理的参与。行蓄洪区管理涉及防洪、经济、社会等各个方面，具有典型的公共管理性质。随着市场经济的不断发展与完善，政府所能控制的资源比重不断下降。因此，应当适应新时期政府机构改革和加快职能转变的要求，找准政府定位，在发挥政府及有关部门的关键性主导作用的前提下，应积极引导和科学组织社会力量和群众广泛参与行蓄洪区的管理，以提高管理的实效性。

（作者系全国政协委员、中国地质大学［武汉］地球科学院教授；《人民政协报》2017 年 7 月 13 日）

坚守绿水青山　夯实生态文明基础

霍学喜

改革开放以来，我国取得举世瞩目的成就。但经济持续快速发展也付出了沉重的代价，即资源消耗强度大、环境污染严重、生态系统退化风险凸显等。关键时刻，中共中央开启了一场事关经济发展方式、人民福祉和文明进步的深刻变革。中共十八大以来，按照以协调推进"四个全面"战略布局、实现"五位一体"总体布局，中央全面清晰地论述了生态文明制度体系的构成及其改革方向、重点任务，生态文明体制改革形成全面铺开、统筹推进的良好局面。

中共十八届五中全会首次提出"创新、协调、绿色、开放、共享"的全面建成小康社会发展新理念，促进生态文明建设上升为绿色发展理念，其中"绿水青山就是金山银山"成为引领我国生产力进步的灵魂主线和夯实经济社会持续发展基础的核心思想。深刻领会和贯彻落实习近平总书记的重要思想和科学论断，具有重要的理论意义和实践价值。

在理论创新方面，面对我国经济社会发展与资源生态环境间的突出矛盾，习近平总书记明确提出"绿水青山就是金山银山"的重要论断。绿水青山是我国自然资源禀赋的综合体，涵盖了水体、土地、森林、矿藏、景观等自然要素及其耦合形成的人类赖以生存发展的自然生态环境；金山银山既包括自然资源禀赋又包括人类开发和保护绿水青山的成果，涵盖了经济发展过程中的物质财富积累和社会发展过程中的文明与进步。因此，"绿水青山就是金山银山"重要论断，既继承和发展了马克思主义生产力与生产关系理论，又切合我国改革发展的伟大实践，着眼解决改革发展中的重大战略问题，形成以生态文明制度为保障，促进绿色生产力持续进步的新思想新理论，符合时代要求。"绿水青山就是金山银山"重要论断的理论意义在于：一是促使全社会深刻反思和重新认识，绿水青山就是自然生产力，是社会生产力文明进步的基础和重要组成部分；二是时代发展要求我国社会主义事业建设必须摆脱重开发、轻保护的传统理念和片面认识，必须突破单纯追求经济增长速度和经济总量的传统生产力思维；三是务必坚守绿水青山，夯实我国经济社会发展的生态文明基础，大力发展绿色生产力。

在实践创新方面，"绿水青山就是金山银山"重要论断，成为以习近平同志为核心的党中央治国理政新理念新思想新战略的重要组成部分，成为指导我国经济社会发展全局的绿色发展理念和重要思想，助力我国生态建设、环境保护上升为国家战略。因此，坚守绿水青山，夯实生态文明制度基础，践行绿色发展道路，实现绿色惠民和绿色强国战略，要做到四个必须：

一是按照中央统一部署，加快建立具有系统性、整体性、完整性、协同性的生态文明制度体系。引导和激励各级政府、各行各业、全体人民形成坚守绿水青山、推进生态文明体制改革的内生动力机制。

二是恪守自然生态环境既是绿色生产力的重要组成部分又是社会生产力文明进步基础的基本理念。注重自然资源持续利用和生态环境持续改善，有效管控资源消耗、生态破坏和环境污染，确保自然生态环境成为创造社会物质财富和精神财富的基础，支撑实现全面建成小康社会战略目标。

三是遵循生态文明制度引领绿色科技发展原则。全面推进绿色科技创新，强化支撑绿色经济发展的科技保障体系，围绕持续提高资源利用率，不断提升生态系统综合功能，全面改进发展环境质量，形成整体的、系统的绿色科技治理制度和科技解决方案。

四是注重培养社会绿色意识和规范生态文明行为。注重完善制度体系建设，健全生态文明法律法规，鼓励城乡社区制定生态系统保护的乡规民约，明确人们参与保护绿水青山的职责，为社区治理创造良好政策环境；按照市场规律配置资源，确保人们平等享受资源持续开发利用的增量利益；加强组织建设，形成多层级治理组织体系。在绿水青山保护过程中，注重保护利益相关者的权利，合理配置参与社区权力，促进行政主导的单向制约结构向多元权力相互制衡的权力结构转变，从政府治理型主导逐渐向社会治理型主导转变，形成以社区组织公共权力主导的内生性生态环境组织与综合管理系统。完善人们参与生态环境利用的规则，形成重要生态资源开发、管理决策制定等集体商议、民主决策机制，确保生态资源开发利用的时间及地点、类型及方式、工程技术及保障措施与生态环境相协调。强化监督与制裁制度建设，构建针对生态资源利用过程中相关利益主体间的冲突、违规行为调节与仲裁机制，特别是依托社区治理结构，建立速度较快、成本低廉、具有生态人文化特征的冲突及违规行为裁决机制。

（作者系全国政协委员、西北农林科技大学教授；《人民政协报》2017 年 8 月 17 日）

长江经济带绿色发展唯有"协调发力"

王济光

多年来，长江经济带在发展过程中存在着不平衡不协调的突出问题，不仅制约了上游地区的生态屏障建设，也影响了全流域生态文明建设。作为一种流域经济，推动长江经济带绿色发展的诸多问题历史成因复杂，各种矛盾交织缠绕，如何寻求破解之道，还是要沉心静气，辨症论治，有序出招，精准发力。

全面梳理影响长江经济带绿色发展的制约因素，不难发现，沿江地区的经济发展质量、发展效果和发展效率存在着极大差异，上中游地区经济发展过度依赖增加物质资源消耗、规模粗放扩张、高能耗高排放产业的发展模式，尚未得到根本改变，从而对实施长江生态修复工程带来很大压力。尤其是长江上中游地区产业结构不尽合理，呈现出传统产业多新兴产业少、低端产业多高端产业少、资源型产业多高附加值产业少、劳动密集型产业多资本科技密集型产业少的"四多四少"格局，上游地区还有很多地方仍然依靠传统高能耗产业作为经济发展支撑点。因此，要解决好长江流域生态环境保护中的老大难问题，就必须真正重视沿江地区污染企业的"上山下乡"、新业态发展的新增污染以及个别地方的"黑色增长"，在健全体制、严格制度、严密法治、强化执行力、加大惩处力等方面，努力形成"五个只有"的推动长江经济带绿色发展协调机制体系。

只有完善共建共享、共管共赢的长江生态修复保护协调机制，才能实现生态更优美。建立从源头上开展长江生态保护修复的协调机制，形成整体预案和行动方案；立足全局，突出源头严防、过程严管、违法严惩，构建长江生态环保无死角全覆盖的全流域、全过程协调机制；注重协同，系统梳理和掌握各类生态隐患和环境风险，建立健全监测预警长效机制。整体联动，逐步建立市场化、多元化的生态补偿机制，加快完善多元化投入保障、生态环境损害赔偿、环境污染第三方治理等制度机制。

只有构筑综合立体交通走廊建设的协调推进机制，才能实现交通更顺畅。以长江黄金水道为主轴，以综合交通运输大通道为支撑，在保证长江干线航道畅通高效的同时，全面建设沿江高速铁路和国家高速公路，形成沿江三大城市群轨道交通网络骨架。以沿江重要港口为节点和枢纽，统筹推进水运、铁路、公路、航空、油气管网集疏运体系建设，打造网络化、标准化、智能化的综合立体交通走廊，与依托亚欧大陆桥的丝绸之路经济带相联接，构建沿海、沿江、沿边与内陆全方位开放新格局。

只有构建沿江产业转型升级的促进与协调机制，才能实现经济更协调。在中央层面建立宏观统筹机制，协调好沿江各地自身发展与协同发展的关系，推动实现上中下游错位发展、协调发展、有机融合，形成整体合力。在地区层面建立省级协调机制，通过横向合作协调好沿江三大城市群在各自发展中结合区位条件、资源禀赋、经济基础，形成差异化协同发展的目标和举措。

只有建立长江经济带均衡有序发展的区域协调机制，才有实现市场更统一。加强新型政府治理中的省际协商合作，解决跨区域性基础设施互联互通、流域管理统筹管理、商品流通统一市场、人口流动区域通开等重大问题。统筹推动沿江地方政府加快简政放权步伐，重点是清理阻碍要素合理流动的地方性政策法规，清除市场壁垒，推动劳动力、资本、技术等要素跨区域自由流动和优化配置，尤其是要把以户籍制度改革为中心的城市劳动力市场发育作为长江上中下游合作创新与改革的突破口，清除阻碍劳动力市场发育的各种制度性障碍，引导和规范人口流动与迁移。

只有培育长江经济带绿色发展的宏观调控机制体系，才能实现机制更科学。推动规划与政策体系的科学调整，对《长江经济带发展规划纲要》和"十三五"规划开展中期评估，结合前期实施情况和国内外发展环境新变化，按照新形势新要求对规划中的相关项目和政策进行调整。在落实主体功能区战略过程中，深入推进"多规合一"，严守生态保护、耕地保护和城镇开发边界三条红线，形成"共抓大保护"的体制机制、聚焦民生改善的协同机制和基本公共服务均等化的调节机制。

（作者系全国政协委员、重庆市政协学习及文史委主任；
《人民政协报》2018 年 7 月 19 日）

生态补偿亟待强化硬约束

潘碧灵

生态补偿制度是生态文明制度建设的重要组成部分，我国从上世纪 90 年代就开始探索，环境保护法第 31 条规定"国家建立、健全生态保护补偿制度"，2016 年，国办印发了《关于健全生态保护补偿机制的意见》，但由于缺乏法律约束、资金保障困难等各种原因，目前工作推进仍比较缓慢。

纵向生态补偿还不全面、不平衡、不到位。一是不全面。2008 年，国家开始建立国家重点生态功能县财政转移支付制度，但主要是对森林功能的补偿，对湿地和水环境保护基本没有补偿。比如洞庭湖作为国际重要湿地，湖区相关县区就没有纳入补偿范围。二是不均衡。2008 年，中央纵向生态补偿从只涉及 452 个县扩大到 818 个县，但仍有为保护生态作出重要贡献的县未纳入。三是不到位。重点生态功能县大部分财政较为困难，由于对生态补偿资金的用途缺乏硬性要求，补偿资金难以防止或避免被挤占、挪用的现象。

横向生态补偿还缺乏法规政策硬约束。尽管中央层面出台了资金奖补政策，但大部分省推进力度不够。由于缺乏有效协商平台和机制，横向生态补偿常常陷入"只说不做""知易行难"的困局，象征意义远大于实际意义。

专项生态补偿标准也偏低。由于没有得到合理补偿和严格赔偿，生态补偿（赔偿）对保护者缺乏吸引力，对违法者缺乏威慑力。如现有生态公益林补贴标准远低于林地所产生的经济效益，导致很多林农不愿意纳入国家生态公益林。类似腾格里沙漠 8 家污染企业支付 5.69 亿生态修复赔偿金的案例也是屈指可数，不足以给违法企业造成威慑。

如何解决这三层面的问题？笔者以为：

应理顺体制机制。生态补偿管理体制涉及发改、财政、环保等许多部门，现综合牵头部门不明确，各有关部门工作职责不明确，部门间整体协调不够，工作要求不严。建议国家尽快明确综合牵头部门，出台责任清单和任务清单，加强督办督察。大幅度提高重点生态功能县生态环境保护工作的考核比重，强化地方党委、政府主体责任。

加快专项立法。目前，我国还没有针对生态补偿进行专门立法，现有的法律规定分散在多部法律之中。有关部门出台的一些规章和政策，权威性和约束性不够，谁受益谁补偿、谁损害谁赔偿的利益调节格局没有真正形成。建议加快出台生态补偿条例，明确生态补偿的基本原则、主要领域、补偿范围、补偿对象、资金来源、补偿标准、相关利益主体的权利义务、考核评估办法、责任追究等。

建立多元机制。充分发挥政府与市场的双重作用，加快建立政府统筹、多层次、多渠道的生态补偿机制。一是将生态补偿纳入各级财政预算安排，中央财政进一步加大对国家重点生态功能县的转移支付力度。二是加大环境税和各种资源费的征收力度并明确用于生态补偿的比重。三是积极推进资源使（取）用权、排污权交易等市场化的生态补偿模式。四是搭建协商平台，完善支持政策，推动开发受益区与生态保护地区、流域上下游采取资金补助、对口协作、共建园区等多种方式实施横向生态补偿。五是督促企业承担起生态补偿责任，促使企业把生态成本内置为企业内部成本。六是建立独立公正的生态资产和生态环境损害评估制度，对生态保护地区根据其生态贡献给予相应补偿，对损害生态环境的行为给予全额生态损害赔偿。

扩大补偿范围。将湿地、饮用水源地保护区等具有重要保护功能的区域，将为保护大气环境、耕地和土壤环境作出贡献区域，如基本农田、未污染耕地保护区，以及部分限制开发区域，如蓄滞洪区等纳入生态补偿范围，应纳尽纳、应补尽补。

（作者系全国政协常委、民进湖南省委主委、湖南省环境保护厅副厅长；《人民政协报》2018 年 8 月 23 日）

生态文明建设必须具有底线思维

陈利顶

　　党中央、国务院高度重视生态文明建设，先后出台了一系列重大决策部署，推动生态文明建设取得重大进展和积极成效。我国生态环境质量持续好转，并呈现稳中向好趋势，但成效并不稳固，稍有松懈就可能出现反复，如逆水行舟，不进则退。从总体上看我国生态文明建设水平仍滞后于经济社会发展，面临着环境污染严重、生态系统退化、发展与人口资源环境之间的矛盾日益突出等诸多问题。建设资源节约型和环境友好型社会，任重道远。

　　习近平总书记明确指出，要"坚持底线思维"，以国土空间规划为依据，把城镇、农业、生态空间和生态保护红线、永久基本农田保护红线、城镇开发边界作为调整经济结构、规划产业发展、推进城镇化不可逾越的红线，立足本地资源禀赋特点、体现本地优势和特色。这一指示从更高层次上为我国经济发展转型、实现高质量发展、建设生态文明指明了方向。坚持底线思维就是要高站位、高起点、高要求提升我国社会经济发展的质量。为此，面对生态文明建设中的诸多问题，树立生态红线观念，坚守底线思维，须从以下几个方面入手：

　　增强生态文明意识，充分认识到生态文明建设的重要性。我国结合实际情况，从构建人类命运共同体角度，提出了生态文明建设的历史使命，具有重要的现实意义和历史价值。地球是人类生存的家园，支撑了人类社会发展的方方面面，但地球上生态系统又与人类形成了一个无法分割的命运共同体，保护地球环境就是保护人类的可持续发展能力。因此，在人类社会发展过程中必须对地球环境与生态系统保护给予高度重视，不能忽视地球环境系统的特点和内在演变规律，肆意开发利用与无序破坏。坚持底线思维，就是要维护人类生存与发展的基石，遵循人地协调发展的基本原则。

坚定不移地贯彻保护优先、绿色发展的理念。从保护生态、保护地球的角度出发，统筹考虑生态保护和经济发展的关系。保护生态环境与发展经济是相辅相成的有机统一，只有把生态环境保护放在第一位，才能为社会经济的发展提供优质的资源、优美的环境。绿水青山就是金山银山，这是支撑人类高质量发展、满足人类社会更高精神需求的基础。在经济发展的过程中思考如何把绿水青山转变成为人类社会服务的产品。坚持底线思维，就是因地制宜、分类施策，增强各项经济发展措施的针对性、系统性和长效性。

各级政府部门始终坚持问题导向，完善相关制度。各级决策者必须牢固树立生态为民、生态惠民、生态利民的理念，从人类命运共同体的角度思考地方社会经济发展，尤其明确地区发展过程中生态保护红线，保障粮食生产安全的耕地保护红线和满足人类生存栖息的城市发展边界。对本地区的生态环境现状和资源背景有清晰的认识，所作决策必须依据本地区生态系统演变规律，从人地和谐角度思考区域发展对策。慎重考虑生态系统的脆弱性和环境资源的承载能力，对于违背自然演变规律的行动要坚决抵制，对于不合理的决策和规划要坚决制止。坚持底线思维，就是要坚持保护也是为了发展的理念，任何开发行为不能以牺牲人类未来发展潜力为前提。

坚持底线思维并非是牺牲地方经济发展，而是要求在发展社会经济时切实考虑人类活动对区域生态系统的影响。坚持底线思维需要得到全社会的共识，这就要求我们要加大生态文明宣传，树立正确的生态保护与生态文明发展理念。与此同时，坚持底线思维需要发展创新思路，找到一条适合区域生态保护与社会经济可持续发展的路径。习近平总书记一再强调生态保护与经济发展并不矛盾，但如何去发展，如何去保护？需要各级地方政府认真思考。要开阔思路、加大创新，在充分考虑生态环境背景、社会经济现状基础上，既培育经济发展新动能，又能有效保障民生，保护生态环境。

坚持底线思维，要从人类的长久发展角度、从人与生物共同家园角度、从人类命运共同体角度审视：我们的行动、我们的决策，是否会对地球环境和生态系统产生负面影响？人类生存所依赖的资源环境是否受到破坏？坚持底线思维将是我国未来生态文明建设与社会发展转型过程中所必须遵循的基本原则。

（作者系全国政协委员，中国科学院生态环境研究中心研究员；《人民政协报》2019 年 6 月 13 日）

国际关系与全球治理

从 G20 杭州峰会看国际关系走向

史明德

不久前，本人有幸参加了二十国集团杭州峰会。杭州峰会聚焦创新增长议题，为应对全球性挑战、世界经济乏力提出了富有智慧的"中国方案"，向世界发出了中国坚持走创新和改革之路，继续为重振全球增长增添新动力的明确信号。正如习近平主席所说，杭州峰会"将成为一个崭新起点，让二十国集团从杭州再出发"。

二十国集团（G20）应亚洲金融危机而生，因国际金融危机而立，在短短几年内成为全球经济治理的核心机制，反映了当今大发展、大变革、大调整的时代潮流和历史发展趋势。

——世界多极化和经济全球化深入发展。"一荣俱荣、一损俱损"的全球化使各国相互依存日益紧密，一国难以独自应对诸如金融危机、气候变化、能源安全、传染性疾病等全球性问题。二十国集团从最初的央行行长和财长级会议，历经 G8+5 对话会，到此次二十国集团历史上发展中国家参与最多的杭州峰会，其发展表明，世界正在成为人类命运共同体，全球治理需要发达国家和发展中国家同舟共济，未来国际关系必将向多边主义发展，这是广大发展中国家的期待，也符合整个世界发展的利益。新兴大国总体实力上升，国际力量格局出现新变化，多极化前景更加明朗，美欧发达国家难以继续垄断国际事务。

——国际新秩序向更加公正合理的方向推进。冷战结束以来，各方围绕国际秩序、发展模式的博弈从未停止过。美及西方大国大力推销其民主价值观，试图维护以他们为主导、垄断为主要特征的旧秩序。中国、俄罗斯、印度等国对内积极探索适合自身国情的发展道路，对外积极参与国际现有秩序的改革和塑造。我们需要思考，未来的国际新秩序应该是怎样的？它与现存的国际秩序是什么样的关系？"明者因时而变，知者随事而制。"我们认为，新的国际秩序应更加公平合理、更加宏观全面，更好地反映现代国际社会对新秩序的需求。从 2009 年匹兹堡峰会，到 2016 年杭州峰会，G20 峰会机制化已成为推动建立这样一种国际新秩序的一个重要突破。

——全球经济治理机制持续深刻演变。二战后，随着国际形势和国际格局不断变化，全球经济治理机制也在不断调整，基本脉络是由美国垄断到西方主导，由发达国家与发展中国家有限对话到新兴大国以平等身份参与其中，标志着国际经济权力架构正发生由西向东、自北向南的调整，体现了全球经济治理机制在不断与时俱进、向前发展。合理的全球经济治理框架既要反映世界格局的变化，也要体现多边主义和国际关系民主化原则。G20 成员国人口占全球 2/3、贸易额占 80%、国内生产总值占 85%，兼顾不同地域、人口以及发展中国家和发达国家的利益，理应在全球经济治理领域发挥定规则、定标准、定调子的作用。

——大国合作是理所当然的不二选择。在未来多极世界中，大国如何处理相互关系，是进入无序竞争的动荡状态，还是进行合作中有竞争、竞争中有合作的多边主义时代？各方都在思考。大国有自重意识、合作得好，可以更多地造福世界；大国恣意妄为、相互拆台，制造的麻烦甚至灾难将是巨大的。时代在前进，我们不能任由"零和"博弈、同盟对抗等旧观念阻碍和干扰双方的合作，不能任由"国强必霸""大国制衡"这样的旧理论左右大国的外交决策。"人心齐，泰山移"，此次杭州峰会，各国加强政策协调，聚焦共识，妥处分歧，加强彼此正向联动，发表了《二十国集团领导人杭州峰会公报》和 28 份具体成果文件。中美两国元首西湖长谈，同意继续共同努力构建中美新型大国关系，两国领导人共同向联合国秘书长交存《巴黎协定》批约文书。中德作为今、明两年 G20 主席国，在创新、数字经济和新工业革命、结构性改革等议题上相互协调、相互合作，共同为解决全球经济领域的重大问题做出积极贡献。

——中国深度参与全球治理，为维护世界和平稳定、重振世界经济增长发挥关键作用。杭州峰会是近年来中国主办的级别最高、规模最大、影响最深远的国际会议，也是完善全球经济治理顶层设计、引领国际经济合作新方向的重要里程碑。这为中国加速实现从全球治理的规则接受者向规则制定者转变提供了坚实基础。中国影响世界的方式，将从经贸合作等"硬实力"层面向全面参与国际秩序塑造和全球治理的"软实力"层面过渡。行胜于言，中国近年来从不断推进"一带一路"建设，到发起成立亚投行和金砖国家新开发银行、设立丝路基金等一系列独具中国特色的公共产品为全球治理注入动力，表明中国在深刻践行着更深层次和更高水平参与全球治理的承诺和责任。中国正在为全球治理贡献智慧、理念和方案，为世界发展注入新的活力。

"凡是过去，皆为序章"。G20 杭州峰会虽已结束，但远非终点，还是新的起点。下一届 G20 峰会将在德国汉堡举行。德国是欧洲主要国家、世界第四大经济体，中德两国在改革完善国际秩序和全球经济金融治理方面，具有诸多共同立场。双方均主张通过结构性改革、创新和投资等综合施策促进经济增长，认为世界经济的持续复苏不能单纯依靠财政刺激和宽松货币政策。中德同为实体经济大国，"中国制造 2025"与德国"工业 4.0"战略对接，将两国的经济发展前景紧紧联系在一起。中国与德国通力合作，将继续推动二十国集团从短期政策向中长期政策转型、从危机应对向长效治理机制转型，在完善全球贸易投资等方面取得新进展，对二十国集团机制的巩固与发展作出贡献。

（作者系全国政协委员、中华人民共和国原驻德国大使；
《人民政协报》2016 年 10 月 20 日）

为自由贸易注入中国信心

韩方明

11 月 20 日，APEC 第 24 次领导人非正式会议在秘鲁利马举行。习近平主席发表了题为《面向未来开拓进取促进亚太发展繁荣》的重要讲话，强调要深化亚太伙伴关系，以开放谋共赢，以融合促繁荣，不断开拓进取，共创亚太发展的美好未来。

习近平主席的讲话，向世界传递了中国对自由贸易的承诺，展示了中国负责任的大国的国际形象，也给日益保守化、碎片化的世界注入了中国信心。

曾几何时，全球化、自由贸易是各国政府和研究机构的共识，大型跨国公司追求的都是全球市场，随着科技的进步、经济的发展，世界变成了地球村，人们期待着在这个村落里，贸易、货物、人员、文化、艺术可以自由地流动。

随着全球化的加速，经济贸易不平衡产生，跨国公司的规模和利润超过了许多小国家，财富的积累呈现马太效应，富者愈富，穷者愈穷，不同地区、不同国家、不同阶层的人的收入差距在拉大。中东战乱产生的移民以及随之而来的社会问题，也让欧美选择收紧移民政策，部分国家则是右翼抬头，保守主义大行其道。

在欧洲，反全球化的浪潮体现在英国民众公投脱欧；在美国，高喊"美国优先"的特朗普上台。英国、美国先后都是全球化的推动者，这两个国家的选择让他们一直推动并支持的自由贸易陷入危机。

在此背景下，APEC 领导人齐聚秘鲁，召开主题为"高质量增长和人类发展"的非正式会议，围绕全球形势下自由贸易和投资面临的挑战展开讨论。习近平主席在讲话中指出，要坚定不移地引领经济全球化进程，引领经济全球化向更加包容普惠的方向发展，反对一切形式的保护主义，支持多边贸易机制，早日建成亚太自由贸易区。

习近平主席讲话所展现的中国态度和中国信心，毫无疑问给充满不确定性的自由贸易进程注入强心剂。与之相配合的，是中国推动亚太自由贸易的诸多努力。

在中国为代表的负责任国家的推动下，本次 APEC 利马会议成果丰硕，主要体现在三个方面。第一，坚定了构建开放型经济的大方向，加快推进亚太自贸区建设。第二，致力于挖掘经济增长新动力，巩固亚太地区作为世界经济增长重要引擎的作用。会议承诺继续采取货币、财政、结构性改革等各项政策工具，提振需求，完善供给，致力于打造开放型亚太经济。第三，推动建设更紧密的伙伴关系，规划亚太区域合作的前景与方向。

值得关注的是，本次会议上，各经济体领导人批准了 APEC 部长会议提交的《亚太自贸区集体战略研究报告》（以下简称《研究报告》）和相关政策建议。《研究报告》的获批，是亚太自贸区各经济体完成的第一个实质性动作，对亚太区域一体化进程和经济合作具有里程碑式意义。这一过程，中国扮演了重要的推动者角色。

凡事知易行难。我们需要看到，当前亚太自贸区具体实现路径还存在困难，仍需探索。

首先，美国宣布放弃 TPP，贸易保护主义抬头。美国放弃自己打造的 TPP，在美国优先的路径上走得很坚决，在特朗普领导下的美国，经贸方面可能更加强硬，更加重视美国自身利益而忽视地区合作。基于美国的实力以及在全球的影响力，亚太自贸区的建设没有美国的支持将会有很大困难。亚太自贸区欢迎美国的参与，也需要美国的参与，希望美国能从大局出发，谨慎对待。

其次，亚太国家如何协调经济和利益关系。APEC 包含 21 个成员和 3 个观察员，有大国，有小国，有发达国家也有发展中国家，彼此发展阶段不同，国情不同，自由贸易在给一部分人带来利益的同时，可能伤害另一部分人的利益，如何进行协调，让自贸区照顾大多数人的关切，让更多人从中受益，是制度设计者需要重点考虑的问题。

最后，亚太各国制度不同、文化不同，如何在经济一体化的同时，尊重不同国家的文化，是个难题。我们常说经济基础决定上层建筑，这适合一个国家之内。跨国合作恰好相反，政治的互信才能推动合作，文化上的认同才能让合作更坚实，这不可以一蹴而就，需要各国"互联互通"，加深理解。

亚太经合组织总人口达 26 亿，约占世界人口的 40%；国内生产总值之和超过 19 万亿美元，约占世界的 56%；贸易额约占世界总量的 48%。这一组织在全球经济活动中具有举足轻重的地位。正所谓，亚太兴，则世界兴。亚太国家在自由贸易方面的努力，将给世界带来更多期待和更多希望。

（作者系全国政协外事委员会副主任、外交与国际关系智库察哈尔学会主席；《人民政协报》2016 年 11 月 24 日）

入世 15 年　接续开放发展之路

易小准

2001 年 12 月 11 日，中国正式加入世界贸易组织，进入庞大的全球经济体系，也开启了中国全面开放征程。15 年来，中国不仅成长为世界主要贸易投资国，还是世贸组织的核心成员，成为世界贸易体系的捍卫者、贡献者和引领者。

1995 年世贸组织正式成立以来，已有包括中国在内的 36 个经济体加入，约占全球经济和全球贸易的 1/5，占全球人口的 1/4 以上。过去 20 年来，36 个经济体加入世贸组织是全球贸易自由化的重要推动力量，这些经济体的平均约束关税水平为 13.8%，大大低于世贸组织创始成员的 45.5%。在服务领域，新加入成员开放了金融、保险、法律、电信、分销、速递等 100 余个服务贸易部门，而创始成员的服务部门开放平均不足 50 个。研究表明，一个经济体加入世贸组织可以带来经济增长和投资增加，加入后 5 年间可带动经济增长加快 2.5 个百分点，经济总量扩张 20% 以上。中国经济贸易取得的成就是世贸组织成立 20 多年来 36 个新成员的最佳范例。

中国加入世贸组织时做出了高水平承诺，不断扩大各领域对外开放，加快推进贸易与投资自由化和便利化，2005 年便已执行完绝大多数承诺，赢得了国际社会和其他世贸成员的充分信任和广泛赞誉。15 年来，中央政府共清理各类法律法规和部门规章数千件，地方政府共清理地方性政策和法规数十万件，使国内涉外经济法律法规与中国加入世贸组织承诺相一致。中国逐步取消了 400 多项非关税措施，开放了 100 余个服务贸易部门，中国关税总水平从加入时的 15.3% 降至 2010 年的 9.8%，当前贸易加权平均关税仅为 4.5%。2015 年 9 月，中国率先批准世贸组织《贸易便利化协定》，成为接受该协定的第十六个成员。

随着市场准入与开放程度显著提高，中国面临的机遇与发展也不期而至。2015 年中国国内生产总值自 2001 年的 1.3 万亿美元提高至 10.98 万亿美元，2010 年以来成为世界第二大经济体；货物贸易进出口总额自 2001 年的 5098 亿美元提高至 3.95 万亿美元，2013 年以来成为世界货物贸易第一大国；服务贸易进出口总额自 2001 年的 674 亿美元提高至 7130 亿美元，2014 年以来成为世界服务贸易第二大国。中国还是 120 多个国家和地区的第一大贸易伙伴和全球最具吸引力的投资目的国之一。

党的十八大以来，中国城乡居民收入增长已经连续 3 年高于经济增长、社会保障制度不断完善，中国人的消费能力和消费意愿逐渐提高。2015 年中国在全球贸易中的份额超过 13%，世界银行和国际货币基金组织的研究报告指出，中国是世界经济增长的最重要发动机之一，过去六七年间，如果没有中国每年近 2 万亿美元的进口额，世界经济衰退程度将明显加深，亚太地区经济将受到更大的影响，因而中国堪称世界经济贸易稳定的"压舱石"和"推进器"，中国加入世贸组织取得了互利共赢的成果。

客观全面地观察，就能看清楚中国对全球贸易的贡献。贸易政策审议是与规则谈判、争端解决并列的世贸组织三大功能之一，是成员相互了解经贸政策走向和承诺执行情况的重要透明度机制，对有力遏制贸易保护主义有重要作用，相当于对成员经贸体制的"体检"。2016 年 7 月，世贸组织召开了第六次对华贸易政策审议会议。世贸成员高度关注本次中国贸易政策审议，向中国提交了 1964 个书面问题，涉及中国宏观经济体制和经贸领域的政策措施。成员总体对中国供给侧结构性改革、开放新举措、"一带一路"倡议、自贸试验区探索等进一步深化改革和扩大对外开放表示充分肯定，对中国坚持多边贸易体制表示赞赏，尤其高度评价中国给予最不发达国家和发展中国家的支持。

特别是 2016 年，在担任二十国集团主席国期间，中国既以自身的发展推动世界发展，又为构建创新、活力、联动、包容的世界经济提供"中国方案"，无论是共同反对贸易保护主义，还是推动将贸易投资成为世界经济增长的三大支柱之一，中国为全球经贸治理和多边贸易体制建设提供的领导力有目共睹。

中国加入世贸组织后还推动了发达国家和其他发展中国家的经济贸易增长。2015 年中国是美国第三大出口市场，占美国出口额的 8%，而 2001 年中国是美国第十一大出口市场，占美国出口额还不足 2%。2015 年中国是南非第一大出口市场，而 2001 年仅为第十七位，出口份额从 1.7% 提升至 8%。中国是新兴经济体的重要贸易伙伴，比如巴西对华出口约占其出口额的 20%。

展望未来，中国对外开放不会停滞，更不会走回头路。一个国家强盛才能充满信心开放，而开放促进一个国家强盛。在"逆全球化"暗流涌动之际，中国领导人坚定不移改革开放的话语传递出中国推进全球化战略的信心与定力，体现了中国作为一个负责任大国的担当。中国通过加入世贸组织将推动全球经贸治理向着更加公正、透明、非歧视的方向发展，必将造福世界各国人民。

（作者系全国政协委员、世界贸易组织副总干事；《人民政协报》2016 年 12 月 22 日）

达沃斯上的"中国力量"

张连起

素有"全球经济风向标"之称的世界经济论坛，2017 年年会主题为"领导力：应势而为、勇于担当"。

"年逾不惑、行将知天命"的达沃斯世界经济论坛，伴随世界发展一路走来，汇聚全球政经企学等各界领袖人物，交流中满是真诚，轻松中带着使命，把公约数做到最大，将夹角处展得平缓。40 多年来，达沃斯论坛作为世界发展的亲历者和见证方，经历过全球经济高速增长的黄金时代，也经历了各种类型和范围的经济、金融危机，既有"得上高峰窥皓月"的畅快，也有"沉潜谷底蓄动能"的砥砺。世人看到的，是一个始终扎实努力、善聚八方贤策、促进全球合作的达沃斯。

当今世界的发展，正处于历史的十字关口：经济复苏乏力，"黑天鹅"频飞，逆全球化抬头，政治格局动荡……越是形势复杂严峻，越是需要运筹帷幄、共克时艰。世界的目光再次聚焦中国。

行稳致远是中国经济"进行时"。

国际主要机构预测，2016 年中国经济增速将达到 6.7%，对世界经济增长的贡献率将达到 39%；在全球经济预计 3.1 个百分点的增长率中，中国贡献 1.2 个百分点，是美日欧贡献之和的两倍。

一年前大家对中国经济的前景并不乐观，甚至有点担忧，有的机构预言中国经济可能出现"塌方式"下滑。但这一年走过来，这些预言落空。

中国经济发展的成绩，是在复杂严峻的国内外环境中取得的：内有中国经济进入新常态，持续承受转型的阵痛；外有世界经济呈现新平庸，不确定性大大增强。然而，中国经济社会仍然保持着平稳健康的发展。我们没有搞"大水漫灌式"的刺激总需求，而是实施区间调控、定向调控、相机调控、精准调控来应对各种风险挑战。经济社会保持平稳健康的发展，让"十三五"有了一个良好的开局，经济运行在合理的区间，产业结构在不断优化。

中国走向世界，世界走向中国。

"这是最好的时代，也是最坏的时代。"习近平总书记在达沃斯发表主旨演讲时引用了狄更斯的话。经济全球化是社会生产力发展的客观要求和科技进步的必然结果。经济全球化为世界经济增长提供了强劲动力，促进了商品和资本流动、科技和文明进步、各国人民交往。经济全球化确实带来了新问题，但把困扰世界的问题简单归咎于经济全球化，既不符合事实，也无助于问题解决。

中国作为全球最大出口国，自由贸易的重要性毋庸置疑，新一波的保护主义以及普遍反全球化的浪潮对中国的影响不言而喻。

国家统计局最新公布的数据显示，中国较高收入人群总人数超过1.5亿，年人均可支配收入已达1万美元左右。这部分人的总消费能力相当于多个中等国家之和，他们的购买力投放到哪里，哪里的市场就会一片繁荣。中国更是坚定推动贸易自由和全球化。就在去年11月，习近平主席在秘鲁国会发表题为《同舟共济、扬帆远航，共创中拉关系美好未来》的重要演讲，重申中国将坚持走共同发展道路，继续奉行互利共赢的开放战略，积极践行正确义利观，将自身发展经验和机遇同世界各国分享，欢迎各国搭乘中国发展"顺风车"，一起实现共同发展。

善治病者，必医其受病之处；善救弊者，必塞其起弊之原。中国紧紧抓住供给侧存在的突出矛盾，从2016年开始坚定推动供给侧结构性改革。一要坚持创新驱动，打造富有活力的增长模式；二要坚持协同联动，打造开放共赢的合作模式；三要坚持与时俱进，打造公正合理的治理模式；四要坚持公平包容，打造平衡普惠的发展模式。

2007年的中国，"加强和改善宏观调控，促进经济平稳快速发展"，并在3年后成为世界第二大经济体；2017年的中国，经济发展进入新常态，正以创新、协调、绿色、开放、共享的发展理念为指引，推进供给侧结构性改革，培育增长新动能；按照相关战略部署，2027 年的中国，早已全面建成小康社会，第一个百年奋斗目标已经实现，并全力奔向第二个百年目标。达沃斯是历史见证者，也是助推贡献方，更是未来携手共进的可靠伙伴。

（作者系全国政协委员、财政部内部控制委员会委员、瑞华会计师事务所管理合伙人；《人民政协报》2017 年 1 月 19 日）

"一带一路"：经济全球化的新主角

迟福林

总的判断是，我国发展的内外部环境发生深刻变化。从外部环境看，发达国家贸易保护主义、孤立主义等倾向加剧，使经济全球化的不确定性上升；从内部看，我国经济转型升级的趋势基本形成，经济转型与国际经济格局变化交织在一起，转型的双向影响明显增强。"一带一路"是反对贸易保护主义，构建开放、包容、共享、均衡的经济全球化新主角，承载着以构建自由贸易区网络为目标、促进全球自由贸易进程的新使命。要以"一带一路"为总抓手，加快形成我国对外开放的大平台、大通道、大布局，赢得国内经济转型和国际市场竞争的主动。

首先，是"一带一路"外延的扩大。"一带一路"秉持的开放、包容、共享、均衡的理念，是一个开放式的倡议，将逐步跨越"一带一路"沿线国家，成为包括发达国家在内的全球共商、共建、共享的大平台、大战略，由此在推进新的经济全球化中承担主要角色。例如，美国并不属于"一带一路"沿线国家，随着"一带一路"建设向纵深推进，估计美国等发达国家将加入到"一带一路"朋友圈中。就是说，在经济全球化的新背景下，"一带一路"是以 65 个国家为主体、以亚欧合作为重点，逐步扩大到全球的"65+"。

其次，是"一带一路"内涵的升级。为什么"一带一路"倡议能赢得广泛的国际共识？重要原因在于，"一带一路"承载着推进新经济全球化的重要使命。

一是以基础设施为依托。基础设施互联互通是实现"一带一路"倡议"五通"的关节点。"一带一路"沿线国家和地区基础设施建设需求巨大。有研究表明，2016—2020年"一带一路"沿线国家和地区基础设施合意投资需求至少达10.6万亿美元。巨大的基础设施建设不仅可以增加当地的就业与收入，而且对实现"一带一路"沿线相关国家、地区发展战略对接具有关键性作用。

二是以产能合作和服务贸易为重点。目前，"一带一路"沿线国家和地区间的产能合作和服务贸易合作已经展开。总的来看，服务贸易远滞后于货物贸易及企业"走出去"进程，滞后于产能合作的实际需求。2016年前三季度，我国与"一带一路"沿线国家和地区服务贸易额仅占贸易总额的10%，低于我国服务贸易占比18%的平均水平。重货物贸易而轻服务贸易、贸易自由化、便利化程度比较低，导致"一带一路"沿线国家和地区贸易成本居高不下。未来，在深化产能合作的同时，拓展服务业领域的合作，成为"一带一路"可持续发展面临着的重大任务。

三是以构建多层次的自由贸易区网络为目标。以"一带一路"沿线国家和地区为重点，加快建立跨国、跨区域自由贸易区网络，探索对外开放新的路径和模式，有利于拓展经济转型空间；有利于我国在新的国际经贸规则制定中赢得主动，创造更好的外部发展环境；有利于在新一轮全球贸易和投资自由化、便利化进程中发挥更大作用。

——实施制度化、便利化的安排。无论是建立双边自由贸易区，还是构建多边自由贸易区，或是开展多种形式的自由贸易，都需要尽快形成制度安排，在投资贸易便利化上实现重要突破。

——实现双方、多方的优势互补。构建"一带一路"自由贸易区网络，需要立足沿线国家和地区的基本国情，发挥各自的资源优势，实现优势互补、互惠互利，形成利益共同体、命运共同体。

——推进"一带一路"的可持续进程，增强各方对全球经济一体化的信心。在全球贸易保护主义抬头的特定背景下，推进"一带一路"自由贸易区网络建设，对促进全球经济一体化和改善全球经济治理结构有重要影响。同时，有利于增强各方对全球经济一体化的信心，共同反对各种形式的贸易保护主义。

再次，是"一带一路"战略地位的提升。"一带一路"既包括对新兴市场、发展中国家和转型国家的开放，也包括对西方发达国家的开放，而且将"一带一路"沿线国家和地区与我国区域开放开发直接融合。因此，"一带一路"不仅仅是国家区域性战略，更是一个引领开放、包容、共享、均衡的经济全球化大战略，有助于构建内外互动、相互融合的新发展大格局。

（作者系全国政协委员、中国［海南］改革发展研究院
院长；《人民政协报》2017 年 5 月 11 日）

开创金砖合作第二个"金色十年"

张蕴岭

9月3日至5日，金砖国家领导人第九次会晤在中国厦门举行。会晤通过了《金砖国家领导人厦门宣言》，重申开放包容、合作、共赢的金砖精神，全面总结了金砖合作10年来的成功经验，为加强金砖伙伴关系、深化各领域务实合作规划了新蓝图。今年是金砖国家开展合作的第十一个年头，也是金砖国家开启合作新十年里程之年。未来，随着金砖合作机制的发展，更多国家成为正式成员的需要性和可能性都存在。

正如习近平主席在本次工商论坛讲话中所指出的：作为具有全球影响力的合作平台，金砖合作的意义已超出五国范畴，承载着新兴市场国家和发展中国家乃至整个国际社会的期望。发展中国家需要通过合作推动经济发展，需要通过合作推动国际体系调整与改革。当前，世界经济的发展面临许多挑战，发展中国家需要加强合作，维护世界市场开放的大格局，需要推动国际体系改革，支持世界经济创建新的增长动能。

金砖国家合作的最重要成就是领导人会晤机制常态化，不因国内政局生变、领导人的更替或者国家间发生摩擦而中断，每次会议都就深化合作达成重要共识，提出具有实质性内容的合作议程。同时，以领导人会晤为引领，发展起了安全事务高级代表会议、外长会晤机制，在经贸、教育、卫生、科技、文化、禁毒、旅游、智库、地方政府合作等数十个领域建立起务实合作多层次架构。

事实表明，金砖合作不是清谈馆，所取得的成效显著。比如，2011年4月在中国举办的第三次领导人会晤发表了《三亚宣言》，决定推动本币贸易结算机制，签署了《金砖国家银行合作机制金融合作框架协议》；2012年第四次领导人会晤签署了《金砖国家银行合作机制多边本币授信总协议》和《多边信用证保兑服务协议》；2013 年 3 月第五次领导人会议决定建立金砖国家开发银行并筹备建立金砖国家外汇储备库；2014 年 7 月第六次领导人会议宣布建立金砖国家新开发银行；2015 年 7 月第七次领导人会议通过了《金砖国家经济伙伴战略》，金砖国家新发展银行召开第一届理事会，标志着该银行开始运营；2016 年 10 月第八次领导人会议通过《果阿宣言》，在农业、海关、保险等领域签署合作文件。

金砖国家差别很大，各国都有自身发展中的困难，各自间还有诸多敏感问题或争端。但要坚持合作的大方向，需要求同存异、求同化异，而求同就是要寻求认同共识和共利空间，不因不同甚至争端而放弃合作。看看每次领导人会议达成的共识和各个合作机制下的成果，十年的努力，着实不易。

中国是金砖合作的积极参与者、推动者和贡献者。就经济总量而言，中国所占权重最大。尽管如此，中国从不以"老大"自居，而是以平等合作的姿态，与其他国家一起协商共进，从不把自己的意愿施压于其他成员，而是与其他伙伴共商共建。正如习近平主席所言："金砖国家不搞一言堂，凡事大家商量着来。"金砖五国尊重彼此的发展道路和模式，相互照顾关切，致力于增进战略沟通和政治互信。五国在国情、历史、文化等方面存在差异，合作中难免遇到一些分歧，但只要坚定合作信念、坚持增信释疑，就能在合作道路上越走越稳。

为金砖合作开启第二个"金色十年"的厦门会晤取得了丰硕成果。事实上，各项务实的工作早已开始。自今年 1 月 1 日接任金砖主席国以来，中国已经主办了财金、经贸、科技、工业、文化、教育、环境等各领域的会议和活动 84 场，其中部长级以上会议 22 场，共形成 60 多项合作协议和共识。显然，中国要开启金砖国家合作新十年合作里程的承诺不是空话。

此次《金砖国家领导人厦门宣言》中指出，各方同意深化文化、教育、科技、体育、卫生、媒体机构、地方政府等领域合作，打造金砖国家合作的第三支柱，巩固金砖国家伙伴关系的民意基础。这表明金砖机制由之前的

"双轨驱动",进入经济、政治和人文"三轮驱动"的新阶段。我们期待,未来金砖合作架构更加平衡,合作布局更加完善,使金砖合作在第二个十年走得更快、走得更稳、走得更远。

（作者系全国政协委员、中国社会科学院学部委员、国际研究学部主任；《人民政协报》2017 年 9 月 7 日）

竞合：中美经济关系最恰当描述

张连起

自从 2010 年中国 GDP 总量超过日本，中美经济比较就成了热门。

过去的一年，中国在很多方面取得了很大成就。习近平总书记在新年贺词中说，中国 GDP 总量已经超过 80 万亿元。

80 万亿元，按照最新的人民币兑美元汇率，是 12.27 万亿美元。美国 2016 年 GDP 是 18.57 万亿美元，如果 2017 年增长 2.3%，经济总量约达 19 万亿美元。可以看出，中美之间的经济规模在不断接近，而且增长率明显比美国高，何时能超过美国也成了一个现实问题。

但我们也看到，根据测算，2050 年中国 GDP 将达到 49.85 万亿美元，美国将达到 34.10 万亿美元。基于世行估计的人口数据估算人均 GDP，中国在 2050 年的人均 GDP 为 3.73 万美元，美国为 8.78 万美元。

笔者认为，因为数据指标体系选择的不同，也因为中美统计方法的差异，不同的观察指标可能会呈现不同的结果。我们要清醒认识我国所处的经济位置，不卑不亢，看到我们的快速发展，也看到我们的差距。与关注中美经济差距到底多大相比，更应关注的是：中美经济互补性大于竞争性。

去年 2 月 18 日，美国总统特朗普发布任内第一份《国家安全战略》。这份报告充斥着"美国优先"原则，在经济、国防、安全、反恐、移民等方面，特朗普明确表示，美国国家安全以美国的最大利益为权衡标准。

与此同时，报告着重强调经济繁荣对国家安全的重要性，确定了经济安全就是国家安全的立场。称美国处于一个充满"竞争"的世界，中国、俄罗斯等国在多个领域挑战美国地位。当特朗普政府将保护自身经济繁荣视为最大任务时，必然将矛头指向中国。

　　美国正在与中国进行一场世纪大转型的竞争，美国想要提高实体经济比重，中国打算提高实体经济的全球竞争力。但美国与中国只是在经济总量上具有竞争性的关系，而双方的经贸并不存在竞争性的结构，是互补性的。因此，限制中国对美出口对美国本身并不能带来好处，相反，双方合作做加法反而更容易形成共赢。作为最大的发展中国家和最大的发达国家，中美拓展经贸合作的前景是广阔的，合作空间巨大。中国已经在扩大从美国进口能源和农产品，进一步深化服务贸易合作，当然也希望美方加大对华民用技术产品出口。中国将继续鼓励中国企业积极赴美投资，也期待美国企业、金融机构积极参与"一带一路"有关合作项目。我们需要重视美国经济结构转型可能对中国经济转型产生的冲击，更加关注于国内的改革，推进经济的转型升级，提高生产效率与创新水平，增强本国企业的竞争力。我们相信，竞合关系可能是中美经济关系最恰当的描述。中美经济的互补性远远大于竞争性，只是各自在经济发展与转型过程中赛跑，这种比赛显然应该以提高自身的竞争力而不是相互破坏为基础。

（作者系全国政协委员、瑞华会计师事务所管理合伙人；
《人民政协报》2018 年 1 月 11 日）

深化对外文化交流　促进文明互鉴互通

于洪君

习近平总书记在党的十九大报告中指出，近年来，我们"全面推进中国特色大国外交，形成全方位、多层次、立体化的外交布局，为我国发展营造了良好外部条件。""我国国际影响力、感召力、塑造力进一步提高。"这些成就的取得，与我们积极倡导和推动构建人类命运共同体，不断扩大和深化对外文化交流，全力促进文明互鉴互通密切相关。

文明互鉴互通是人类社会发展进步的客观要求，也是推动人类社会走向命运共同体的重要前提。人类社会是个充满矛盾和冲突，同时相互联系与统一的集合体。对于人类社会的整体性和人类文明的互鉴性，习近平总书记做过一系列精彩而科学的论述和分析。2013 年 3 月，他作为国家主席首访俄罗斯时第一次明确指出，人类社会生活在同一个地球村，生活在历史与现实交汇的同一个时空，世界各国早已形成紧密联系并相互依存的命运共同体。2014 年春，习近平主席访问法国时，在联合国教科文组织总部发表演说，精辟地阐述了文明多元而平等的思想。他指出，人类文明因交流而多彩，因互鉴而丰富，文明交流互鉴是推动人类文明进步和世界和平发展的重要动力。2017 年 1 月，在联合国日内瓦总部发表演说时，他强调，文明没有高下优劣之分，只有特色地域之别。不同文明要取长补短，共同进步。文明交流互鉴应成为推动人类社会进步的动力，维护世界和平的纽带。

不断深化对外文化交流，是推动文明互鉴互通，确保中国与世界良性互动的重要手段。我国历来主张尊重文明多样性原则。习近平总书记对此做了严谨的科学阐释，这就是以文明交流超越文明隔阂，文明互鉴超越文明冲突，文明共存超越文明优越。世界各国只有做到"三个超越"，才能在进步发展的道路上实现利益攸关，才能在普遍安全的问题上做到休戚与共，才能在构建美好世界的旅途上行稳致远，不断接近义务共尽、责任共负、风险共担、成果共享的命运共同体。

通过"三个超越"实现文明互鉴与互通，文化交流的作用是不言而喻的，也是不可替代的。文化与文明是两个密切相关的概念。任何一种文明类型，无论内涵与外延如何演化，总要通过某些文化形态表现出来。正如习近平总书记所说，文化是一个国家、一个民族的灵魂。文化兴国运兴，文化强民族强。我们中华民族自立于世界民族之林数以千年，虽屡遭磨难，历经浩劫，但薪火相传，生生不息，归根结底，就在于我们拥有源远流长、博大精深的中华文化，就在于中华文化具有兼收并蓄、博采众长的优良品格。

今天，我们要实现中华民族全面复兴的伟大历史目标，要义无反顾地走向世界舞台中央，既要有政治上对国际事务的影响力，经济上对世界增长的拉动力，还要有捍卫国家主权和安全的威慑力，足够强大的文化感召力。换言之，中国要实现真正的复兴与崛起，中华文明要走出去，中华文化要走出去。而要做到这两个"走出去"，要以高度的文化自信为基础。"没有高度的文化自信，没有文化繁荣昌盛，就没有中华民族伟大复兴。"牢固而又持久的文化自信，是我们扩大和深化对外文化交流的重要前提和保障。

在当前乃至今后相当一个历史时期，对外文化交流应努力改变国际社会对中国的狭隘认知和成见偏见，改变中国的软实力增长明显落后于经济增长贡献率的不正常状态。中国的对外文化交流活动，应始终包括文化传播、文化合作、文化引进三个相辅相成的组成部分。文化传播，是要向国际社会展示中华民族数千年积淀的物质和精神文明成果，展示中国特色社会主义的制度优势和中国现代化建设成就，树立东方大国、文明大国、负责任大国和社会主义大国良好形象。文化合作，是要通过双边机制或多边机构，共同制作文化产品，共同举办文化活动，共同推进整个人类社会的文化建设和繁荣，助力更高水平的文明交流与互鉴。文化引进，则是以和而不同的胸襟、海纳百川的气度、兼容并蓄的方式，吸纳人类文明创造的一切有益成果，构建"中国走向世界"与"世界走向中国"相互统一、"中国需要世界"和"世界需要中国"密切关联的中外关系新格局。

当下，中国的文创产业发展很快。深圳、上海、北京和杭州的文创产业在 GDP 中的比重分别超过了 10%、12%、14% 和 20%。这些经济发展较好、文创产业优势巨大的城市和地区，可以在对外文化交流中发挥表率和引导作用。除电影、戏剧、音乐、舞蹈、美术、出版等传统文化活动形式外，如动漫、网游、创意设计、艺术品交易以及文化装备出口等领域，应成为我们拓展对外文化交流的重点方向和新兴领域。

在中国特色社会主义建设的新时代，负有重大使命和责任的中国对外文化交流，在助力中国全球伙伴关系网建设、助力中国大力推动的"一带一路"建设，助力命运共同体建设等方面，应该有也必须有更大的作为和建树。

（作者系全国政协委员、中共中央对外联络部原副部长；《人民政协报》2018 年 1 月 18 日）

对外讲好新时代中国故事

王茂虎

　　良好的国家形象除了需要强大的国力支撑，还需要高水准的对外传播能力与之相匹配。中国凭借自身实力日益走近世界舞台中央，中国理念、中国智慧、中国方案、中国机遇受到全球广泛关注。为了让中国发展好故事、全球治理好声音准确、全面地传递到应该到达的地方，对外传播能力建设还有很大提升空间。

　　高屋建瓴看外宣。党的十八大以来，以习近平同志为核心的党中央高度重视对外宣传工作，做出了一系列重要部署和理论阐述：在党的十八届三中全会和党的新闻舆论工作座谈会上，明确提出了要加强对外传播和国际话语权建设的内容；在党的十九大报告中明确指出"加强中外人文交流，以我为主、兼收并蓄，推进国际传播能力建设，讲好中国故事，展现真实、立体、全面的中国，提高国家文化软实力"，这是中国特色社会主义进入新时代以来对外宣工作的最新要求。我们只有站在全局高度看外宣，其内容才不会"跑偏"，形式才不会走样，监管才会更有力，人才培养才会更有序，我们也才会更有立场，更加从容、自信地向世界推介中国好故事、好声音。

　　加强对外信息传播针对性和主动权。尽管当下国际舆论仍未彻底打破"西强我弱"的格局，但仍需要把握好中国稳健发展的大好机遇，以突发事件为突破口，以重大事件为抓手，以讲述真实故事为常态，有针对性地向受众介绍中国、阐释中国发展。今年是中国改革开放40周年，我们可以用好这一契机，结合外国受众的具体需求，讲述40年来中国人民在工作、生活等方面的具体变化，为外国读者还原中国改革开放40年来的发展图景，通过一个个生动具体的故事使他们产生"共鸣"。在主动发声的同时，针对不同国籍受众群体的认知程度和阅读习惯，选取不同的讲述角度及呈现方式是提高传播有效性的关键一环。

全媒体力量为外宣注入新鲜血液。在全球化潮流中，日新月异的科技力量改变着我们的生活，传统媒体与新媒体融合发展。在全媒体时代，提高对外传播效果不应只追求媒体渠道全覆盖等形式上的满足，更应结合海外受众的接收情况、阅读偏好，提供"最适"传播，做到"恰到好处""润物无声"，收到事半功倍、掷地有声的传播效果。同时，随着互联网不断发展，对外传播媒介发展已远远超越传统管理范畴。因此，加强监管，培养专业、合格的外宣人才也是外宣事业发展的又一严肃课题。

讲好中国故事、传播好中国声音是中国现阶段外宣事业的重中之重，如何做、怎么做是外宣工作者首先要回答的问题。只有中国对外传播能力提上去，中国在世界舞台上的地位才能更稳固，我们才能把中国故事讲得更好，中国声音才能传得更真，中国才能真正为全球治理提供中国智慧、中国方案，惠及各方的人类命运共同体才能早日实现。

（作者系全国政协委员、中国外文局阿拉伯语译审；
《人民政协报》2018 年 3 月 11 日）

中国文化：从简单"走出去"
到深入"走进去"

刘月宁

　　党的十九大报告指出，推进国际传播能力建设，要讲好中国故事，展现真实、立体、全面的中国，提高国家文化软实力。讲好中国故事，让外界更好认识中国，文化走出去无疑是一条重要路径。音乐是人类共通的语言，具有"天下之至柔，驰骋天下之至坚"的力量。推动中国文化走出去，音乐是不可或缺的重要元素。

　　笔者从事中国音乐"走出去"工作数十年，从2012年起先后参与了在丹麦皇家音乐学院的全球第一所"音乐孔子学院"创建运行工作和以中央音乐学院中外音乐文化交流与体验基地为依托的中外音乐交流双向立体互鉴活动，深刻感受到，中国文化想要真正获得国外民众的认同和喝彩，必须要从简单地"走出去"，到深入地"走进去"。

　　中国文化从浅层次地"走出去"到深层次地"走进去"，需要国家层面成熟的顶层设计，需要有整体的统筹和长远的规划，也需要必要的、持续性的资金支持。当然，我们看到，近年来，尤其是2013年国家建立艺术基金扶持中国文化走出去项目以来，中国音乐文化走出去在全国的艺术院校及乐团的积极努力下，创作出的很多优秀的作品在国外收到了良好的反响。通过大家共同的努力，国外民众对中国音乐的认识已经越来越正面、越来越深入，从了解到希望理解，直至到喜爱，这是令人十分欣喜的变化过程。

　　中国文化从简单"走出去"进入到如何"走进去"的阶段，是让我们的文化真正成为世界文化的一部分的关键期。目前作为政治外交出访、演出季以及巡演的形式，文艺作品走出国门，登上世界音乐厅的舞台，已是常态。但我们的文艺作品和文化交流活动不能仅仅满足于登上了世界上一些著名的音乐厅舞台，而是我们展示给国外观众的音乐作品要确实能代表中国文化的精髓。因为在世界文化舞台上的竞争，实力是硬道理。一个国家的艺术创作水平和艺术家的水准，直接影响到一个国家在国际舞台上的发声权和话语权。因此，创作出优秀的、真正能代表中国文化之精髓和大美的文艺作品，是当下中国文化对外传播中需要重点关注的问题。

我们的文艺作品，如何能讲好中国故事，满足中外民众对文化的多元深层需求，中国音乐工作者的素养还需综合提高。比如语言、文化素养等方面，对中国文化的深入了解以及外交礼仪等都需要专门地再学习再提升。通过从事多年对外文化交流的实践，笔者感到，从事文化对外交流，不仅需要过硬的艺术专业水平，还需要具备一定的国际传播专业能力。这也是笔者为何连续几年政协会上，都在呼吁培养优秀的复合型音乐人才迫在眉睫的原因。做好这项工作，需要探索教学、展示和研究为一体，多元化、多层次的立体传播新模式，需要设立由政府统筹协调的机构，畅通持续传播渠道，使优秀作品更多地惠及中外民众。

以优秀的文艺作品感染人，以精彩的演绎感动人，创作出无愧于时代的艺术作品，这是新时代文艺工作者需要不懈努力的方向和持久的目标。

（作者系全国政协委员、中央音乐学院教授、中外音乐
文化交流与体验基地及音乐孔子学院主任；《人民政协报》
2018 年 3 月 29 日）

人类命运共同体：全球治理的中国方案

冯　俊

在博鳌亚洲论坛年会上，习近平主席又一次提到了努力构建人类命运共同体，共创亚洲和世界的美好未来。推动构建人类命运共同体这一倡议得到越来越多国家和人民的欢迎和认同，这一倡议是中国贡献给全球治理的中国方案，为全世界的政党合作和全球治理指明了前进的方向。

首先，人类命运共同体的倡议为世界贡献了协和万邦的和平发展观。5000多年历史的中华文明，始终崇尚和平，和平、和睦、和谐的追求深深植根于中华民族的精神世界之中，"以和为贵""协和万邦""天下大同"等理念世代相传。和平和发展是紧密联系、辩证互动的，没有和平，中国和世界都不可能顺利发展；没有发展，中国和世界也不可能有持久和平。中国的发展和世界的发展也是紧密联系、辩证互动的。中国人始终认为，世界好，中国才能好；中国好，世界才更好。中国通过争取和平国际环境发展自己，又以自身发展维护和促进世界和平。世界繁荣稳定是中国的机遇，中国发展也是世界的机遇，在中国与世界各国良性互动、互利共赢中开拓前进。

第二，人类命运共同体的倡议为世界贡献了和而不同的文明观。中国人"和而不同"的文化传统使我们一直秉持文明多样性的观点，我们认为中华文明和世界上其他文明是并行不悖的，人类文明多姿多彩，犹如百花园中争奇斗艳。每一种文明都是平等的，没有高低优劣之分，不同文明应该和谐共生，相得益彰。尊重文明的多样性，最重要的体现在尊重各国对于社会制度和发展道路的选择上。我们应该尊重各国自主选择社会制度和发展道路的权利。我们不"输入"外国模式，也不"输出"中国模式，不会要求别国"复制"中国的做法。"鞋子合不合脚，自己穿了才知道"。一个国家的发展道路合不合适，只有这个国家的人民才最有发言权。世界上没有放之四海而皆准的发展模式，各方应该尊重世界文明多样性和发展模式多样化。各国都要从各自的文明传统和发展实践中汲取智慧，探索适合本国国情的发展道路，总结自己治国理政方面的经验。我们既要各种文明和文化"各美其美"，也要通过文明对话和文化交流，使各种文明和文化"美人之美，美美与共"。

第三，人类命运共同体的倡议为世界贡献了同舟共济的安全观。党的十八大以来，习近平总书记在多个国际场合倡导树立共同、综合、合作、可持续的安全观。希望各国要同舟共济，而不是以邻为壑。在经济全球化时代，各国安全相互关联、彼此影响。人类生存在同一个地球上，一国安全不能建立在别国不安全之上，别国面临的威胁也可能成为本国的挑战。没有一个国家能凭一己之力谋求自身绝对安全，也没有一个国家可以从别国的动荡中收获稳定。安全应该是普遍、平等、包容的。建设一个普遍安全的世界，需要坚持共建共享。

第四，人类命运共同体的倡议为世界贡献了人与自然共生共存的生态观。建设生态文明关乎人类未来。构建人类命运共同体，我们应该坚持人与自然共生共存的理念，牢固树立尊重自然、顺应自然、保护自然的意识，像对待生命一样对待生态环境，对自然心存敬畏，坚持走绿色、低碳、循环、可持续发展之路。地球是人类的共同家园，也是人类到目前为止唯一的家园，为了人类共同的未来，我们应该共同呵护好不可替代的地球家园。我们要解决好工业文明带来的矛盾，以人与自然和谐相处为目标，实现世界的可持续发展和人的全面发展。

人类命运共同体倡议正在从理念转化为行动，"一带一路"倡议就是对人类命运共同体理念的实践。构建人类命运共同体是一个历史过程，需要付出长期艰苦的努力。只要大家一起来规划，一起来实践，一点一滴坚持努力，日积月累不懈奋斗，构建人类命运共同体的目标就一定能够实现。

（作者系十二届全国政协委员、中共中央党史和文献研究院院务委员；《人民政协报》2018 年 4 月 12 日）

深化中非经贸合作　彰显中国大国担当

顾学明

非洲是中国的全面战略合作伙伴，是"一带一路"倡议的自然和历史延伸，也是人类命运共同体的主要支持力量和落脚点。中国与非洲在经贸领域的合作源远流长，21世纪以来更是取得突飞猛进的发展。目前中国已成为非洲的最大贸易伙伴国、主要融资方和重要的发展合作伙伴，为帮助非洲国家减少贫困和改善民生，促进经济社会发展，加快区域互联互通和一体化建设做出积极贡献，为非洲实现可持续发展提供有力支持。

中非合作论坛作为中国同非洲国家开展集体对话、进行务实合作的重要平台，迄今已举办了六届部长级会议（含两次峰会）。在历届论坛上，中国政府均推出一系列务实推进中非合作的举措，特别是2015年12月习近平主席在中非合作论坛约翰内斯堡峰会上提出的"十大合作计划"，开启了中非合作共赢、共同发展的新时代。

截至目前，"十大合作计划"经贸举措已全面落实完毕甚至部分超额完成。据初步统计，中国企业在非洲已建成和在建的项目，将帮助非洲新增约3万公里的公路里程、8500万吨/年的港口吞吐能力、超过900万吨/日的清洁用水处理能力、近2万兆瓦的发电能力和3万多公里的输变电线路，为非洲国家创造近90万个就业岗位。

与此同时，中非经贸合作出现很多新特点。

一是贸易合作机制取得突破性进展。在免关税进口方面，中国已对原产于埃塞、布隆迪、冈比亚等33个非洲国家的商品实行97%税目的零关税待遇。从实施效果看，越来越多的非洲农业、矿业、制造业产品以零关税进入中国市场，既增加了有关国家的外汇收入，推动中非贸易健康平衡发展，又降低了中国企业的进口成本，拓宽了中国进口商品的来源渠道。在贸易协定方面，中国—毛里求斯正式启动自由贸易协定谈判，毛里求斯成为非洲第一个与中国开启双边自贸协定谈判的国家。在进口促进方面，今年11月5日—10日，首届中国国际进口博览会将在上海举行，中方将对非洲最不发达国家参展予以一定的政策支持。

二是服务贸易亮点频现。如金融方面，中国银行、中国工商银行等金融机构已在非洲设立分支机构，从事多种信贷业务，中国银行还在南非发行了非洲首支离岸人民币债券——彩虹券；航空方面，海南航空集团联合中非发展基金在加纳合资成立了非洲世界航空公司；旅游方面，非洲34个国家成为中国公民组团出境旅游目的地，摩洛哥、突尼斯等国对中国公民免签等；广播电视方面，四达时代负责的"万村通"项目让更多非洲老百姓看上数字电视。

三是产业对接不断深入。截至目前，中国对非各类投资存量超过1000亿美元。制造业、采矿业、农业领域的投资均有所增长。作为中非投资合作的重要载体，目前中国已在非洲14个国家投资建设了18个境外经贸合作区，吸引入区企业300多家，创造就业岗位4万余个。这些园区利用中国建设各类园区的先进经验，帮助东道国提升管理水平、改善营商环境，发挥了较大的辐射带动效应。

四是对非投融资平台发挥重要作用。中国政府在历届论坛上设立了中非发展基金、非洲中小企业专项贷款、中非产能合作基金三个对非投融资平台。截至目前，"中非发展基金"累计对30多个非洲国家的90多个项目承诺投资超过46亿美元，覆盖基础设施、产能合作、农业与民生、资源开发、金融等五大领域。"非洲中小企业发展专项贷款"已向30多个非洲国家的中小微企业承诺项目一百多个；"中非产能合作基金"累计批准项目十多个。

五是基础设施合作由单纯的建设向建营一体化转变，如亚吉铁路、蒙内铁路、多哥洛美集装箱港等，这种方式不仅有助于突破资金、技术瓶颈，还能够避免项目建设、运营脱节带来的诸多问题，带动沿线经济社会发展。

众所周知，2016年以来，世界经济艰难复苏，全球贸易投资不振、大宗商品价格低位震荡，"十大合作计划"落实超出预期，实属不易，充分体现了中非经贸合作的韧性和潜力，也彰显了中国重信守诺的负责任大国形象。北京峰会的召开，进一步凝聚了中非战略共识，深化中非全面战略合作伙伴关系，引领中非合作向更高质量、更高水平迈进，为新时代中非关系发展汇集更加强劲的动力，为推动构建新型国际关系和人类命运共同体发挥积极作用。

（作者系全国政协委员、商务部国际贸易经济合作研究院院长；《人民政协报》2018 年 9 月 6 日）

"走出去"更要"融进去"

魏明德

　　随着全球经济和产业格局的变迁以及"一带一路"建设的逐步推进，境外经贸合作区已成为中国企业"走出去"的重要形式之一，也是中国企业"抱团出海"的平台。目前中国已经在多个沿线国家，特别是东盟投资建立经贸合作区。东盟有丰富的年轻劳动力、低廉的土地，宏观经济保持长期稳定增长，消费市场广阔。在东盟投资建立经贸合作区，利于打造双方经贸合作新格局。

　　中国与东盟国家优势互补，互为需求。"一带一路"倡议提出基础设施的建设和互联互通，其中解决欠发达地区的电力供应至关重要。中国电力设备行业在设计、工程建设、设备制造、运营、管理、质量、价格等方面都具有国际竞争优势，同时有走出国门打开国际市场的愿望与需求。与此同时，东盟国家经济发展迅速，工业化、城市化步伐加快，大大推动了用电需求，但发电能力的增长并未能满足这样与日俱增的需求，在一些地区电力仍然严重短缺。

　　钢铁行业情况亦然。中国的钢铁企业在成本、规模、技术等方面具有比较优势，企业希望"走出去"扩大国际市场。而东盟是全球钢材主要进口市场。其中泰国、越南、印尼位列全球前五大钢材净进口国。新建楼宇、基建项目及汽车市场的爆发式发展都将催生对钢铁的大量需求。

　　中国与东盟共建综合产业园，符合双方利益。应以大型企业为龙头，带动其他行业的配套生产，建立全产业链的综合产业园。例如，可首先建立电厂、钢铁厂，提供产业园必要的能源与原材料。

　　在成功建设钢铁厂后，再进一步扩大产业园业务，引入钢铁相关的应用行业，如家电、汽车和造船等板块，打造上下游产业链为一体的大型综合产业园。这些下游产业都因东盟国家经济的飞速发展而有巨大的市场需求，然而东盟国家汽车、家电等目前依然主要依赖进口，中国企业带去技术、工业的革新之余，亦可与当地共同打造联合品牌。东盟成员国之间免关税，还延伸出了更大的市场。

在东盟国家建设综合产业园，充分利用东盟与中国两个市场、两种资源，符合各方利益，不仅支持当地基础设施建设浪潮和工业化、城市化进程，帮助经济发展，中国企业在分享优势富余产能的同时，也将积累国际经验，提高国际化经营能力及技术与知识水平，提升在全球产业链与价值链中的地位。而全产业链布局的模式，可提升效率并减少运输等成本。同时，以产业园形式承接产业链转移，不仅可以满足当地不同的需求，亦同时避免同行扎堆布局恶性竞争的情况。

需要注意的是，在综合产业园的投资建设过程中必须注重可持续发展，坚持以"走出去，融进去"为目标，注重互利共赢，促进当地发展。一定要尊重当地文化、习俗，在带去先进技术的同时，也要积极为当地创造就业、对当地员工提供适当培训、改善人民生活质量，并注重环境的保护，让走出去的企业真正融入当地，构建利益共同体、责任共同体、命运共同体。将中国的产业园创造出品牌效应，并形成可复制模式，不仅将国内优势企业引到当地，也树立科技含量高、经济效益好、资源消耗低、环境污染少的新型产业园区标准，打造国际产能合作的典范。

（作者系全国政协委员、德瑞集团主席；《人民政协报》
2018 年 12 月 20 日）

国际抗疫合作展现中国品格

于洪君

这种公开透明和高度负责的做法，不但及时地回应了国际社会的普遍关切，更重要的是为世界各国掌握疫情动向、开展防控工作提供了宝贵经验和思路。

2020 年全球事务中的头等大事，就是新冠肺炎疫情不分种族与国界，肆虐全世界各个角落。面对突如其来的历史性灾难，世界各国一方面不得不各自为战，努力自保，另一方面又相互沟通，谋求合作。中国是此次全球抗疫行动的先锋队，也是推动全球合作共同抗疫的积极力量。

4 月 2 日，第 74 届联合国大会通过《全球合作共同战胜新冠疫情》决议，强调新冠病毒对人类健康、安全和福祉所造成的威胁，呼吁世界各国必须强化基于协调一致和多边主义的"全球应对"行动，各国加强国际合作，以遏制、减缓并最终战胜疫情。

众所周知，疫情暴发之初，当一些国家对这场不期而至的特大灾难还没有充分认识，甚至抱着隔岸观火的扭曲心态对中国指手画脚时，中国就已经非常清楚地意识到疫情蔓延全球的现实危险。习近平主席一开始就大力主张"积极开展抗疫国际合作"，呼吁世界各国共同"维护地区和全球公共卫生安全"。近段时间，随着新冠疫情全球蔓延态势进一步加剧，习近平主席通过多种渠道庄严承诺：中国要"向其他出现疫情扩散的国家和地区提供力所能及的援助"。

中国是这样说的，也是这样做的。今年 1 月初，新冠疫情在中国刚刚暴发后，中方即及时主动地向世界卫生组织做了通报，同时还向包括美国在内的有关国家通报了疫情信息，与世界卫生组织和有关国家共享新型冠状病毒基因组序列信息。与此同时，中方还安排中国—世卫组织联合专家考察组到疫情较重地区实地考察，共同调研疫情暴发原因与防控形势。中国国家卫健委和外交部等有关机构，多次召开疫情通报会和新闻发布会，介绍疫情进展和中国防控情况。这种公开透明和高度负责的做法，不但及时地回应了国际社会的普遍关切，更重要的是为世界各国掌握疫情动向、开展防控工作提供了宝贵经验和思路。

中国支援世界各国开展抗疫斗争，从行动主体到实施形式，始终带有多元化多样性等突出特点。从国家层面到地方政府，从执政党对外机构到各种民间团体，从体量不一的企业到身份各异的公民个人，中国为国际抗疫事业作出的贡献，有目共睹。据不完全统计，截至3月底，中国共向120个国家和4个国际组织提供了口罩、防护服、核酸检测试剂、呼吸机等防控物资。各地方政府通过国际友城等渠道，向数十个国家捐赠了医疗物资。阿里巴巴、华为等中国民营企业也向包括美国在内的100多个国家和国际组织捐赠了医疗物资。

派遣医疗专家参与有关国家抗疫行动，是中国支持和推动国际抗疫合作向不断纵深发展的另一重要形式。数据显示，截至4月7日，中国已向意大利、塞尔维亚、柬埔寨、巴基斯坦、伊朗、伊拉克、老挝、委内瑞拉、菲律宾、英国等许多国家派出了医疗专家组。美国纽约州州长日前在一次讲话中透露，来自中国的医疗专家已经抵达当地。他还专门对此表示了感谢。

在积极参与和支持国际抗疫行动的过程中，中国通过多种渠道和方式，与全球100多个国家、10多个国际和地区组织分享疫情防控信息和治疗方案等文件，专门建立新冠肺炎疫情网上知识中心和国际合作专家库，通过远程视频与国外专家学者进行业务交流。已经在国外的医疗队除全力参与疫情防控外，还在当地开展了各类培训和健康教育活动，接受培训者多达万人。为满足非洲国家的特殊需求，中方组建了远程专家指导团队，以视频会议方式，帮助非洲疾控中心在疫情防控中发挥作用。

诚然，如同任何国家一样，中国参与全球抗疫合作，不可能全部采用无偿援助形式。按照国际惯例，某些出口药品和物资，只能以货物贸易方式进行。为了高质高效地做好这项工作，日前商务部等部门联合发文，明确要求医疗物资出口企业确保产品质量。在国内防控形势仍相当严峻、药品和物资需求压力很大、生产运输任务相当繁重的形势下，中国不断加大生产运输监管力度，同时积极与各国开展生产研发合作，充分体现了中国社会主义制度不可替代的巨大优势和潜能，展示了自强不息的中华民族与世界同行、与时代同步的优良品格。

（作者系第十二届全国政协委员，中联部原副部长；
《人民政协报》2020 年 4 月 14 日）

党的建设

莫让"朋友圈"异化为"腐败圈"

韩志鹏

近年来，不少官员都栽在了"朋友圈"里。4月7日，烟台市中级人民法院一审宣判原南京市市长季建业受贿罪名成立，判处有期徒刑15年。法庭宣判之后，季建业在接受记者采访时说，私欲和贪念成了他失败的根本原因，交朋友一定要慎重，一定要有底线，有防线。

据办案人员介绍，季建业大部分受贿来自于固定的、常年交往的老朋友，当事人都是季建业交往十几年甚至几十年的朋友，彼此长期互相利用，形成了一个以季建业为核心的政商朋友圈。季建业的这个"朋友圈"，实际上已经异化成一个"腐败圈"。需要高度关注的是，涉及"朋友圈"的腐败，绝非季建业一案。从已公布的2014年中央巡视组首轮巡视整改情况来看，"官商勾结"是各地各部门治理整顿的重中之重。"朋友圈"已经成为当前腐败的一个重要特征。事实上，贪官之腐败最终大都是通过"朋友圈"里的一些人完成的，他们的老板朋友，往往成了导致自己落马的绊马索。季建业如此，其他一些贪官也是如此，不是陷入了"朋友圈腐败"难以自拔，就是被"朋友圈腐败"送上了法庭。"朋友圈"为何成了贪官们的陷阱？个中原因，值得深思。

季建业式"朋友圈"的形成，一定离不开权钱交易。一些老板之所以热衷于与官员交友，无非冲着官员手中可以变现的权力；一些官员之所以傍大款，何尝不是为了寻租，为了找人"埋单"？我以为，什么定力不够，抵挡不住诱惑等等，悔过书上的这些表述，起码不是全部的事实真相。当然，官员一旦陷进了"朋友圈"的陷阱，只会越陷越深，不过那时恐怕已经身不由己了！试问，如果官员严守党纪国法，如果官员心中有正确的权力观和价值观，如果官员慎交友或者不拿公权力与朋友进行利益交换，又怎会"被朋友拉下水"？

诚然，如果是工作需要，官员和老板也不是不能交朋友。关键是官员抱什么态度、什么动机去交朋友。官员代表公权力，他们交什么朋友，以什么方式交朋友，很可能影响公权力的运行。既然如此，官员必须谨记权力为公、友情为私。切忌把"朋友圈"变成利益共同体、把"朋友圈"异化成我出权、你出钱的"腐败圈"。

更重要的是，要遏制官商勾结这种"朋友圈"腐败现象，还须彻底把公权力关进制度的笼子里。毋庸讳言，"朋友圈"之所以异化为"腐败圈"，与一些官员手中的权力过于集中，公权力的边界不甚清晰，公权力对市场干预过多有关。中央政府已经开始重视这一问题，并且正在力图通过简政放权、转变政府职能等措施压缩权力寻租的空间。近期提交全国人大常委会审议的刑法修正案草案中关于完善行贿罪的财产刑规定，以及中纪委正在逐步完善的官员财产申报制度，相信可以在一定程度上防止"朋友圈"异化为"腐败圈"。

（作者系广州市政协委员；《人民政协报》2015 年
4 月 16 日）

就该让不干事的也"出事"

韩志鹏

简政放权、机构改革、职能转变，政府转向服务型、法治型……两年多前，国务院就已经拉开了深化行政体制改革的帷幕。但是，有些地方、有些官员至今仍然"水土不服"。庸官懒政，导致一些顶层设计的政策，被卡在了"最后一公里"。不作为、慢作为，既拖了改革发展的后腿，又降低了政府的公信力。目前全国大部分市县的不动产统一登记职能整合滞后，就是其中一个比较典型的例证。

一些发达国家的不动产登记都是在一个窗口办理，但中国的不动产登记职能却散落在国土、城乡建设、海洋、农业、林业等部门。几套人马，几个登记信息系统，几个权属档案中心分别运作，各自独立封闭管理。以办房地产证为例，当事人通常要跑两个部门。为了改变这种体制，2013 年 11 月国务院常务会议决定建立不动产统一登记制度，2014 年公布了《不动产登记暂行条例》。按照国务院设定的工作进度，今年下半年须完成不动产统一登记职能整合工作。然而，对于这项被视为改变中国房地产业及其投资格局的制度改革，截至 8 月底，仍有 2/3 的基层市县在观望徘徊，在扯皮，甚至在"软抵抗"。

面对基层的不作为、慢作为，已经挂牌成立了不动产统一登记局的国土资源部坐不住了，开始布置"执法力量"介入监督，"采用强力的手段和方法"参与到市县一级政府的有关工作中去。据悉，国土资源部动用的非常手段包括"暂停被责令限期整改地区的农用地转用和土地征收的受理和审批"，打算用"杀手锏"去警醒基层转变观念，尽快落实不动产统一登记职能的整合。

毫无疑义，不动产统一登记是提高行政效率和水平，减少多头管理和权属纠纷，实现一个窗口对外，方便企业和群众办事的举措。同时，不动产统一登记还可以从源头上减少腐败。这样一项利国利民的政策，居然要中央政府采用非常手段向基层施压，用非常手段打通政令的"肠梗塞"，可见庸官懒政已经成为体制改革的"拦路虎"。

庸官懒政在一些地方至今仍然很有市场，尸位素餐、权力闲置，并未受到监督和问责。庸官懒政，轻则妨碍发展，重则误国误民。如果我们再不加大对这种现象整治的力度，势必严重影响新常态下的社会和经济发展。

庸官懒政实际上是一种另类的腐败。这种现象的产生，一定程度上，是因为整治腐败触动了一些官员的既得利益，压缩了一些官员的寻租空间。建设法治政府、服务型政府，权钱交换、利益输送的可能性减少了，一些官员在下放权力的同时也甩开了责任。

庸官懒政要靠什么治？最好的办法应该是标本兼治。治标的措施是加强监察和督查，问责各种各样的"不作为"，诫勉谈话、公开曝光、行政处罚、党纪处分，明确界定问责对象、方式、程序，同时建立开放式、全方位的监督机制。治本的措施，则是规范和健全政府权责体系，制定和公布行政机关权力清单和责任清单、全面推进政务公开、实施阳光行政、完善政府绩效管理制度和干部考核评价体系。最重要的是，务必与官员的乌纱帽挂钩。

早在今年3月的政府工作报告中，李克强总理就已经提出治理为官不为、懒政、怠政问题。5月以来，国务院又派出多个督查组，分赴各地督查落实政策，督查无所作为的吏治腐败。治理庸官懒政，既是国家意志，也是民意诉求。治理庸官懒政，就该让不干事的人也"出事"。

（作者系广州市政协委员；《人民政协报》2015年9月17日）

抓住"关键少数"和"重要少数"

郝明金

全面推进依法治国，建设社会主义法治国家，必须坚持依法治国和以德治国相结合。以德治国必须提高全民道德素质。对全民道德素质的要求不可能"一般齐"，提高全民道德素质也不可能"一把抓"，以德治国应当抓住社会群体"关键少数"和"重要少数"。

首先，以德治国要抓住领导干部这个"关键少数"。习近平总书记强调，各级领导干部在推进依法治国方面肩负着重要责任，全面依法治国必须抓住领导干部这个"关键少数"；习近平总书记还指出：全面从严治党要抓住领导干部这个"关键少数"。以德治国抓住领导干部这个"关键少数"，符合总书记上述讲话精神，符合我国以德治国实际。党员领导干部应践行"三严三实"，"严以修身、严以用权、严以律己，谋事要实、创业要实、做人要实"。首先是严以修身，把立德作为修身之本，以德修身、以德行事、以德率众；领导干部要品德高尚、德才兼备、以德为先，以良好个人品德保证"官德"。领导干部应具有崇高思想境界和高尚道德品质，焦裕禄、孔繁森、杨善洲等优秀党员领导干部，他们的高尚道德情操和朴实爱民情怀，成为人民心目中永恒的精神丰碑，感动、鼓舞和激励了无数人，是广大党员领导干部学习的好榜样。相反的是，从受到查处的个别领导干部来看，无论领导职务有多高，其个人品德都存在严重问题，出现信念缺失和道德滑坡，不遵守纪律、规矩和法律，贪图享受和生活奢靡，最终滑向违法犯罪。

领导干部在整个社会群体中属于"少数"，但是，他们在以德治国中毫无疑问是"关键少数"。领导干部品德高尚、公而忘私、以德服人、心悦诚服、不令而行，可以影响和带动无数人。领导干部已身正，方能正人，已身不正，焉能正人？领导干部的品德和修养如何，如明镜高悬，日月可鉴，人民看在眼里，记在心中，自有一番公道评价。领导干部的道德水准如何，是最真实、最直接、最有效的道德示范。领导干部要增强其道德"底蕴"，要立得住、过得硬；有的领导干部年轻有为、才华横溢，也志向高远，做了一些工作，取得了一定成绩，但最终事业上止步不前或出了问题，很大程度上是个人品德这块"短板"所致。

其次，以德治国要抓住社会成功人士、公众人物和富裕阶层这个"重要少数"。中共十一届三中全会以来，许多人通过不懈努力，积极拼搏、奋发进取，成长为各领域的杰出人才，取得了突出成就，做出了重要贡献；有些人为社会创造积累了巨大财富，增强了国家经济实力。这些人都是成功人士，或跻身富裕阶层，或是公众人物，具有很大社会影响力。他们演绎了成功的传奇，讲述了不同梦想成真的故事。许多人致富思源，热心社会公益和慈善事业，积极参与地震灾害恢复重建，关爱社会特殊困难群体，实现事业和人生的双成功。这些人也是以德治国的"重要少数"，应当对自身有更高的道德要求，担负更重大的社会道德责任。

习近平总书记在同北京大学师生座谈时发表重要讲话指出："核心价值观，其实就是一种德，既是个人的德，也是一种大德，就是国家的德、社会的德。国无德不兴，人无德不立。"如果一个民族、一个国家没有共同的核心价值观，莫衷一是、行无依归，那这个民族、国家就无法前进。这样的情形在我国历史上、在当今世界上都屡见不鲜。"重莫如国，栋莫如德"。要成为国家栋梁，没有比崇高德行更重要的了。我们都应当把总书记的重要讲话作为基本遵循，崇德修身，身体力行，为提升全民道德素质、实现以德治国做出贡献。

（作者系全国政协常委、民建中央副主席、监察部副部长；《人民政协报》2015 年 10 月 29 日）

心中有理想脚下有力量

冯　俊

习近平总书记在纪念红军长征胜利 80 周年大会上的讲话中指出，"长征的胜利，是中国共产党人理想的胜利，是中国共产党人信念的胜利。""长征胜利启示我们：心中有信仰，脚下有力量；没有牢不可破的理想信念，没有崇高理想信念的有力支撑，要取得长征胜利是不可想象的。"

中国共产党从成立之日起，就是以马克思主义为指导，确立了共产主义的崇高理想信念。崇高的理想，坚定的信念，永远是中国共产党人的政治灵魂，是中国共产党人经受住任何考验的精神支柱，也是中国共产党从小到大、由弱到强、带领人民从胜利走向胜利的根基所在。

红军长征不仅仅是红军遭受挫折之后的一次战略转移。党和红军坚持把自己的命运与中华民族的命运联系在一起，把军事上的战略转移与政治上的战略转变联系在一起，把长征前进的大方向与建立抗日的前进阵地联系在一起，以长征的胜利推动中国革命转危为安，为我们党团结带领人民打败日本军国主义侵略，争取民族独立人民解放，开辟了光明前景。回顾苦难而又辉煌的长征历程，我们清楚地认识到，"党和红军几经挫折而不断奋起，历尽苦难而淬火成钢，归根到底在于心中的远大理想和革命信念始终坚定执著，始终闪耀着火热的光芒。"

崇高的理想，坚定的信念，激励和指引着红军一路向前。红军在两年的时间内穿越 10 余省，红一、二、四方面军和红 25 军四路红军总行程 6.5 万余里；翻越 40 余座高山，其中海拔 4000 米以上的雪山就有 20 余座，跨越近百条江河，穿越了被称为"死亡陷阱"的茫茫草地，摆脱了百万国民党军队和地方军阀的围追堵截，进行各种战役战斗 600 余次。红军就是用脚一步一步走过来的，他们身背行装，昼夜行军，一次次突破人类生理的极限，创造出一个个超乎人们想象的奇迹。这是因为理想信念驱使他们奋力前行，心中有理想，脚下才有力量。只有这支有着坚不可摧的理想的人民军队才能战胜这样的困难，只有中国共产党人和人民军队才能作出这样的牺牲。他们的精神可歌可泣，感天动地。

理想信念的力量源自真理的力量。长征途中的"遵义会议"是我们党把马克思列宁主义与中国革命的具体实际相结合，独立自主地解决中国革命问题的一次成功实践。实事求是，一切从实际出发，采取灵活机动的战略战术才能战胜敌人。把马克思列宁主义基本原理同中国革命具体实践结合起来，走适合中国国情的革命道路，实行符合中国实际的战略策略，这是我们党在生死存亡考验中用血的教训换来的经验认识和重大思想成果，并逐步地确立起来成为我们的思想路线。"遵义会议"使我们党找到了中国革命的正确道路，找到了指引这条道路的正确理论。"长征的胜利，使我们党进一步认识到，只有把马克思列宁主义基本原理同中国革命具体实际结合起来，独立自主解决中国革命的重大问题，才能把革命事业引向胜利。"这是在血的教训和斗争考验中得出的真理。这条真理在实践中得到确立，在实践中得到检验。长征的胜利是真理的胜利，理想信念的力量源自真理的力量。

理想信念的力量源自人民的力量。长征宣传了中国共产党领导的工农红军，宣传了共产党和红军北上抗击日本侵略者的主张。"我们党始终植根于人民，联系群众、宣传群众、武装群众、团结群众、依靠群众，以自己的模范行动，赢得人民群众真心拥护和支持，广大人民群众是长征胜利的力量源泉。"中国共产党的根本宗旨是为人民服务，它以最广大人民群众的根本利益、以全民族的利益为最高利益，没有任何自己的特殊利益和党员个人的私利。正是这样共同的理想信念使我们实现了空前的团结统一。红军长征的胜利告诉我们，无论是在革命战争年代还是在和平建设时期，无论是党员个人还是党的组织，都应该增强政治意识、大局意识、核心意识和看齐意识，都应该从全党、全国各族人民和中华民族的整体利益出发，维护党的团结、军队的团结和中华民族的团结。

在新的长征路上，我们的理想信念不能丢，伟大长征精神不能丢。"理想信念动摇是最危险的动摇，理想信念滑坡是最危险的滑坡。一个政党的衰落，往往从理想信念的丧失或缺失开始。我们党是否坚强有力，既要看全党在理想信念上是否坚定不移，更要看每一位党员在理想信念上是否坚定不移。"理想信念是共产党人精神上的"钙"，缺钙就会得软骨病。坚定理想信念，坚守共产党人精神追求，始终是共产党人安身立命的根本。在新的长征路上，我们一定要理想信念坚定，自觉做共产主义远大理想和中国特色社会主义共同理想的坚定信仰者、忠实实践者。永远为了真理而斗争，永远为了理想而斗争。不忘初心，继续前进，走好新的长征路。

（作者系全国政协委员、中共中央党史研究室副主任；
《人民政协报》2016 年 10 月 27 日）

经济发展越深入　从严治党越重要

张连起

如果把新中国成立 67 周年的经济发展划分为两个 30 年，第一个 30 年运用赶超战略，实现早期工业化，形成门类齐全的工业体系，工业生产总值占国民经济的 80% 以上。第二个 30 年运用比较优势战略，以 GDP 年均 9.7% 的速度创造了世界经济发展史上的奇迹。未来 30 年，中国经济将运用"结构优化战略"，聚焦政府和市场的关系问题、法制不健全不配套问题、产业转型升级问题、区域发展不均衡问题、利益分化固化问题、生态环境恶化问题等，进而实现中华民族伟大复兴的"两个一百年"目标。

"办好中国的事情，关键在党，关键在党要管党、从严治党。"这是一条经过实践检验的真理。中国经济发展的成就，已经证明并将继续证明中国共产党的自我完善、自我净化、自我革新、自我提高的领导力，是我国经济发展进步的引领和基础。

今年前三季度，中国经济运行总体平稳，结构调整取得积极进展，去产能、去库存、降成本、补短板等取得初步成效，去杠杆新举措开始实施，经济发展新动能加快成长。值得注意的是，PPI 以同比上涨 0.1% 终结了连续 54 个月以来的下降态势，由 2012 年 3 月份以来首度转正。这一轮 PPI 的同比负增长曾引发外界对于中国经济陷入通缩的忧虑，一些机构甚至断言中国经济会"硬着陆"。此番 PPI 实现由负转正，不仅缓解了工业企业的生产经营压力，更是对外界关于中国经济陷入通缩疑虑的一次正面回应，为中国经济增长注入更加强劲的信心。

与此同时，国际上看好中国经济的声音也逐渐增强。国际货币基金组织（IMF）在 10 月份发布的最新一期《世界经济展望》和《全球金融稳定报告》中，都对中国经济表现给予积极评价。IMF 认为，中国政府最近的改革促进了更平衡的增长，同时让市场力量发挥了更大作用，中国经济和金融体系的抵御风险能力也因此获得提高。

总体上看，中国经济以供给侧结构性改革为主线，"内需有空间，发展有韧性，创新有手段，改革有定力"。经济筑底企稳、积极向上的势头明显，这离不开全面从严治党的内在贡献，更给全面从严治党带来充分的预期和底气。

分析中国经济发展取得成就的原因，有论者不愿承认中国共产党在经济发展中的核心领导作用，认为取得的成就不过是经济放松管制、私人经济拥有更多"自由"的结果；另有观点认为"腐败是一种润滑剂"，甚至把当下经济面临的下行压力、某些官员不作为归结于从严管党治党。这不仅是对我国经济运行规律的错误判断，而且会干扰和损害全面从严治党进程。

全面从严治党有利于处理好政府和市场的关系、发挥好政府和市场两方面作用，尤其是充分发挥好政府作用、厚植发展优势。强调更好发挥政府作用，不仅是为了避免市场失灵、克服外部性，而是要进一步促进资源优化配置，解决单一经营主体难以完成或单一经营主体承担后不经济的难题。

全面从严治党有利于统筹应对地区、产业、企业分化。坚持党对经济工作的领导，首先是坚持党中央的集中统一领导。像我国这样大的经济体，矛盾和问题如此之多，如果不能握指成拳，上下同欲，如果不能把以人民为中心的思想推进到重要改革领域和关键环节，如果不能从严治党，经济秩序必然导致紊乱，发展成果也不能为广大人民共享，最终必将失去民心民意。

全面从严治党能够使党永葆先进性、纯洁性。经济学通过消除信息不对称以避免"劣币驱逐良币"，中国共产党通过全面从严治党实现"良币驱逐劣币"。一个时期以来，党内政治生态出现污染：一些党员、干部包括高级干部，信仰缺失、信念动摇，思想僵化、脱离群众、独断专行，"四风"问题突出，任人唯亲、跑官要官、买官卖官、拉票贿选现象屡禁不止，滥用权力、贪污受贿、腐化堕落、违法乱纪现象滋生蔓延。党内监督也存在着主体责任缺失、监督责任缺位、管党治党宽松软等问题。腐败破坏了市场秩序，加大了交易成本，毒化了社会风气，对整个经济发展而言不是润滑剂，而是销蚀剂。

以习近平同志为核心的党中央，围绕权力、责任、担当设计制度，围绕理论、思想、制度构建体系，着力解决党内政治生活庸俗化、随意化、平淡化和党内监督制度不健全、覆盖不到位、责任不明晰、执行不力等问题，形成有腐必反的高压态势，营造不敢腐、不能腐、不想腐的政治生态，赢得了人民群众的广泛赞同和衷心拥护。

促进中国经济持续健康发展，引导正向预期，一靠制度，二靠执行，三靠权责统一，全面从严治党正是围绕上述"三要素"，不断增强党的战略定力和发展耐力，不断提升战略思维能力、统筹施策能力、抢抓机遇能力、依法执政能力、防控风险能力。

全面从严治党，应从十个着力点构筑经济发展的保障机制。

一是坚决维护党中央权威。党的十八届六中全会提出，一个国家、一个政党，领导核心至关重要。全党必须自觉在思想上政治上行动上同党中央保持高度一致。二是从严管理干部。经济发展最终不是"钱"的问题，而是"人"的问题。重点是"关键少数"以身作则，模范遵守党章党规，严守党的政治纪律和政治规矩，坚持率先垂范、以上率下，为全党全社会作出示范。三是严明党的纪律规矩。既要把制度的笼子越扎越紧，又要把执行的缰绳越拉越直。四是保持同人民的血肉联系。全面从严治党旨在回答"为了谁、依靠谁、服务谁"。保持党同人民群众的血肉联系的最好途径，就是贯彻党的群众路线，坚持问政于民、问需于民、问计于民。经济发展的根本目的是让老百姓的收入稳定增长，民生持续改善。五是认真贯彻民主集中制。六是发展党内民主。这就为重大经济决策的科学化、规范化、民主化提供了制度保证。七是正确选人用人。用什么样的干部，经济就会出现什么样的效果。八是推进反腐倡廉建设。九是健全权力运行制约和监督体系。加强党内监督、人大监督、民主监督、行政监督、司法监督、审计监督、社会监督、舆论监督等监督体系的建设，确保经济决策机制按照法定权限和程序行使权利。十是落实责任制。有权必有责、用权必担责、滥权必追责，科学确责，督促履责，准确考责，严格问责。

（作者系全国政协委员、财政部内部控制委员会委员、瑞华会计师事务所管理合伙人；《人民政协报》2016 年 11 月 10 日）

两个管党治党重要法规贯穿三大逻辑

施芝鸿

在中共十八届六中全会上，习近平总书记就《关于新形势下党内政治生活的若干准则（讨论稿）》和《中国共产党党内监督条例（讨论稿）》向全会作了说明。他的说明，体现了中央最高领导层对起草这两个管党治党重要文件的决策所内含的三大逻辑。

一是整体推进"四个全面"的逻辑。中共十八大以来相继召开的三中、四中、五中全会，分别就全面深化改革、全面依法治国、全面建成小康社会进行了专题研究，六中全会再以制定《准则》、修订《条例》为重点专题研究全面从严治党。这样，"四个全面"战略布局就分别通过一次中央全会进行了研究部署。这是以习近平同志为核心的中共中央根据"四个全面"战略布局对十八大以后的四次重要全会议题所作的整体设计，也是对深入推进"四个全面"战略布局的整体部署。

二是同步推进思想建党和制度治党的逻辑。习近平总书记明确指出，在全面从严治党中，要坚持思想建党和制度治党紧密结合。从严治党靠教育，也靠制度，二者一柔一刚，要同向发力、同时发力。思想教育要结合落实制度规定来进行，抓住主要矛盾，不搞空对空。要使加强制度治党的过程成为加强思想建党的过程，也要使加强思想建党的过程成为加强制度治党的过程。这就是说，在新形势下的全面从严治党中，既要以思想建党来引导人、培育人，也要以严密的制度来规范人、约束人。全面把体现毛泽东同志在井冈山革命根据地时提出的思想建党和习近平总书记在中共十八大以后提出的制度治党相结合，是《准则》《条例》这两个管党治党重要法规的鲜明特点。

　　三是及时推进把管党治党成功经验和管用实招上升固化为制度规定的逻辑。六中全会审议通过的《准则》《条例》，全面总结了中共十八大以来中央管党治党的生动实践，对全面从严治党的理论和实践创新成果作了提炼和集纳。包括：以贯彻中央八项规定为抓手，持续推进作风建设；严明党的政治纪律和政治规矩；从严管理监督干部，落实新时期好干部标准，完善从严管理干部制度体系；开展突出问题专项整治；严格日常管理监督；推进反腐体制机制创新；发挥巡视利剑作用；实现监督执纪"四种形态"；加强党内制度建设。十八大以后这 4 年来，中央出台或修订的党内法规已达 55 部之多，占了现行 150 多部党内法规的 1/3。这同我们党在"五位一体"总体布局中深入推进经济、政治、文化、社会、生态文明各方面制度建设一样，旨在解决我国一个时期以来存在的多个领域产能过剩、又在治国理政和管党治党的多个方面制度供应不足的状况，这对推进国家治理体系和治理能力现代化起到了引领和保障作用。

　　以上这三大逻辑表明：中共十八届六中全会制定出台《准则》《条例》这两个党内法规，是对全面从严治党广泛而深入的思想动员和组织动员，是对中共十八大以来全面从严治党理论和实践的系统总结，是着眼解决新形势下党内突出矛盾和问题而进行的顶层设计，是对马克思主义建党理论和实践的创新发展。

　　　　　　　　　　　　（作者系十二届全国政协社会和法制委员会副主任；
《人民政协报》2016 年 11 月 24 日）

从严治党是一场持久战

王怀超

党的十八大以来，以习近平同志为核心的党中央以强烈的历史责任感和深沉的忧患意识，以许党许国的担当精神，运筹帷幄，大刀阔斧，高举反腐败的旗帜，以从严治党带动党的建设，以党的建设推动中国特色社会主义伟大事业。全面从严治党被纳入"四个全面"战略布局，从制定中央八项规定到反对"四风"，通过党的群众路线教育实践活动、"三严三实"和"两学一做"专题教育，以及《关于新形势下党内政治生活的若干准则》和《中国共产党党内监督条例》的确立，党的制度建设得到进一步完善。党内政治生活得到净化，反腐败斗争压倒性态势已经形成，不敢腐的目标初步实现，不能腐的制度日益完善，不想腐的堤坝正在构筑，党内政治生活呈现新的气象，党心民心得到提振。然而，我们应当清醒地认识到，从严治党才刚刚开始，惩治腐败也仅仅是冰山一角。从严治党是一场持久战，反腐败是一项长期任务，任重而道远。

大国大党的客观现实决定了从严治党是一场持久战。作为世界上人口规模大国的执政党，中国共产党拥有 8800 多万党员，相当于德国的总人口，同时还拥有 430 多万个基层党组织，并将长期执政。建设好、管理好这样一个拥有庞大党员数量和基层党组织规模的大党，殊为不易。如果放纵无为，那么党就会人心涣散、政令就不通，什么事情也做不成。因此，从严治党对于中国共产党而言，具有根本性、全局性、战略性和长期性。要始终抓紧抓好，一刻也不能放松。

历史经验表明，执政党的形象和地位是国家与政党形象和地位的象征。对于我们这样一个大国的执政党而言，党的形象既是党的建设的重要组成部分，是党的先进性、战斗力、凝聚力的重要内容，更直接关系到国家在世界舞台上的形象。通过从严治党来提升大国大党的形象，是一个长期的任务。一方面，通过长期地从严治党树立党的良好的执政形象，提升其对内的整合能力，增强党员对党的认同感和党员对党的忠诚度；增强其对外的感召能力，增强人民群众对党的信任感和对党的支持度，并奠定中国共产党的合法性基础。另一方面，通过持久地从严治党净化和提升党的形象，进而提升国家在世界舞台的形象。

市场经济和外部环境的变化决定了从严治党是一场持久战。近年来随着世情国情党情不断变化，党面临前所未有且日趋复杂的挑战和考验，尤其是市场经济的考验和国际环境的考验。

就市场经济的考验而言，主要是全党能否经受得住长期执政的考验和改革开放的考验，尤其是能否经受住市场经济和金钱对执政权力的侵蚀、诱惑、捆绑甚至利用。只有通过持久地从严治党、管党，坚定全党的理想信念，严肃党内的政治纪律，净化党内的政治生态，把党建设得更加坚强有力，党才能团结带领人民有力应对重大挑战、抵御重大风险、克服重大阻力、解决重大矛盾，赢得战略优势和全局主动。

反腐败的长期性和艰巨性决定了从严治党是一场持久战。腐败的本质是以权谋私，即以公权力谋取私利。腐败是公权力的伴生物。只要有公权力存在，就有腐败的可能。因此反腐败是一个长期的历史任务。而反腐败是从严治党的一个重要内容。这就决定了从严治党是一场持久战。

我们要通过长期的制度反腐来强化从严治党。党的建设之所以在一些领域存在失之于宽、失之于软，与制度硬约束不到位不无关系。全面从严治党，需要突出"严"的要求，使之常态化和制度化，使制度治党真正成为全面从严治党的根本保障。制度反腐就是要从严加强反腐倡廉建设，形成不敢腐的惩戒机制、不能腐的防范机制、不易腐的保障机制，解决治标不治本的问题；从严加强制度建设，完善制度制定、执行、维护等相关规定，解决制度脱离实际、操作性不强的问题。

制度反腐的核心在于从制度层面对权力进行有效制约。东欧剧变之所以发生，其根源之一在于权力过分集中而缺乏监督使其政治体制日趋僵化而最终崩塌。权力制约是治本之策。正如习近平同志指出的，要加强对权力运行的制约和监督，把权力关进制度的笼子里。只有对权力进行了有效制衡，权力才不会肆意妄为，掌握权力的官员才不会仅仅因为欲望的膨胀和缺乏监督而断送政治生命。看起来似乎官员的权力被约束使其利益受损，实际上从长远来看，反倒是挽救和保护了官员的政治生命。

改革和发展的艰巨任务决定了从严治党是一场持久战。当前我国正处于爬坡过坎的紧要关口，发展处在关键期，改革处于攻坚期、社会矛盾凸显期，各种矛盾叠加、风险隐患集聚。比如，当前我国发展中不平衡、不协调、不可持续问题依然突出，城乡区域发展差距和居民收入分配差距依然较大、公共服务不均等现象依然较为突出，有法不依、执法不严、违法不究等问题依然存在。中央关于"全面深化改革"的战略部署就是针对以上这些问题，啃下改革的"硬骨头"。而要攻克这些难关，啃下这些"硬骨头"，就必须把我们党建设成为坚强的领导核心。这就需要持之以恒地从严管党、从严治党。而从严管党治党是一个长期的战略任务，需要一个较长的历史时期。一方面，要通过长期地从严治党促改革和促发展。通过从严治党选拔出忠诚、干净、担当的党员领导干部，来带领人民群众冲破改革和发展的种种瓶颈和阻挠。另一方面，要通过改革来进一步完善从严治党，从机制上确保从严治党能够持续进行。

"办好中国的事情，关键在党，关键在党要管党、从严治党。"我们相信，通过从严治党这一场持久战，我们就能够汇聚团结一心、奋发进取的强大力量，使我们党始终成为中国特色社会主义事业的坚强领导核心，完成国家现代化这一伟业。

（作者系全国政协委员、中国科学社会主义学会会长、中共
中央党校原副教育长；《人民政协报》2017 年 1 月 19 日）

让"年味"多点"廉味"

刘晓庄

国人喜欢"年味",同时曾几何时也追求着春节的"廉味"。在笔者的家乡就有这样的习俗:大年三十,家家户户几乎都要贴上"连年有余"这样一张年画,栩栩如生的莲荷与跳跃起舞的鲤鱼相互辉映,画中"莲"之不染不妖,当然还寓有"廉"的美好愿景;大年初一的早餐是万万不能吃荤腥剩食,一定要青菜煮豆腐,拌上新鲜香葱和白嫩年糕,"清清白白、清清爽爽",图的是新的一年全家没病没灾。"年味"与"廉味"相伴的情景,于是成为笔者儿时记忆中的"乡愁"。

得益于改革开放,近30年来,随着我国经济的快速发展,人们收入的显著增加,百姓生活变得富裕,但遗憾的是,浓郁的"年味"却变淡了,"廉味"也逐渐变没了。曾经几时,新年前后,有的官员家里车水马龙、门庭若市,行贿受贿戴上了礼尚往来的面纱,从提大包、拎小包,再到塞信封、递卡片,以及后来的电子支付之类,真是"与时俱进",无一不具。很多落马官员最初就是在这缕缕的"年味"中被熏昏,最后成为温水中的青蛙,在滚烫的热汤中不能自拔。虽然党的十八大之后,"四风"问题大为好转,却依然是树倒根存,或曰"树欲静而风不止"。

官员为什么会成为一些人的"围猎对象",春节为什么会成为送礼的"关键时节"?这不是什么奥秘,无非是权力的魅力和人情的网罗。对此,领导干部要保持足够的清醒。"近利以利来,近色以色至,事事投其性之所近,阴窃其柄。后虽悔悟,已受牵持。"越是位高权重,越要在关键时节把握自我。天下没有免费的午餐,美味的鱼饵总是包裹着锋利的鱼钩,吞噬得愈深,危害也愈大。从古到今,此类历史故事和惨痛教训不胜枚举,只是"后人哀之而不鉴之，亦使后人而复哀后人也"。

平心而论，做个好官也不容易。在如山的责任面前，神经总是绷得紧紧的。利用春节长假那一年难得的几天，神清志闲，调整一下心态，多陪伴一下家人，多整理一下家务，或静下心来读几本好书，听几首名曲，让神志回归宁谧，让灵魂紧跟脚步，这也很契合《黄帝内经》的养生旨意："虚邪贼风，避之有时，恬淡虚无，真气从之，精神内守，病安从来。"所以说，官员若能领略"年味"中的那份"廉味"，原本是一种天伦之乐般的生活享受，遑论还可避免"失身""落马""进笼子"之灾，岂不美哉。

《孟子》曰："廉，人之高行也"。对于领导干部而言，应该自觉地把"年关"当作"廉关"来过。习近平总书记在十八届中央纪委七次全会上指出："党员、干部要不断提升人文素养和精神境界，去庸俗、远低俗、不媚俗，做到修身慎行、怀德自重、清廉自守，永葆共产党人政治本色。"清廉是一种人文素养。让"年味"多点"廉味"，就是把凝结于春节上的文化教养、伦理情感、人生态度等，"慎其家居之所为"，在社会的革新变化中进一步得到升华和深化。清廉是一种精神境界。"衙斋卧听萧萧竹，疑是民间疾苦声"，为民情怀可以体现在春节前后的点滴行动中，远离灯红酒绿，来往于贫困家庭，多听上群众一句真心话，就能多得到他们一句由衷的人品点赞。清廉是一种纪律要求。让春节成为"廉节"，就应当严守纲纪，不逾底线，加强监督，标本兼治，即抓好"关键少数"，又管好"绝大多数"，唯有法引规矩方圆，方能调律世间万象。

作风建设永远在路上，过年就像路上的"一道坎"。从春节开始驰而不息，从领导做起持之以恒，当人们对"年味"的理解形成心理上的谐振，并由"廉味"凝聚成一种积极向上的正能量，那种难以抑制的文化认同感，就能促进清正廉洁在我们的国家形成风尚和常态。"年味"中的"廉味"，便会自然滋生出人间更多的如蜜"甜味"。

（作者系全国政协委员、江西省政协副主席；《人民政协报》2017 年 2 月 9 日）

领导干部要学点历史

张西南

伴随着新年的第一缕春风，习近平主席在军队的一次会议上与领导干部们促膝谈心。从政治到军事，从现实到历史，引经据典，娓娓道来，尤其是告诫这些领导同志要学点历史，语重心长，意义深远。

学习和总结历史文化，借鉴和运用历史经验，是我们党一贯重视并倡导的做好领导工作一个重要的思想和方法。自党的十八大以来，习近平主席在治党治国治军的实践中，始终运用深远的历史眼光、深厚的历史学识和深刻的历史思维，分析现状、判断趋势、把握未来，并且一再强调领导干部不管处在哪个层次和岗位，都应该读点历史，从中汲取有益于加强修养、做好工作的智慧和营养，不断提高认识能力和精神境界，不断提升领导工作水平。新年伊始，面对新的形势任务，习主席又一次提出"领导干部要学点历史"，这是不忘初心的生动体现、也是洞察未来的明智之举，更是给了我们一把开启思想文化之门，能够有效梳理和解决现实矛盾问题的钥匙。

观察风云变幻的世界，需要我们从历史中汲取智慧。今年开年就不同寻常，放眼全球，乱象丛生。经济、政治和军事领域出现的新情况新问题相互交织，其复杂性、不稳定性和不确定性难以预测，尤其对"逆全球化"思潮和意识形态逆主流化现象更需要高度警觉。如果我们能够按照习主席的要求，站在新的时代制高点上，重温历史的经验，研究眼下的现实，"仰以观于天文，俯以察于地理，是故知幽明之故。"切实做到认清大势，透过现象看本质，就能够"验在近而求在远"，结合各自担负的领导职责，未雨绸缪，防患于未然，在错综复杂的世界大变局之中掌握主动，从容应对。

面对国内改革进入深度调整阶段出现的新旧矛盾交织的复杂现实，需要我们从历史中汲取经验。去年经济上"三期叠加"的突出矛盾，在短时间内不会完全解决，今年还会有新的问题不断涌现，其难度只能是有增无减。从当前国外发生的一些情况来看，经济发展问题与社会阶层分化、思想意识异动相互影响，经济风险与政治风险相互关联。这对我们是一个提醒，既不能对大好形势盲目乐观，也不能从单纯的经济视角去观海听风，而应保持思想上的清醒和政治上的敏锐。尤其作为重任在肩的领导干部，还要重视学习历史，善于举一反三。"看成败、鉴得失、知兴替"，从中加深认识带有周期性、规律性的经验教训，正所谓"明者远见于未萌而智者避危于无形，祸固多藏于隐微而发于人之所忽"。这应是每一个领导干部都必须具有的高度觉悟和责任担当。

保持领导干部应有的气节操守，也需要从历史文化中汲取营养。在反腐败的严峻斗争中，习主席多次用历史上卖官鬻爵、拉票贿选、拉帮结派导致人亡政息的例子教育全党，同时列举"治绩大举、民称其德"的王安石、"明断讼案、革除弊习"的冯梦龙、"案无留牍、室无贿赂"的郑板桥启迪各级领导干部，用千古流传的爱民心声来滋养和净化我们的灵魂。新年伊始，党风廉政建设永远在路上，既要利剑高悬，更要严格自律。前不久，习主席又讲了东汉杨震深夜拒贿的故事，"天知、地知、我知、你知，怎么能说没有人知道呢？"当友人、长辈劝他为子孙购置产业，杨震说，"让以后的世人称他们是清官的子孙，我用这个留给他们，不是也很丰厚吗？"这就是希望各级领导干部特别是高级干部要把古人作为一面镜子，照一照自己，是不是也具有这样一种觉悟，是不是还应有古人所不具备的共产党人的道德品质和精神追求。实践告诉我们，习主席要求领导干部学点历史，一方面是为了不断丰富做好领导工作所需要的历史知识，以学益智，以史资政；还有很重要的一个方面，就是继承发扬中华民族的优秀传统文化和民族精神，以学修身，以史为鉴，把现实中发生的一些问题看得更深更透。

提倡领导干部学点历史，需要树立正确的态度和方法。习主席在这方面更是率先垂范，给全党做出了一个好榜样。那就是以敬畏之心仰慕历史先贤哲人，以谦虚之心求教历史这本大书，以智慧之心吸取历史沉淀的精髓，以开拓之心借鉴历史之光照亮未来。我们反对那种把读史和守旧画等号的说法，也不赞成那种钻在故纸堆里与现实工作脱节的做法，了解历史是为现实和争取美好的将来服务的，学习古人是为今人增益的。对过去和今天都不太明白的人，自然很难干出有光明前景的事业。只要站在这个正确的立足点上，我们就能够在历史与现实的时空中任意穿越而永不迷航。

（作者系全国政协委员、火箭军政治工作部原副主任、
中国文联原副主席；《人民政协报》2017 年 2 月 23 日）

巡视与中国特色的治党之路

王长江

《巡视利剑》一经播出，便在党内和社会上引起了热烈反响。这主要不是因为专题片里透露的揪出大贪、巨贪的不少细节引人入胜，而是因为巡视这个传统制度正在发挥的作用令人刮目相看。如果说，党的十八大以来，我们党取得的最亮眼、最为人们公认的成就是反腐，那么，巡视制度就是取得这些成就的法宝。从这个角度讲，巡视制度被习近平总书记称为"国之利器、党之利器"，当之无愧，名副其实。十八届中央纪委执纪审查的案件中，超过 60% 的线索来自巡视。仅此一项，就已经说明了巡视制度在党内监督中的作用和分量。

在中国，巡视这种制度古已有之。作为古代监察制度的重要组成部分，历史悠久。所以，国人最容易接受。而我们党的党内巡视，从按照苏联布尔什维克党的模式建党时就开始了，是共产国际指导中国革命的直接产物，在民主革命时期对保证党的集中统一、增强党的战斗力起过极其重要的作用。让巡视这一借鉴传统监察制度的党内监督方式，焕发出全新的活力和巨大的威力，用之于管党治党，是中国文化和党的优良传统在新的历史条件下发扬光大的一个重要而具体的体现，因其有效而为人们所肯定和赞赏，自在情理之中。

但在我们党执政以后，这个制度一度被忽视了。直到上世纪 90 年代，我们党又开始恢复巡视制度。巡视真正发挥作用关键在真巡视，关键在通过一系列的制度安排，通过切实的手段和措施，把巡视变成刚性行为。为此，党中央在一届任期内两度修订《中国共产党巡视工作条例》，对巡视目标、巡视定位、巡视内容、巡视延伸、巡视责任等不断进行"升级"，使巡视制度获得了巨大活力。党的十八大以来，中央把"发现问题，形成震慑"确定为巡视工作的方针，根本扭转了巡视工作或是流于形式、或是"雨过地皮湿"的状况。以发现问题为导向，不仅仅针对贪腐，而是针对所有掌权用权中的问题，成为动真格的有力手段和途径。由此形成的震慑力，真的是空前未有。

执政党就是掌握公权力的党。作为执政党，最要紧的，一是用好权力，二是看住权力，看住手中掌握权力的干部。用好权力，就是使权力的功能充分发挥，最大化地为人民服务；而看住权力，就是有效地防止权力变形，防止权力被滥用。曾有句话说我们的现行监督制度存在"上级监督太远，同级监督太软，下级监督太难"的问题。言下之意，是对权力的约束和监督，力度不够。建立巡视制度，就是抓住上级监督这个要害，针对"太远"的问题贴近监督，使之制度化、常态化。形象地说，巡视制度就好比是为监督这把刀开了刃，把它变成了真正的利剑。

不仅如此，实践表明，巡视更是建立权力监督制度体系的重要抓手。前面讲到的三个"太"，其实是相互联系的。若上级监督不到位，同级监督自然得不到上级的足够支持，必然孤掌难鸣、硬不起来。在这种情况下，要求下级监督、民主监督，也就成了虚话。只有把权力的制约和监督作为一项系统工程，多管齐下，形成机制，监督才能落到实处。各个方面的监督需要一项一项地完善，扎笼子的荆条需要一条一条地编织，但总要有个抓手和起点。在我们这个体制下，上级监督无疑是这项系统工程的最重要部分。中央抓住巡视这个最重要的牛鼻子，不但使上级对下级的监督得以落实，而且由于真抓实干，燃起了群众的希望，赢得了群众的信赖。在许多地方，人民群众从巡视组的实际行动中看到了中央反腐败、抓党风的坚定决心，纷纷参与进来，巡视本身留出来的广大空间开始得到充分利用。可以这样说，正是巡视制度的不断推进和提升，促进了党内监督与民主监督、自上而下的组织监督和自下而上的群众监督有机结合大好局面的形成。

当然，我们也应当非常清醒地看到，对权力的约束和监督，是一项复杂的工程，永远在路上。巡视制度不是监督的全部，完善权力监督体系还有很长的路要走。但是，巡视制度取得的巨大成效，使我们有理由相信，只要我们沿着监督制度创新的方向一步一个脚印、扎扎实实地走下去，就一定能够走出一条中国特色的成功的治党之路。

（作者系全国政协委员、中央党校一级教授、博士生导师；
《人民政协报》2017 年 9 月 14 日）

放下"官本位" 尽职"官本分"

杨朝明

近日，中共中央组织部决定追授湖北省武汉市委原常委、组织部长杨汉军同志"全国优秀组织工作干部"称号。在从事组织工作的 30 余年中，杨汉军同志始终唯真唯实、不摆官架子，扑下身子、甩开膀子带领百姓干事创业，用行动阐释了人民情怀和公仆本色，也因此受到了人们的尊重。

人组成社会，自然需要服务者、管理者，从政为官应当受到尊重。但也不乏一些人以官为本、以当官为目的，在其位却懒政怠政，也就走向了反面。官本位风气的蔓延、泛滥，直接造成了特权思想、潜规则之类的问题，这又影响到了正常的管理，使政治、经济、社会秩序受到干扰，法治的作用不能发挥，进而造成官民之间的对立，影响了政府的公信力。人们真诚地为杨汉军这样的好官点赞，就是因为在杨汉军身上，人们看到的是"官本分"，而非"官本位"。

官本位思想的形成有两大根源。一是追求稳定的屈从心态。近代以来，中国人民经受了太多苦难与变数，失去了传统思想根基和生活体系支撑的普通百姓，内心充满了对于变化的焦虑和恐惧。到体制中与"官"建立联系，成了应对不确定性的重要选择。部分机关存在的冗官冗员、吃空饷、人浮于事等现象，让固步自封的思想扎了根。二是道德滑坡造成的物欲横流。官员掌握权力、资源，在监督缺位的环境里，滥用的权力就可以变现为个人的真金白银，甚至将他人的劳动成果据为己有。如果"当官"意味着捞得更多、享受得好，吸引的就可能是逐利之徒。党的十八大以来的反腐成果，也正暴露了这种现象的存在。

可见，官本位思想泛滥有直接的现实土壤。可是，在反思这一问题时，却得出了发人深省的结论，那就是归因于"受到传统文化的影响"，将以孔孟思想为代表的传统文化误读为"封建专制的灵魂""维护封建等级的工具"，这恰是南辕北辙，也彰显了一些人需要经典来扫盲。

孔子有句名言：君君，臣臣，父父，子子。说的就是君、臣、父、子各尽职分，做好自己，强调的是各种人伦关系都不能偏重一侧，而是对等的、双向的。孔子"天下为公"的理想，强调的是人的社会性存在，希望人们有公德意识和公共意识，每个社会成员都应自觉尽责尽力。那么，为官从政更应当率先垂范。官员如果失去了民心，再怎么强调自己的本位也没有意义。而像杨汉军这样的官员，恰恰是做到了"官本分"，从而赢得了民心。

实际上，孔孟思想不仅与官本位没什么瓜葛，还提倡为政以德、实行仁政。"政者，正也。子帅以正，孰敢不正。"为政者要做表率。在儒学的语境里，"君子"是有德与有位的统一体。因为责任大，所以要求高；既然是"尊贵的人"，就应是"高尚的人"。心中有准绳，明白职责所在，就会率先垂范，身先士卒，老百姓也会"不令而从"。这，也正是杨汉军受人尊敬的原因。

人们期待，坚持改革方向，向深水区迈进，根除官本位思想滋生的土壤，加强和巩固党的十八大以来反腐与监察巡视成果。不仅如此，还要充分认识到，改革成败的关键在于广大干部的格局与境界，改革发展的最大动能在于官员自身的素养。领导干部应当自觉以传统文化浸润自己，自觉修己，全心全意勤政廉政，放下"官本位"，尽职"官本分"！

（作者系全国政协委员、孔子研究院院长；《人民政协报》2018 年 4 月 12 日）

激励更多干部敢负责乐做事勤作为

孙庆聚

新时代呼唤新担当，新时代需要新作为。为深入贯彻党的十九大精神和习近平新时代中国特色社会主义思想，充分调动和激发广大干部担当作为、干事创业的积极性、主动性，推进党和国家事业快速健康发展。近日，中共中央办公厅印发了《关于进一步激励广大干部新时代新担当新作为的意见》（以下简称《意见》）。这是新形势下进一步激发、调动、支持、保护广大干部担当作为、干事创业积极性、主动性的重大举措，既为广大干部提神振气、敢负责、勇担当提供了正确指引和基本遵循，也为广大干部排忧舒压、乐做事、勤作为提供了重要支撑和可靠保障。这对新形势下加强高素质专业化干部队伍建设，推进全面从严治党向纵深发展，具有十分重要的意义。我们要深刻领会《意见》精神，充分认识《意见》特点，准确把握《意见》重点，切实把《意见》各项要求落到实处，见到实效。

《意见》的基本精神，是以习近平新时代中国特色社会主义思想和党的十九大精神为指导，立足建设高素质专业化干部队伍，着眼于提高广大干部的学习本领、政治领导本领、改革创新本领、科学发展本领、依法执政本领、群众工作本领、狠抓落实本领、驾驭风险本领，弘扬伟大创造精神、伟大奋斗精神、伟大团结精神、伟大梦想精神，增强政治定力、纪律定力、道德定力、拒腐定力，努力做出无愧于时代、无愧于人民、无愧于历史的光辉业绩，为全面实现"两个一百年"奋斗目标和中华民族伟大复兴的中国梦而奋斗。这一基本精神，集中体现了"三个坚持"。一是坚持以"新时代新担当新作为"为主线，针对当前干部队伍中不同程度地存在不作为、慢作为等庸政、懒政、怠政问题，着力为广大干部担当作为、干事创业营造良好氛围、建设安全环境、提供综合保障。二是坚持多措并举、综合施策、标本兼治，着重在思想教育、用人导向和健全完善激励机制和容错纠错机制等方面的结合上发力用劲，努力做到严管与厚爱结合，激励与约束并重。三是坚持治本为要、重点发力，特别在健全完善激励机制和容错纠错机制上下功夫。

《意见》的首要特点，是坚持问题导向，突出目标牵引。问题是发力的靶向，目标是奋进的方向。《意见》的出台具有强烈的针对性和鲜明的指向性。面对当前干部队伍现状，《意见》在充分肯定成绩的同时，也尖锐地指出了不同程度存在不作为、慢作为等庸政、懒政、怠政问题。强调要从进一步增强和坚定广大干部对党忠诚、为党分忧、为党尽职、为民造福的政治担当，时不我待、只争朝夕、勇立潮头的历史担当，守土有责、守土负责、守土尽责的责任担当入手，不断提高广大干部的"八大本领"，振奋"四种精神"，增强"四个定力"，充分激发、调动广大干部担当作为的积极性、主动性，积极投入到坚持和发展中国特色社会主义的伟大事业中来，投入到继往开来新时代的伟大奋斗中来。《意见》的各项举措都具有明确的目的性，这就是解决当前干部队伍中突出存在的不作为、慢作为问题。也具有很强的指向性，这就是站在历史和战略高度，努力建设一支高素质专业化的干部队伍，为坚持和发展中国特色社会主义伟大事业、实现中华民族伟大复兴中国梦提供坚强可靠的人力支撑。

《意见》的另一个突出特点，是坚持系统思维和整体谋划，着力从思想教育、用人导向、舆论宣传、典型示范和健全完善激励机制、容错纠错机制等多方面结合上，综合解决干部队伍中突出存在的不作为、慢作为问题。干部队伍中的不作为、慢作为问题，成因是多方面的。解决问题的方式方法和门道途径也是多样式、综合性、系统化的，不能搞单打一，也不能靠独一招。《意见》紧密围绕如何激发和调动广大干部担当作为、干事创业的积极性、主动性这一中心，坚持统筹谋划、综合施策、多措并举、同向发力，最大程度地把思想教育、用人导向、舆论宣传、典型示范和健全完善激励机制、容错纠错机制有机统一于一体，力争效应最大化。实践和历史必将证明，这种做法是完全正确的。

《意见》的最大亮点，是坚持治本为要，重点发力，并把发力的关键点聚焦在建立健全完善激励机制、容错纠错机制上。这是治本之策，百年大计，也是《意见》的重中之重，要中之要。干部中出现的不作为、慢作为问题，究其原因，既有思想觉悟和素质能力问题，也有执政环境和选人用人的工作制度、机制问题。比而言之，干部的思想觉悟和素质能力是次要的，根本和主要的是选人用人的工作制度、机制。制度和机制带有根本性和决定性。《意见》正是抓住这一关键，着重围绕完善干部考核评价机制和容错纠错机制提出了一系列明确要求。对建立健全完善干部考核评价机制，《意见》强调，要充分发挥这一机制的鞭策激励作用，切实解决干与不干、干多干少、干好干坏一个样的问题，并对"考什么、如何考、结果怎么用"等方面提出了系列化要求，凸显了干部考核工作的问题导向、目标导向、效果导向。对建立健全完善容错、纠错机制，《意见》针对实践过程中出现的"哪些错该怎么看、怎么容；容错、纠错如何有机统一"等重点、难点问题，明确提出了"三个区分开来"的总要求，确立了"事业为上、实事求是、依法依纪、容纠并举"的"四个原则"，强调了"动机态度、客观条件、程序方法、性质程度、后果影响、挽回损失"六个考量要件。同时还特别指出，容错、纠错要在纪律红线、法律底线内进行。这些，都为建立健全容错、纠错机制提供了基本遵循。

文件的效力在于执行，制度的生命在于落实。我们坚信，在党中央坚强领导下，在各级党组织和相关部门精心组织和指导下，在广大干部的共同努力下，《意见》一定会发挥出应有效力和威力，广大干部担当作为的积极性、主动性一定会最大程度地被激发和调动出来，敢负责、勇担当、善作为一定会蔚然成风。

（作者系全国政协委员、全国政协文化文史和学习委员会副主任；《人民政协报》2018 年 5 月 31 日）

相信　依靠　尊重　让干部敢作为

王怀超

日前，中共中央办公厅印发《关于进一步激励广大干部新时代新担当新作为的意见》（以下简称《意见》）。《意见》从加强思想教育、树立重实干重实绩的用人导向、发挥干部考核评价的激励鞭策作用、建立健全容错纠错机制、增强干部本领能力、热情关心关爱干部、凝聚创新创业合力等方面提出了一系列明确要求。这一鲜明的用人导向，必将充分调动和激发广大党员干部干事创业的积极性、主动性、创造性，激励广大党员干部开拓进取，奋发有为，勇立时代潮头，苦干实干，凝聚成创新创业的强大力量。

当今中国正处在发展关键期、改革攻坚期、矛盾凸显期，许多矛盾和问题相互交织、叠加呈现。当代中国正处于爬坡过坎的紧要关口，正经历着我国历史上最为广泛深刻的社会变革。这是一项史无前例的、创造性的活生生社会实践，需要充分发挥广大干部群众敢想、敢闯、敢干、敢试、敢为天下先的开拓进取精神。需要最大限度地调动广大干部群众的积极性、创造性。我们的事业需要一大批改革创新的闯将、干将。

改革创新的实践既需要改革者有敢为天下先的开拓进取精神，更需要一种鼓励实干创业的良好社会氛围。鼓励实干创业就要为担当者担当，为干事者撑腰。只有这样，才能让那些实干家解除顾虑，放下包袱，轻装上阵。《意见》提出建立健全容错纠错机制，宽容干部在改革创新中的失误错误，把干部在推进改革中因缺乏经验、先行先试出现的失误错误，同明知故犯的违纪违法行为区分开来；把尚无明确限制的探索性实验中的失误错误，同明令禁止后依然我行我素的违纪违法行为区分开来。这正是落实党的十九大提出的为那些敢于担当、踏实做事、不谋私利的干部撑腰鼓劲的具体举措，也是为敢于探索、勇于创新的党员干部减压鼓劲，这一政策的实施必将激励广大党员干部解放思想、放开手脚、敢闯敢试，开拓创新、攻坚克难、加快发展。

激励和支持广大干部群众创新创业，勇于开拓进取，说到底是相信群众，依靠群众，尊重人民群众的首创精神问题。

历史唯物主义认为，人民群众是历史的主人，人民，只有人民，才是创造历史的动力。列宁说，生机勃勃的社会主义事业是人民群众创造的。毛泽东说，群众是真正的英雄，而我们自己往往是幼稚可笑的。邓小平说，我们搞四个现代化，因为经验不足，会面临许多困难，要解决这些困难，归根结底，只有相信群众，依靠群众，充分走群众路线，才能够得到解决。习近平总书记也多次强调，改革开放是亿万人民自己的事业，必须广泛听取群众的意见和建议，及时总结群众创造的新鲜经验，充分调动群众推进改革的积极性、主动性、创造性，把广大人民的智慧和力量凝聚到改革上来，同人民一道把改革推向前进。

的确如此。改革开放中的许多新事物新创造，都是广大基层干部群众在实践中创造出来的，中央把基层干部群众创造的经验加以概括提高，形成政策，在全国加以推广，才形成轰轰烈烈的改革开放浪潮。

例如，农村改革。1978 年底，安徽省凤阳县小岗村的 18 户农民冒着政治风险自发地搞起了"包产到户"，由此揭开了农村改革的序幕。一两年时间，全国各地有不少地方搞起了包产到户，1980 年 9 月，党中央决定允许农民根据自愿原则实行家庭联产承包制。1982 年 1 月，中共中央颁发一号文件，明确提出："包产到户、包干到户都是社会主义集体经济的生产责任制"。到 1983 年初，中共中央一号文件充分肯定我国农民的这一创举。鲜明地指出：家庭联产承包责任制是"中国农民的伟大创举"。此后，家庭联产承包责任制迅速在全国广大农村推广开来，极大地调动了农民的生产积极性，迅速改变了中国农村的面貌，受到广大农民的普遍欢迎。

农村改革是这样，城市改革也是如此。我国城市改革的重点是国有企业改革。在整个国企改革中，企业的管理人员和广大职工是改革的主体和动力。有一项统计很能说明问题，自 1987 年 4 月到 2013 年底，国有企业职工每年为企业提出的科技建议 79 万条，其中有 43 万条被采纳，技术创新 20 万项，创造了巨大的经济效益和社会效益，有力地推动了国企的改革和发展。

回顾 40 年的改革开放实践，没有一项创造不是来自于广大干部群众。人民是改革开放的主体，也是推动改革的动力。正是广大干部群众在实践中创造了许许多多、方方面面的改革举措和改革方法，才形成了波澜壮阔的改革潮流。农村改革、城市改革是这样，其他方面的改革同样如此。经济特区的创办、乡镇企业的异军突起，浙江的私营经济，安徽的个体户，山东的集贸市场，广东的三资企业，北京的科技一条街，上海的人才市场，首钢的承包制，辽宁的企业破产，以及租赁、拍卖、股份制、股份合作制和经济的横向联合、互联网＋、物流网、支付宝……这些新事物、新思路无一不是人民群众的创造。

以往的改革开放靠的是人民群众，今天的全面深化改革依然要靠人民群众。人民群众过去是，今天是，将来依然是改革发展的主体，改革发展的动力。尊重群众就是尊重实践，尊重群众的实践，就是尊重历史。相信群众，依靠群众，尊重群众的首创精神，是我们克敌制胜的法宝，也是中国改革开放的一条基本经验，应该坚定不移一以贯之地坚持。相信《意见》的出台和实施，会为改革创新者，为敢担当有作为的奋斗者创造一个宽松的制度环境和社会氛围，以利于改革创新者干事创业。让我们万众一心砥砺奋进，将改革进行到底！

（作者系十二届全国政协委员、中国科学社会主义学会会长；《人民政协报》2018 年 6 月 7 日）

一种特殊的党性修养

叶小文

为什么要抓好、如何抓好人民政协党的建设工作？前不久在全国政协系统党的建设工作座谈会上，全国政协主席汪洋做了深刻阐述和全面部署。那么，作为政协委员中的共产党员，如何积极响应，从我做起？我认为，应该强调和落实"政协委员中共产党员的修养"。

政协组织中的共产党员，要发挥先锋模范作用，具有团结、联系、凝聚各方面的资格、能力和水平，才能去打动人心、引导人心、万众归心；才能去吸引力量、壮大力量、凝聚力量；才能在政协工作中融会贯通党的政治领导力、思想引领力、群众组织力和社会号召力，把方方面面团结在党的周围。因此，共产党员从其他工作岗位到了政协，要求不是降低，而是更高；修养的弦不能放松，更应绷紧。

进一步说，政协委员中的共产党员，要善于"坚持一致性和多样性统一，找到最大公约数，画出最大同心圆"。不同的情形下，可以有不同的公约数。例如，在香港是"一国两制"。这种不同，是完全必要的。因为正如毛泽东同志 1939 年在《中国革命与中国共产党》一文中所说，"中国无产阶级应该懂得：他们自己虽然是一个最有觉悟性和最有组织性的阶级，但是如果单凭自己一个阶级的力量，是不能胜利的。而要胜利，他们就必须在各种不同的情形下团结一切可能的革命的阶级和阶层，组织革命的统一战线。"只有"在各种不同的情形下"都能"找到最大公约数"，才能"画出最大同心圆"。但也不能因为多样性要求就模糊甚至动摇一致性原则。要深刻领会习近平总书记关于"只要我们把政治底线这个圆心固守住，包容的多样性半径越长，画出的同心圆就越大"的阐述。政协委员中的共产党员，越是要把"包容的多样性半径"拉长，越是要首先把自己的"政治底线这个圆心固守住"，坚决维护习近平总书记核心地位，坚决维护党中央权威和集中统一领导，牢固树立"四个意识"，在政治立场、政治方向、政治原则、政治道路上同党中央保持高度一致。要把不断增强固守政治底线的定力，和寻求最大公约数、画出最大同心圆的能力统一起来。不能因为要在不同情形下寻求最大公约数，就动摇了政协委员中的共产党员自己必须固守的政治底线。要能够在一些敏感点、风险点、关切点问题上强化思想政治引领，就需要很高的政治修养、政治能力和政治水平。政协委员中共产党员的修养，首先是思想政治的修养。正如当年刘少奇同志指出的，"共产党员在思想意识上进行修养的目的，就是要把自己锻炼成为一个忠诚纯洁的进步的模范党员和干部"。

再进一步说，今天的共产党员修养是立足"两个伟大革命"的修养。要以敢于自我开刀、刮骨疗伤的自我革命精神来厉行反腐倡廉。党的十九大报告说，"人民群众最痛恨腐败现象，腐败是我们党面临的最大威胁"。我们浸泡在市场经济的海洋里，要防止商品交换原则对党内生活的侵蚀，防止"迷心逐物"，"心为物役"。古人说："内无妄思，外无妄动"。政协委员中的共产党员，更要对组织和人民常怀感恩敬畏之心，对功名利禄要知足，对物质享受和个人待遇要知止。"惟江上之清风，与山间之明月，耳得之而为声，目遇之而成色，取之不禁，用之不竭。"苏轼的这份情怀和涵养，正是今人所欠缺的，也是最珍贵的，要靠自觉修养、刻苦修炼方能养成，以清廉养浩然之气，以浩然之气赢得其他政协委员的敬仰。

"政协委员"和"共产党员"的双重身份，决定了修养的更高、更严标准。不仅在思想、言论、行动上要严格地约束自己，而且要用严格的政治立场和正确的原则来约束自己，除此以外，最好连许多"小节"（个人生活和态度等）也注意到。

归根结底，政协委员中共产党员的修养，就是一种党性修养。习近平总书记把党性修养概括为"理论修养、政治修养、道德修养、纪律修养、作风修养"五个方面。党性是立身、立业、立言、立德的基石，也是共产党员在政协中"修身齐家治国平天下"的基石。

（作者为全国政协文化文史和学习委员会副主任；《人民
政协报》2018 年 7 月 4 日）

责任编辑：刘敬文

封面设计：姚　菲

图书在版编目（CIP）数据

政协委员看中国／人民政协报新闻评论部 编 . — 北京：人民出版社，2020.10

（2025.3 重印）

ISBN 978 - 7 - 01 - 022468 - 8

I. ①政…　　II. ①人…　　III. ①时事评论 - 中国 - 文集　　IV. ① D609.9 - 53

中国版本图书馆 CIP 数据核字（2020）第 169456 号

政协委员看中国

ZHENGXIEWEIYUAN KAN ZHONGGUO

人民政协报新闻评论部　　编

人 民 出 版 社 出版发行

（100706　北京市东城区隆福寺街 99 号）

北京汇林印务有限公司印刷　　新华书店经销

2020 年 10 月第 1 版　　2025 年 3 月北京第 2 次印刷

开本：710 毫米 ×1000 毫米 1/16　　印张：20.75

字数：318 千字

ISBN 978 - 7 - 01 - 022468 - 8　　定价：60.00 元

邮购地址 100706　　北京市东城区隆福寺街 99 号

人民东方图书销售中心　　电话：（010）65250042　　65289539

版权所有·侵权必究

凡购买本社图书，如有印制质量问题，我社负责调换。

服务电话：（010）65250042